나는 장소입니다

百年魚서원 엮음

•책머리에

글쓰기 공동체를 꿈꾸며

"글쓰기는 포옹이며, 포옹을 받는 것이다. 모든 사유는 손을 뻗어 내미는 사유다." 수잔 손택의 말이다. 글모음집 〈개똥철학〉을 준비하면서 깊은 우물에서 길어낸 청량한 두레박물 같은 위로를 받았다. 결국 이 책은 서로를 끌어안자는, 또한 삶을 나누자는 노력일 뿐이기에 말이다.

백년어서원 5주년을 맞으면서 모든 인문정신은 글쓰기에서 비롯되어 글쓰기에서 끝난다는 초점이 생겼다. 글을 쓴다는 말은 생각을 가진다는 말이고, 표현한다는 말이고, 성찰한다는 말이고, 나눈다는 말이고, 책을 읽는다는 말이다. 그것은 가장 선명한 존재의 무늬가 된다. 6주년을 넘기면서 글쓰기에 대한 열망은 가치를 선택하는 용기에 다름 아니라는 확신이 생겼다.

쿠바 혁명을 위해 싸우던 체 게바라. 읽기와 쓰기에 대한 그의 열정은 편집증에 가까웠다. 밤이면 오두막 막사는 인문학 강의실로 변했고, 직접 게릴라들에게 읽기와 쓰기를 가르치며 강요했다. "글자를 모르면 왜 총을 잡는지도 이해하지 못한다."는 신조를 체는 강하게 주장했고, 피델 또한 모든 악의 근원은 무지에서 온다며 강력한 교육문화 정책을 폈다. 자기 생각을 자기 표현으로 써내지 못한다면 이 자본주의 사회에서 왜 인문정신이 절실한지 우리는 이해하지 못할 것이다.

다만 글쓰기가 지식적으로 떨어지는 것을 경계했다. 같은 주제를 같이 공유하면서 생각해본다는 것이 중요했고, 경험을 중심으로 한 글쓰기가 절실했다. 다양한 층이 다양한 방식으로 참여하는 〈개똥철학〉은 수잔 손택의 말대로

'손을 뻗어 내미는' 사유이고자 했다.

  자기 생각을 자기 글로 표현하는 사회. 거기엔 가치를 선택할 수 있는 용기와 감수성과 발견과 상상력이 함께 작동한다. 그래서 우리는 공감이라는 능력을 갖게 되는 것이다. 그것이 인문학이고, 그것이 사랑이며, 그것이 평생학습이다.

  글쓰기는 삶의 솜털이며 물결이며 잎새이며 뿌리이며 구름이며 밥그릇이다. 이 책에는 솜털 같은 글, 잎새 같은 글, 뿌리 같은 글, 물결 같은 글, 구름 같은 글, 밥그릇 같은 글, 우주목 같은 글이 다양한 형식으로 실려 있다. 잘쓴 글보다는 진솔한 글을 쓰는 데에 목적을 두었다. 매끄러운 글보다는 거칠어도 울림이 있는 글을 쓰고자 했다. 숙련자도 있고 미숙련자도 있지만 글은 결코 숙련이 아니다. 글은 생각의 따뜻함과 만물에 대한 연민과 관찰, 그리고 이 시대에 대한 고뇌가 만들어내는 선량하고 아픈 에너지인 것이다.

  이번 주제는 '장소'였다. 장소가 상실되는 시대, 공간만 확장되는 시대에 우리를 존재하게 했던 장소는 어디였으며, 어디여야 할까. 중요한 것은 하나의 고민을 함께 해보는 것이었다. 인쇄물이 넘쳐나는 이 세상에 이 한 권은 또 하나의 소비에 불과하지 않을까 두렵기도 하다. 하지만 믿는다. 우리가 고민한 것들이 우리를 구원하리라는 것을. 이런 나눔이 그저 습습한 물기로 번져, 갈라지고 갈라진 일상의 메마른 틈으로 스며들기를 바랄 뿐이다.

백년어서원에서
김수우

차례

| 002 | 글쓰기 공동체를 꿈꾸며 | 책머리에 |

제1부

011	바다가 들어온다	신정민
017	장소와 사람	심은희
023	'살림'의 장소	이소연
031	장소는 어떻게 가능해지는가?	변정희
037	그곳 그 이름	이선형
043	사라진 유토피아, 유년의 장소	노진숙
051	우리, 그저 민낯으로 만나자	이언옥
061	오래된 장소, 젊은 아파트	우한가람

제2부

071 꿈 속, 나는 아마 그 곳에 있었을 것이다   김희진
075 순리와 역리를 포용하는 '밭'의 세계   김형양
083 헬스장, '어떤' 견딤과 의지의 완성   정영민
091 소매물도를 기억하며   송태원
010 나의 소우주, 열 평 텃밭   박월숙
107 공간과 장소, 자본과 反자본 혹은 半자본   문영식
113 기억의 거울   임회숙
127 부산대 시계탑이 사라지던 날, 이전과 이후   박경옥
133 나의 꽃밭은 못갖춘마디   고명자

제3부

141	몸의 기억, 골목	이상헌
147	내가 사는 동네에 권정생 선생님이 살았대요	이서영
153	세대적 무의식과 '장소성'	차성연
159	어딘가에 있었던 나에게	김혜옥
171	나의 문장 유랑기	정현경
177	집이 필요해	박송화
183	잔디 위의 차들	최예슬
191	공유지에 오신 것을 환영합니다	전중근
205	인도단편선	김태훈

제4부

215	너는 여행자의 집이니	김수우
225	장소는 시간의 함수다	구영기
231	글자가 놓이는 자리	박근수
237	네가 쌓인 자리	김송은
243	사물과 장소, 그리고 특별하다는 것	주명
249	돌아갈 곳	구설희
255	내일 죽을 수도 있겠네	장민혁
261	내가 다닌 장소	양송이
269	공간処聞이라는 장소	김행운
275	우리 동네, 진해	지봉준
283	새벽길	김성관

개똥철학은 몸 안에 빛의 근원을 가지고 있어 맑은 황금불빛을 내는 개똥벌레의 꿈입니다. '촛불은 부드러운 미풍에도 꺼진다. 그것은 바깥에 있는 것에 의해 점화되기 때문이다. 개똥벌레는 폭풍에도 빛을 잃지 않는다. 그 빛이 자기 안에 있기 때문이다'라는 인도의 스승 스와미 웨다의 말처럼 절실한 것은 우리 안의 빛입니다. 인간은 고뇌하는 별입니다. 서로의 꽁무니에서 나오는 황금불빛으로 서로를 밝혀가는 것. 고뇌가 즐거운, 고뇌를 통해 타자를 이해하는 것이 바로 백년어의 개똥철학입니다.

제1부

바다가 들어온다
― 곰소 염전

신정민

'그때 그 염전이 곰소 맞죠?'
 엄마가 전화를 받으시면 그렇게 물으려 했는데 받지 않으셨다. 받으셨다면 '애가 뭔 똥딴지 같은 소리야' 하셨을지도 모르겠다. 내가 그곳을, 그 때 그 일을 기억하고 있다는 것도 놀라워하셨을 지도 모르겠다. 그러고 보니 지금껏 그곳에 대해서 한 번도 얘길 꺼내지 않았던 것도 같다. 단 한 번 들렀던 곳. 두어 시간 머물렀던 곳. 엄마에게 그때 그곳은 어떤 의미로 남아있을까. 지금 생각해보면 굳이 기억하고 싶은 곳은 아니지 않을까 싶다. 경험이 몇 살 때부터 기억으로 남게 되는 걸까. 그때 내 나이가 다섯이나 여섯 살쯤이었던 것 같다.

 한 사람의 희노애락에 자주 연결되는 장소가 있다면, 그곳은 개인에겐 원체험의 공간이 아닐까. 까마득하게 잊혀져 있다가도 어느 순간 선명하게 펼쳐지는, 기억의 배경. 가난에 대한 결핍이 그닥 없는 시절을 보냈는데도 불구하고 어린 마음에 늘 가난이 있었고, 알 수 없는 무언가로부터도 늘 외로웠던 것 같다. 이상한 결핍. 불쑥불쑥 쓸쓸함을 타는 말수 없는 내성적인 성격. 안타깝게도 먹는 걸로 스트레스를 푸는 애처로운 배고픔 같은 것도 그 어떤 결핍 때문이 아닐까 생각해보곤 한다.

나를 괴롭히곤 하는 그런 감정이나 느낌에 충실할 때, 그러니까 곰곰 그런 나를 들여다볼 때 그 때마다 곰소가 가만히 떠오르곤 했다. 이유가 무엇인지 지금도 알 순 없지만 그야말로 알 수 없는 내 감정들의 발원지라 여기는 곳.

> 오랫동안 난 널 지었다. 오, 집이여!
> 추억이 하나씩 날 때마다 난 해변에서
> 네 벽의 꼭대기로 돌들을 날랐다
> 그리고 난 보았지, 계절들이 품은
> 네 초가지붕이 바다처럼 변화하고
> 구름 배경 앞에서 춤추는 걸.
> (하략)
>
> ―「바람의 집」-루이 기욤

먼지꼬리를 뿌옇게 흔들며 멀어지는 버스를 한참 바라보고 있었다.

엄마와 나는 높은 방둑에 서 있었다. 버스의 뒷모습을 따라가던 시선이 흐트러졌을 때 처음 보는 무언가가 있었다. 염전. 소금을 만들기 위하여 바닷물을 끌어 들여 논처럼 만든 곳. 물을 가둬놓은 느낌에 대해 어린 나는 무엇을 생각했을까. 바다의 집이라고 생각하지 않았을까.

염전이란 곳을 처음 보았다. 그 땐 엄마도 내게 '저곳이 염전이란다' 라고 일러주시지 않았다. 학교에 다니며 알게 되었을 것이다. 젊은 엄마는 모시한복을 잘 차려 입으셨고, 흰 양산을 들었다. 더워서 땀을 닦아내던 엄마의 흰 손수건도 기억이 난다. 왜 모두 흰색이었을까. 흰색이라고 기억하는 걸까. 엄마의 한쪽 손을 잡고 둑을 걸었던 짧은 순간이 잊혀지질 않는다.

멀리 놓여있던 소금창고가 작은 집처럼 생겼었다. 둑을 걷는 동안 보았던 수차는 무척 인상적이었다. 커다란 바퀴가 굴러가다가 멈춰 선 것처럼 보였다. 하던 일을 멈추고 무언가를 기다리는 듯한 모습. 땡볕의 따가움은 엄마의 양산 아래서도 느껴졌던 것 같다. 눈이 부셔서 잠시 스쳐 지나가는 환상 같았다.

쓰러질 듯 허름한 소금창고들은 물에 흠뻑 젖어 짙은 갈색이었다. 나무판자를 엉성하게 세워놓아 벽이라 하기 그랬다. 지붕도 마찬가지. 양철을 얹어놓아 비를 피할 수 있을 정도. 나무 벽이며 양철지붕이며 둘 다 단단히 녹이 슬어버린 것 같았다. 녹슨 시계바늘 때문에 시간이 흐르지 않을 것 같았다. 그러나 쓰러지지 않고 버티고 있는 집.

바닷물이 염전에 들어와 쉴 때 염부들도 쉬었던 걸까. 아무도 없는 염전이었으나 텅 비어있다고 말할 순 없었다. 눈부시게 빛나는 바닷물과 푸른 하늘의 구름들이 한가하게 염전에 담겨 있었기 때문이다. 밤이면 달과 별이 들어와 쉬는 곳. 시간이 흐를수록 점점 더 선명해지는, 그러나 실은 내가 조금씩 만들어가는 바다의 집. 어른이 되면서 점점 더 풍부해지는 그곳의 풍경은 어릴 적 보았던 그 때 그 풍경하고 다를 수도 있을 것이다. 기억이란 스스로 자신을 꾸미기도 하는 것이므로. 이상한 그리움이 만들어가는 집. 그 이상한 느낌들이 자꾸만 그려가는 그림들의 집.

염판이 햇빛에 반짝거렸다. 소금알갱이들이 빛에 반사되어서 그랬는지도 모르겠다. 바다가 빛나는구나. 소금을 얻기 위해 나무가래로 대패질을 하는 모습은 그 때 보았던 어릴 적 풍경 뒤에 덧입혀진 풍경이다. 지금이야 모터로 바닷물을 끌어올리지만, 수차로 길어 올린 바닷물을 이리저리 밀어내고 당겨오면서 조금씩 하얗게 드러나는 결정을 한데로 모으는 것, 그것도 어른이 되어서야 그려진 풍경이다.

발판을 한 걸음씩 밟아오르면 돌아가는 수차 위에 내가 있는 상상을 하곤 했다. 염전에 바닷물이 들어오는 것을 사람들은 바닷물이 들어온다고 한다. 그렇게 한 걸음 한 걸음 걸어서 바다를 불러 들였고 바다가 내 안에 들어오는 것 같았다. 내 안에 꿈을 불러 들이듯. 거대한 바다가 좁은 물줄기를 따라 올라오듯 내가 꿈꾸고 있는 것들이 내 안에 담기는 것 같았다.

우리 집 문을 누가 와서 두드릴까?
문이 열리면 들어오고
문이 닫히면 아늑한 소굴
문 밖 저쪽에선 세상은 요란해도
—피에르 알베르 비로, 「자연의 즐거움」 중에서

염부들의 가족이 모여 사는 막사에 들어가자 코흘리개들이 모여들었다. 처음 보는 사람들에 대한 아이들의 호기심이 눈에 보였다. 궁색한 세간을 밀어놓은 작은 방. 얼굴에 주근깨가 가득한 여자가 엄마에게서 등을 돌리고 앉아 있었다. 소리 없이 눈물을 훔치고 있었던 것이라고 지금도 나는 생각하고 있고, 그렇게 돌아앉아 우는 그 어깨가 생각날 때마다 왜 그렇게 점점 더 가슴이 아픈지 모르겠다. 나의 이복언니. 아버지가 전쟁 통에 아내를 잃고 데리고 남으로 내려온 딸이었다. 나이가 들었으나 학교도 제대로 보내지 못했고, 재혼을 하시면서 홀로 친척집에 머물면서 공장에 다녔다고 했다. 그렇게 독립을 했을 테니 순탄치 않은 삶을 살았을 것이 뻔했다. 물론 늘 소식은 닿아있어 결혼할 때, 조카를 낳았을 때, 이사를 갈 때 가족으로서 곁에 있었지만 내가 부모님께 받으며 자란 사랑은 받지 못하고 살았던 언니였다. 그 언니에 대한 부채의식이 늘 있었던 것 같고 그 언니가 고생하며 신접살림을 차린 곳이 바로 곰소였다.

내 마음속에 간직되어 버린 집. 고독의 공간. 어쩌면 나는 잠시 다녀온 그날 그곳에서 가져온 나의 고독을 괴로워하고, 고독을 바라고 고독을 위태롭게 하고 있는지도 모른다. 나는 왜 그곳을 지우고 싶어하지 않는 걸까. 그 고독의 공간이 나의 본질에 어떤 영향을 준 것이리라. 하나의 풍경에 이런 저런 상상들을 그려넣었다가 지우고, 다시 다른 이야기로 그려넣는 것들. 그때 보았던 풍경이 미완성이고 하나씩 그림을 채워넣어서 점점 완성되어가는 듯한 느낌이 좋은 곳.

어쩌면 완성되지 않고 죽는 날까지 그렸다 지우기를 반복하게 될 공간일 수도 있고, 그런 곳이 있다는 것이 얼마나 행복한 일인가 생각해보게 된다. 지금도 곰소에는 염전이 있다. 가을이면 오도리라고 하는 생새우구이를 먹기 위해서 많은 사람들이 가족들과 함께 나들이 하는 곳. 사시사철 곰삭은 젓갈들을 파는 가게들도 많이 있다. 그 길가에 아직도 몇 칸 되지 않는 염전이…

증발과 결정. 인간의 기억이란 것도 증발과 결정의 단계를 거칠 것이다. 왠지 짠맛이 날 것 같은 기억들. 소금이 된 바다처럼 기억이라는 결정을 남기는 삶. 기억의 증발, 기억의 결정. 시간의 증발, 시간의 결정. 그렇게 남은 것이 하루하루. 현실, 일상, 뭐 그런 것 아닐까 싶다.

바다가 집이었다. 염전이 집이었다. 이복언니가 고생하며 살았던 염전막사는 내 슬픔의 집. 내 원형의 집. 어른이 되었지만 어릴 적 그 집을 향해 걷고 있는 건 아닐까 생각해본다. 나의 외로움과 쓸쓸함으로부터 보호받고 있는 기억의 장소. 나의 외로움과 쓸쓸함이 보호해주고 있는 그 집들. 집으로 가면서도 집이 없는 알 수 없는 절망들이 삶에 소금알갱이처럼 박혀있다.

짠맛은 상처 위에 있을 때 고통스럽다. 그 절망들이 지친 몸을 눕힐 수 있는 내 고독의 공간을 생각해본다. 어쩔 수 없는 고독의 괴로움들. 어쩔 수 없다면 바라고 즐겨야 할 고독의 이미지들. 그 외로움이 걸어가 문을 두드리는 집이 곰소가 아닐까. 눈물은 왜 짠가, 라던 어느 시인의 싯구를 빌린다면 나는 아주 오래 전, 나도 모르는 아주 오래 전 그 어느 때인가 그곳은 내 집이기 전에 나 자신이 바다였고, 염전이었고, 소금이었을 것이란 생각까지 닿게 한다. 외로운 풍경이었고 고달픈 사람들이었고, 버려진 이별이 내 것일 수 있었던 곳.

침묵과 벽이 되돌려주는

이름을 부르며 나 홀로 가는
집. 내 목소리 속에 있고
바람이 살고 있는 기이한
집. 그 집을 나는 만들어낸다
내 손은 구름을, 수풀 위의
넓은 하늘의 배를, 이미지들의 장난에선 양
흩어지고 사라지는 안개를 그리고

—피에로 세게르, 「공유지」

　　곰소 염전은 변산반도 끝자락에 있다. 바다와 인접한 다른 염전과 달리 곰소만 안쪽에 자리잡고 있다. 갯벌을 다져서 만든 염전이어서 다른 곳에 비해 미네랄이 10배가 많다. 천일염이 만들어지는 곰소염전은 내소사가 있는 부안에 있다. 조선시대부터 소금을 생산해서 서울에 진상했다고 하는데, 일제 강점기 말에 만들어져 해방 이후부터 천일염을 생산했다고 한다.
　　그곳이 내게 위안을 준다. 알 수 없는 슬픔의 근원지. 슬픔이란 감정의 아름다움을 느낄 수 있게 해준 곳. 나는 곰소염전을 끊임없이 새로 짓고 새로 꾸민다. 보잘것없는 나의 집. 어릴 적 동네 골목 여기저기 쏘다니며 놀 때, 밥 먹으라고 부르는 다 저녁의 엄마 목소리. 그 목소리가 들릴 때까지 뛰어놀던 아이처럼 상상하고 또 상상할 수 있는 집이 바로 곰소 염전이다. 은자의 오두막 집처럼 초라한 내 소금창고.

신정민 전북 전주출생. 2003년 ≪부산일보≫ 신춘문예 등단. 시집 『꽃들이 딸꾹』, 『뱀이 된 피아노』, 『티벳만행』이 있다.

장소와 사람

심은희

돌이켜 보건대 내가 '장소'에 대해 눈을 뜨게 된, 하나의 소박한 사건이 있었다. 그것은 일회적인 사건은 아니었고 직접 일궈낸 경험도 아니었지만 십수년째 내 안에 생생히 살아 있다. 장소는 '공동체'의 문제였고, 공동체가 살아난다는 건 장소가 깨어난다는 의미였다. 그때 내가 느낀 감정은 그러한 무의식적인 '장소감'이었다. 대학 동아리 활동 시절을 돌아가 보자. 학생회관 4층 구석에 위치한 동아리방은 특별한 경우를 제외하고는 대체로 썰렁했다. 기대감에 문을 열어보면 텅 비어 있기 일쑤였고, 허탈한 마음으로 뒤돌아서야 했다. 아무도 없는 휑한 공간이 동아리에 대한 내 인상이었다. 그 무렵 ㄱ선배가 복학했다. 선배는 동아리방에 그저 덩그러니 앉아 기타를 치거나 낙적이를 끄적이거나 책을 읽고 있었다. 가끔 소파에서 낮잠을 잘 때도 있었다. 잠깐씩 들를 때면 선배와 이런저런 얘기를 하다 나오곤 했다. 한번은 추석연휴 때 가족과 투덕거리다 기습적으로 학교에 간 적이 있었다. 무심코 동아리방으로 향했다. 어김없이 선배가 있었다. 무슨 사정인지 고향에 내려가지 않고 학교에서 명절을 보낸 모양이었다. 그런데 마치 약속이나 한 듯이 사람들이 하나둘 동아리방에 모이기 시작했다. 다들 있을 줄 몰랐다며 의아해했지만 동아리방에 가면 누군가가 있을 거라는 막연한 무의식이 작용했을 것이다. 동아리방은 전에 없이 왁자지껄했고, 우리는 명절 이상으로 즐겁고 따뜻한 시간을 보냈다. 텅 비어 있었던 공간이 어느새 꽉 찬 존재감으로 차오르는 느낌이었고, 이후 동아리는 놀라울 정도로 끈끈해졌다.

한 선배의 무위無爲, 나중에야 그것이 무위를 가장한 애정, 동아리(공동체)를 향한 선배의 열정이었을지도 모른다는 생각을 했지만, 당시 선배는 무엇을 의도하거나 계획하지 않았다. 다만 하나의 장소에 자신을 담그고, 장소가 그 스스로가 되기를 기다렸던 것 같다. 그리고 우리들은 그곳에 갔다. 공간이었기에 찾아간 것이 아니라 사람이 있었기에 찾아간 것이다. '장소감'이란 장소와 사람이 좀처럼 분리되지 않는, 전체적이고 무의식적인 감정이라고 한다. 그때 내가 경험한 것이 바로 장소와 사람이 겹쳐지는 그런 느낌이었다. 그리고 장소화란 사람의 애정이 장소에 지속적으로 스며들면서 서서히 깊어지고 넓어진다는 것을 알게 되었다. 사람은 장소를 필요로 하고, 장소는 사람을 필요로 한다. 장소가 곧 사람이고, 사람이 살고 있는 곳이 바로 장소이다.

"개인이 필요로 하는 것은… 땅덩어리가 아니라 장소다. 그 안에서 자신을 확장시키고 자기 자신이 될 수 있는 맥락이 필요한 것이다. 그런 의미에서 장소란 돈으로 살 수 있는 것이 아니다. 보통 오랜 시간에 걸쳐, 평범한 사람들의 일상 생활을 통해 형성되어야만 한다. 그들의 애정으로 장소에 스케일과 의미가 부여되어야 한다. 그리고 나서 장소가 보존되어야 한다." (오거스트 헥처, 에드워드 렐프의 『장소와 장소상실』(이후 『장소』)에서 재인용, 173쪽) 장소화의 핵심은 평범한 사람들의 지속적인 애정에 있다. 그러한 애정을 발휘하기 위해서는 수단과 방법을 가리지 않고 진행되는 '장소 박탈'에 맞서 장소에 대한 감수성을 회복(데이비드 브로워, 『장소』에서 재인용, 294쪽)해야 한다. "인간답다는 것은 의미 있는 장소로 가득한 세상에서 산다는 것이고, 인간답다는 말은 곧 자신의 장소를 가지고 있으며 잘 알고 있다는 뜻』(『장소』 25쪽)이다. 이처럼 인간과 장소 사이에는 깊은 유대가 존재한다. 사람이 장소를 키우기도 하지만 장소가 사람을 키우기도 한다. "어떤 사람이 작은 토지를 소유하게 되면, 그 땅은 바로 그이며, 그의 일부이며 그를 닮는다. 토지 위를 걸어보고, 만져보고, 또 일이 잘 안 되면 슬퍼도 해보고, 비가 내리면 기뻐할 수 있는 만큼의 땅이라도 갖게 된다면, 그 토지는 바로 그 농부이다. 그리고 그가 그 땅을 소유하기 때문에 어떻게 보면 농부가 그의 땅보다 더 클 수도 있다. 그가 혹여 성공하지 못하더라도 그는 그 토지를 지고 있어 큰 것이다. 땅이란 그런 것이다."(존 스타인벡, 『분노의 포도』, 『장소』에서 재인용, 128쪽)

그러나 현대 사회에서 '장소화'의 가능성, '장소감'의 회복은 점점 더 희박해지고 있다. 아무 곳에나 맥락도 없이 이국적인 경관을 심고, 역사와 전통을 망설임 없이 갈아엎는 '무장소화'가 심각하다. 소형집을 이고 다니며 장소를 옮겨다닐 뿐 장소를 진정으로 경험하지 않는 캠핑족들이 늘어나고, 집을, 뿌리를 내리고 거주하는 장소가 아닌 금전적 가치를 따지는 부동산용 주택으로 여기는 경향이 현저하다. 이삿짐을 채 풀지도 않고 6개월마다 집을 사고 파는 사람들이 늘어나고 있다. 이처럼 장소를 그것이 존재하는 방식 그대로 놓아두는 '아낌'(하이데거) 없이, 진정한 장소화와는 거리가 먼, 뿌리 뽑힌 인간들이 단순히 '기분전환용'으로 여기저기를 부유하며 배회하고 있다. "뿌리를 내린다는 것은 아마도 인간의 영혼에서 가장 중요하지만 가장 적게 인식되는 욕망"(시몬느 베유, 『뿌리에의 욕망』, 『장소』에서 재인용, 94쪽)이라서 그런지도 모른다. 그러나 장소는 인간다운 생활은 물론 한 개인의 영혼의 정체성을 형성하는 데 매우 중요한 역할을 한다. "장소는 인간 실존이 외부와 맺는 유대를 드러내는 동시에 인간의 자유와 실재성의 깊이를 확인하는 방식으로 인간을 위치시킨다."(하이데거, 『장소』에서 재인용, 25쪽) 장소가 수직과 수평, 경도와 위도라는 두 개의 축으로 이루어져 있듯 인간 역시 내면의 깊이라는 수직적 축과 외부와의 유대라는 수평적 축으로 이루어져 있다. 이는 내포의 결속과 외연의 확대라는 공동체의 조직원리와도 상통한다.

개인의 정체성은 그가 거한 장소들과 그가 만난 사람들을 통해 변화해간다. 진정한 장소나 사람은 그 개인의 외부가 아닌 '내부'에 머물며 '개인'을 관계와 결합과 배치의 장으로 이끈다. 들뢰즈의 경우 그의 삶과 철학은, 자신이 몰두한 철학자들과의 만남으로 이루어졌다. 흄, 니체, 칸트, 프루스트, 베르그손, 자허-마조흐, 스피노자, 카프카, 베이컨, 푸코, 라이프니츠 등이 그가 머문 장소였다. 소설가가 자신의 소설 안에 머물듯이, 들뢰즈는 철학자들을 골똘히 거닐며 그들 속에 거했다. 그중에서도 '나의 가슴 안에 있는 철학자'라고 칭송한 장소는 바로 스피노자였다. 그는 스피노자를 '하나'의 철학자가 아닌 '다수'의 철학자로 여겨, 스피노자를 하나의 '환경milieu'이라고 표현했다. 그는 우리가 '스피노자의 환경'에 있다고 말한다. "요컨대 우리가 스피노자주의자라면, 우리는 어떤 것을 그것의 형식에 의해서 정의하거나 그것의 기관과 기능에 의해서 정의하지 않을 것이며, 또 그것을 실체나 주체로서 정의하지도 않을 것이다. 중세의 용어 또는 지리학의 용어를 빌려 말하자면 우리는 그것을 경도longitude와 위도latitude에 의거하여 정의하게 될 것이다"(들뢰즈, 「스피노자와 우리」, 『스피노자의 철학』 188-189쪽) 하나의 존재에게 가장 중요한 것은, 그것의 형식이나 기능은 물론 주체도 아니라는 말이다. 가장 중요한 것은 그 존재가 위치해 있는 '경도'와 '위도'라는 것이다. 그렇다면 그가 말하는 경도와 위도란 무엇인가? "우리는 어떤 한 신체를 구성하는 입자들 간의 빠름과 느림의 관계 전체, 운동과 정지의 관계 전체를 신체 경도라고 부른다. 또 우리가 변용시키고 변용되는 이중적인 자기 능력 아래에서 매 순간 어떤 한 신체를 채우는 변용 전체를 그 신체의 위도라고 부른다. 경도와 위도의 전체가 자연을, 즉 내재성 혹은 결합성의 평면을 구성한다. 이 자연은 언제나 가변적이며, 개체들과 집단들에 의해서 끊임없이 개조되고, 구성되고, 재구성된다."(「

스피노자와 우리」189쪽) 스피노자가 말하는 신을 범신론적으로 흔히 '자연'이라 부르는데, 들뢰즈는 이러한 자연을 관계 전체(경도)와 변용 전체(위도)가 내재적으로 결합되어 있는 평면이라는 이미지로 제시하고 있다.

'내재성의 평면plan d'immanence'은 하나의 사유 이미지이다. 그러나 중요한 것은, '내재성'과 '평면'이 지닌 함의다. 스피노자의 신은 외부에 존재하는 '초월적 존재'가 아니라 내부에 존재하는 '내재적 원인'이다. 신은 '유일 실체'로서 "자신 안에 있고, 자신에 의해서 파악되는 것, 즉 그것의 개념을 형성하기 위하여 다른 것의 개념을 필요로 하지 않는 것"(스피노자, 『에티카』 1부 정의3)이다. "신은 존재들의 유일하고 절대적인 지평으로서 무한의 운동이 일어나는 곳이다. 우리는 그 무한의 운동의 외부 관찰자가 아니라 '이미' 그 운동 안에서, 그 지평 안에서 그 운동에 참여하고 있고, 그것을 표현하고 있다."(박기순, 「들뢰즈와 스피노자: 무한의 사유」 진보평론 2007) 인간은 신 안에 거하지만 신은 인간을 통해 드러난다. 마치 들뢰즈가 스피노자라는 환경 안에 머물지만 스피노자는 바로 지금 여기에서 들뢰즈를 거쳐 현현하는 것과 같다. 들뢰즈와 스피노자의 쌍처럼 부르디외는 파스칼을 자신의 내부에 두고 그 안에서 자신의 사유를 빚어내는데, 파스칼도 이와 비슷한 이야기를 한다. "공간을 통해서 우주는 나를 포함하고, 나를 하나의 점으로 삼켜 버린다. 그런데 나는 사유를 통해서 이 우주를 이해한다."(부르디외, 『파스칼적 명상』에서 재인용, 189쪽) 따라서 인간의 정신은 신의 무한한 지성의 일부(『에티카』 2부, 정리11의 계)라는 말이 이해된다.

들뢰즈는, 왜 스피노자를 '환경'이라고 부르고, 스피노자의 '신'을 '내재성의 평면'이라고 표현한 것일까. 왜 하필 지리적 용어인 '환경'이나 '평면'이라는 말은 사용한 것일까. 신을 인식하는 것이 최고의 선善이고 덕德(『에티카』 5부 정리28)이라는 스피노자의 말과 관련지어 보면, 신을 인식한다는 것이, 신이 무엇인지, 신이 어떤 존재인지 파악한다는 의미가 아니다. 신을 인식한다는 것은, 개물들을 신의 관점 즉 '영원성의 상(像) 아래서' 인식한다는 뜻이다. 다시 말해 아무도 사랑하지 않고 아무도 미워하지 않는 신(『에티카』 5부 정리17)처럼 그야말로 동등한 시선으로 개물들을 인식하는 것이다. 존재들의 지평은 존재론적 높낮이가 없는 그야말로 평면이다. 그러므로 보다 많이 인식할수록 신을 더 많이 인식(『에티카』 5부 정리24)하게 되는 것이다. 즉 신을 인식한다는 것은 자신과 세계를 둘러싸고 있는 '관계의 그물'을 이해한다는 것이고 '관계의 총체'인 삶을 보다 더 사랑하게 된다는 뜻이다. 장소의 문제에 있어 가장 시급한 과제는, 현대 사회가 부추기는 '중심'과 '변방'이라는 차가운 이분법적 도식을 거둬내는 일이다. '누구나 꽃'(도종환), '자세히 보아야 예쁘다'(나태주)라는 시구처럼, 장소 역시 어디나 중심이 아닌 곳이 없다. 중심과 변방이란 초라한 경계 설정이 진정한 장소화의 걸림돌이 되고 있다. '모든 곳에 중심이 있고 울타리가 없는 세계', 이러한 세계에 대한 참된 인식과 무한한 긍정은 우리가 원하는 '장소화'의 본질과 맞닿아 있다.

심은희 시인. 2002년 ≪세계일보≫ 신춘문예로 등단.

'살림'의 장소

이소연

마당, 또는 동네

명절날 나는 엄매 아배 따라 우리집 개는 나를 따라 진할머니 진할아버지가 있는 큰집으로 가면//…(중략)…//이 그득히들 할머니 할아버지가 있는 안간에들 모여서 방 안에서는 새옷의 내음새가 나고/또 인절미 송구떡 콩가루차떡의 내음새도 나고 끼때의 두부와 콩나물과 뽂은 잔디와 고사리와 도야지비계는 모두 선득선득하니 찬 것들이다// 저녁술을 놓은 아이들은 외양간섶 밭마당에 달린 배나무동산에서 쥐잡이를 하고 숨굴막 질을 하고 꼬리잡이를 하고 가마 타고 시집가는 놀음 말 타고 장가가는 놀음을 하고 이렇게 밤이 어둡도록 북적하니 논다/밤이 깊어가는 집안엔 엄매는 엄매들끼리 아르간 에서들 웃고 이야기하고 아이들은 아이들끼리 웃간 한 방을 잡고 조아질하고 쌈방이 굴리고 바리깨돌림하고 호박떼기하고 제비손이구손이하고 이렇게 화디 사기방등에 심 지를 몇 번이나 돋구고 홍게닭이 몇 번이나 울어서 졸음이 오면 아릇목싸움 자리싸움을 하며 히드득거리다 잠이 든다 그래서는 문창에 텅납새의 그림자가 치는 아츰 시누이 동세들이 욱적하니 흥성거리는 부엌으론 샛문틈으로 장지문틈으로 무이징게국을 끓이 는 맛있는 내음새가 올라오도록 잔다

—백석, 「여우난골족族」 부분

내가 한참 클 때까지 우리 집은 늘 두 개의 방이 전부였다. 부모님 방, 그리고 아이들 방. 남동생이 사춘기가 되기까지 우리 세 남매는 한 방에서

싸우며 놀며 지냈다. 실은 방이라는 곳에 그리 오래 머물지를 않았다. 해가 져서 집집마다 아이들 이름을 불러대기 전까지는 주로 골목을 누비며 놀았으니 방은 그저 잠자는 곳에 불과했다.

더 어릴 때는, 신발을 신고 내려가는 부뚜막이 있는 옛날식 부엌에, 미닫이 문 하나를 사이에 두고 방 두 개가 나란히 붙은 집에 살았다. 아버지가 장남인 덕분에 방 하나는 삼촌들이나 고모가 결혼 전에 차례로 들어와 살았고, 또 하나의 방은 우리 다섯 식구가 오글오글 함께 머물렀다. 거실 같은 것이 따로 있는 집이 아니었고 대문간에 있는 재래식 화장실 하나를, 그것도 네 가구가 공용으로 가진 집이었다. 그 뒤에도 우리 가족은 남의 집에 세를 들어 마당에 있는 화장실을 사용하며 살기도 했지만, 이 집만은 유독 내 기억 속에 따뜻하고 흥성스러웠던 장소로 남아있다.

가운데 마당이 있고 ㄷ자를 엎은 형태로 앉은 이 집의 한쪽은, 방 두 개를 차지한 우리 집이었고 가운데 집 하나, 또 저쪽 모서리에 하나, 마지막으로 저쪽 끝 집이 하나인, 총 네 가구가 사는 집이었다. 집이라 해도 우리 집을 제외한 다른 집은 방 하나에 마당으로 난 작은 부엌 하나가 딸린 집이었고, 그래서 모두 합쳐도 전체 방 다섯 개인 단층짜리 다세대 주택인 셈이었다.

네 가구는 화장실 말고도 마당 끝에 있는 수돗가를 함께 사용했다. 그것은 모든 집의 싱크대이자 빨래터, 또 세면대고 아이들의 목욕 장소이기도 했다. 마당은 당연히 공동의 것이었다. 다들 방도 부엌도 좁아 부엌 바깥쪽 마당에 나와 나물을 다듬거나 찬거리를 준비하곤 했는데, 그래서 그날 저녁 그 집 반찬이 무엇인지도 대강 알 수 있었다. 종종 소박한 음식을 나눠 먹기도 했지만, 고기라도 먹을라치면 변변찮은 살림에 좀 나눠주지 못해 서로 미안해하곤 했었다. 각 집의 아이들은 작은 마당에 모여 딱지치기, 땅따먹기 같은 걸 하며 같이 놀았다.

지금 돌이켜보면 참 놀라운 공동체의 장소였다는 생각이 든다. 나는 가운데 방에 혼자 사는 이모 집에 들어가 만돌린을 배웠고, 저쪽 끝 방 아줌마의 계모임에 끼어들었다가 만취해서 돌아온 적도 있었다. 엄마가 나간 사이 시무룩이 남은 그 집 아이를 용용 놀려주며 같이 있어주기도 했다. 다 늦은 저녁, 내 발바닥에 유리가 박혀 온 식구가 어쩔 줄 모르고 있을 때 모서리 방 아저씨가 내 발을 잡고 피를 빨아 뱉어 내던 수돗가를 생각하면 아직도 발바닥이 아려온다. 학교 가기 전 수도꼭지가 하나뿐인 수돗가 부근을 서성거리며 차례를 기다리거나 화장실 앞에서 줄을 섰던 기억은 나지만 그다지 불편을 느끼진 않았다. 요즘의 현관문 역할을 한 부엌으로 들어서는 문이 대부분 열려 있어 다른 집 안이 얼추 보였고, 마당 끝 화장실 앞에 있는 대문도 늘 열려 있어 안팎에 별 구별이 없었다. 그렇게 마당은 곧바로 골목과 통해 우리에겐 여기도 저기도 다 마당인 셈이었다.

  동네에는 참 다양한 집들이 있었다. 불타고 남은 집에 사는 언니와 그 동생은 우리보다 더 가난해 보였지만 이상해보이진 않았다. 담쟁이 넝쿨이 뒤덮은 부잣집은 볼 때마다 대문이 굳게 닫혀 있어 우리는 귀신집이라 불렀다. 골목 모퉁이 담벼락에 난 구멍 속에는 보물이나 괴물이 들어있을 것이 틀림없었다. 가끔 들르는 목마 수레 할아버지는 늘 기다려지는 대상이었고 때때로 지나가는 소독차는 온 골목을 축제의 장으로 만들어주었다. 찌그러진 냄비를 들고 나가 엿을 바꿔 먹기도 했고, 20원만 있으면 떡볶이 포장마차로 달려가 떡볶이 떡 하나에 오뎅 국물 대여섯 바가지를 먹을 수 있었다. 놀다가 누가 다쳐도 어른들 싸움으로 번지는 일은 없었다. 어둑어둑해질 무렵 골목 가로등 아래 집을 찾아 들어가던 친구들의 그림자는 지금도 어른어른 보인다.

작은 방

    이리하여 나는 이 습내 나는 춥고, 누긋한 방에서,/낮이나 밤이나 나는 나 혼자도 너무 많은 것같이 생각하며,/딜옹배기에 북덕불이라도 담겨 오면,/이것을 안고 손을 쬐며 재 우에 뜻없이 글자를 쓰기도 하며,/또 문밖에 나가디두 않구 자리에 누워서,/머리에 손깍지벼개를 하고 굴기도 하면서,/나는 내 슬픔이며 어리석음이며를 소처럼 연하여 쌔김질하는 것이었다./내 가슴이 꽉 메어 올 적이며,/내 눈에 뜨거운 것이 핑 괴일 적이며,/또 내 스스로 화탄 낯이 붉도록 부끄러울 적이며,/나는 내 슬픔과 어리석음에 눌리어 죽을 수밖에 없는 것을 느끼는 것이었다./그러나 잠시 뒤에 나는 고개를 들어,/허연 문창을 바라보든가 또 눈을 떠서 높은 턴정을 쳐다보는 것인데,/이때 나는 내 뜻이며 힘으로, 나를 이끌어 가는 것이 힘든 일인 것을 생각하고,/이것들보다 더 크고, 높은 것이 있어서, 나를 마음대로 굴려 가는 것을 생각하는 것인데,/이렇게 하여 여러 날이 지나는 동안에,/내 어지러운 마음에는 슬픔이며, 한탄이며, 가라앉을 것은 차츰 앙금이 되어 가라앉고,/외로운 생각만이 드는 때쯤 해서는,/더러 나줏손에 쌀랑쌀랑 싸락눈이 와서 문창을 치기도 하는 때도 있는데,/나는 이런 저녁에는 화로를 더욱 다가 끼며, 무릎을 꿇어 보며,/어니 먼산 뒷옆에 바우섶에 따로 외로이 서서,/어두워 오는데 하이야니 눈을 맞을, 그 마른 잎새에는,/쌀랑쌀랑 소리도 나며 눈을 맞을,/그 드물다는 굳고 정한 갈매나무라는 나무를 생각하는 것이었다.

—백석, 「남신의주 유동 박시봉방南新義州柳洞朴時逢方」 부분

    조금 커서 사춘기를 유난스레 치르는 남동생이 먼저 방을 갖게 되고 나는 여동생과 함께 방을 썼다. 그러다 이사한 집 옥상 쪽으로 난, 창고처럼 쓰던 방 하나를 내 방으로 얻게 되었다. 그때가 중학교 2학년 때쯤이었던 것 같다. 여름엔 견딜 수 없이 더워서, 겨울엔 난방을 할 수 없어서 잠시만 사용할 수 있는 방이었지만 그 방은 최초의 '내 방'이었다. 집 안으로 난 나무 계단을 밟고 올라가는 그 외딴 방을 나는 얼마나 사랑했던지! 두꺼운 나무 계단을 건반이라고 생각하며 하나하나 소리를 느끼며 올랐던 기억이 난다. 옥상으로 가까이 올라 갈수록 밖에서 들려오던 풀벌레 소리가 선명했던 것도 생각난다. 내가 복층 구조의 집이나 다락방을 선망하는 것은 이 최초의 내 방에 대한 그리움이 깔린 것일 테다.

    책상에 책을 펴고 그 위에 만화책을 얹어놓고 보다가 계단을 올라오는 엄마 발자국 소리가 나면 얼른 만화책을 숨길 수 있는 방, 매일 올라오는 여동생이나 가끔 놀러 오는 친구들과 시끄럽게 수다를 떨어도 아래층에선 크게 알 수 없는 방이었다. 한쪽 벽면이 비스듬해서 다락방 같던 그 방, 비스듬한

그쪽 벽에 창이 하나 나있어서 낮이면 창을 열고 그 아래 드러누워 하늘을 보았고 밤이면 달을 들여놓기도 했다. 방을 나서 서너 계단을 더 올라 쪽문을 열면 바로 옥상이었다. 나는 거기 서서 어둠이 내린 골목길과 가로등 아래로 지나가는 사람들을 내려다보거나 돗자리를 깔고 누워 별을 보았다. 가만히 누워있다 드물게 별똥별을 만나면 입 속으로 가득 열기 같을 것이 차올라 두 눈을 크게 뜨고 벙긋 벌어지는 입을 두 손으로 가리며 어쩔 줄 몰라 하기도 했다.

나는 금세 밖으로 통하는 그 작은 방에 웅크리고 앉아 이 우주에 나라는 존재는 무엇인지, 인간은 무엇인지, 나는 왜 태어났으며 어디로 가고 있는 건지, 진지하게 고민하기도 했고 그러다 내 못난 꼴을 마주하거나 막막한 외로움에 사로잡혀 혼자 눈물을 쏟기도 했다. 그러곤 창으로 향한 책상 앞에 앉아 일기를 쓰고, 또 되지도 않는 시를 끄적이기도 했던 것이다. 아마도 그게 지금 말로 '중2병'이었던 모양이다. 지금도 눈에 선하다. 나를 키운 또 하나의 장소.

책상, 그리고

백석 시에서는 다양한 것들을 볼 수 있지만, 우선 눈에 띄는 것은 공동체의 북적이는 흥겨움이다. 「여우난골족族」이나 「가즈랑집」, 「넘언집 범 같은 노큰마니」, 「고야古夜」 등의 시에서 보는 가족 공동체, 마을 공동체의 흥성스런 모습은 읽는 이를 들썩들썩 흥이 나게 하거나 가보지 못한 그 옛적으로 우리를 "고조곤히"(「나와 나타샤와 흰 당나귀」) 데리고 간다. 그러나 타지를 떠돌던 때의 백석 시에서는 홀로의 시간과 공간, 그 속에서의 깊은 근원적 고독감을 느낄 수도 있다. 「흰 바람벽이 있어」, 「남신의주 유동 박시봉방南新義州柳洞朴時逢方」, 「두보杜甫나 이백李白 같이」 등의 시들이 그러하다.

전자와 관련된 장소들은 우리 삶에 더 없이 넓은 풍요로움을 주고 후자는 우리 삶을 "외롭고 높고 쓸쓸"(「흰 바람벽이 있어」)하게 한다. 여기서 중요한 것은 '높고'이다. 우리는 넓이만 가지고는 온전할 수 없으며 높이, 그리고 깊이를 가져야 한다. 높이나 깊이는 삶의 외롭고 쓸쓸한 국면을 만나지 않고는 결코 가질 수 없는 것이다. 백석이 절벽 끝처럼 춥고 고독한 방에서 획득한 높은 갈매나무, 쌀랑쌀랑 흰 눈을 맞는 "그 드물다는 굳고 정한 갈매나무"는 높이의 장엄함, 혹은 숭고함을 보여준다. 높이는 깊이 없이는 생겨나지 않는 것이다. 백석이 흰 바람벽을 마주하고 "하눌이 이 세상을 내일 적에 그가 가장 귀해하고 사랑하는 것들은 모두 가난하고 외롭고 높고 쓸쓸하니 그리고 언제나 넘치는 사랑과 슬픔 속에 살도록 만드신 것이다"며 작고 아름다운 이름들을 호명할 때 그 목소리는 몸과 삶의 깊은 곳에서 나오는 것일 테다.

그리하여 우리에겐 '모두 함께'와 '각자 홀로'의 장소가 필요하다. 복이 많았는지 내 기억 속 두 개의 장소는(백석의 장소들을 감히 짐작 할 정도뿐이긴 하지만) 그것들을 각각 간직하고 있다. 알라이다 아스만은 『기억의 공간』에서 기억은 안전한 창고가 아니라 고유한 법칙성을 띤 에너지로 이해할 수 있다고 말한다.[1] 아스만은 이러한 에너지를 바탕으로 '기능기억(활성적 기억)'과 '저장기억(비활성적 기억)'이란 개념을 만들어 낸다. 핵심적인 것만 말하자면 "저장기억은 '무정형의 덩어리'로, 사용되지 않고 정돈되지 않은 기억의 마당이다. 이 기억이 기능기억을 둘러싸고 있다."[2] 그리고 "기능기억은 선택, 연관성, 의미 구성에서 생성되는 적용된 기억을 말한다. 구조 없고 관련성 없는 요소들은 합성·구성·결합되어 기능기억으로 들어간다."[3] 그러니까 여러 기억들이 질서 없이 잡동사니처럼 쌓여 있는 것이 저장기억이라면, 그 잡동사니들 중 어떤 것들을 고르고 모아 의미를 생성시키는 것이 기능기억이라는 것이다.

---

[1] 알라이다 아스만 저, 변학수·채연숙 역, 『기억의 공간-문화적 기억의 형식과 변천』, 그린비, 2011, 34쪽.
[2] 위의 책, 183쪽.
[3] 위의 책, 185쪽.

그러므로 그것은 '기억'이라기보다는 '회상'이다. 회상에는 언제나 망각이 관여하여 기억을 편집, 변형, 재해석하게도 하는데, 그 속엔 기억하는 자의 현재가 담겨있기 마련이다.

백석의 유년 회상 시편들은 기능기억의 아름다운 집적물로 풍요로움과 높이를 지니고 우리 삶을 깊이 울린다. 내 기억의 두 장소 역시 전적으로 당시의 사실에 부합하지 않을 수도 있다. 그러나 나는 앞서 말한 방식으로 내 삶의 두 장소들을 간직한다. 살아오며 여타의 많은 장소들을 거쳤고 그 중엔 중요한 장소들도 많지만, 상징적으로 앞의 두 장소는 나를 키운 가장 큰 장소들이다. 나는 공동체의 장소와 나만의 장소를 감사히 누렸으며 그것은 지금, 여기의 나를 다시 살게 한다.

두 아이를 키우고 있는 지금, 나는 내 방이 없다. 그 옥상 방 이후로 얼추 10년 정도는 내 방을 가졌지만 그 뒤로는 나만의 독립된 장소라는 것을 갖지 못했다. 아주 부유해서 방이 여럿 되지 않고서야 아이들 있는 집 여자가 안방이 아닌 혼자만의 방을 갖기는 어려울 것이다. 심지어 외동을 키우는 집에서는 두 개의 방이 아이 방이기도 하다니. 그 동안 두 딸아이가 제법 클 때까지는 한 방을 써서 그래도 나는 옷 방을 겸한 내 방 비슷한 것을 갖기는 했다. 커다란 옷걸이들 사이에 끼어 있긴 했어도 내 책상을 놓을 수 있었다.

큰 아이가 혼자만의 공간이 필요한 나이가 되어 방 하나를 내어주고 나니, 나는 작은 아이와 방을 나누어 쓰게 되었다. 한쪽은 아이의 잠자리와 물건들이, 다른 한쪽은 내 책상과 책장 하나가 있는 방이다. 독립되진 않았지만 이곳은 작은 나의 장소이다. 하지만 고요히 이곳에 앉아 있는 시간을 갖기는 몹시 힘든 일이다. 퇴근 후나 주말이면 부엌에서 보내는 시간이 가장 많고, 특히 주말엔 밀린 집안일로 여기저기를 들쑤시고 다니느라 금세 저녁이 된다. 아이들이 잠든 후 조용한 때 나는 겨우 내 책상 앞에 앉을 수 있다. 이내 졸고 앉아있을 때가 많지만 그 잠깐의 시간은 비로소 '나'로 돌아온 것 같은 안정감을 준다.

때로 아이들이 놀러들 나가고 갑자기 혼자 집에 있게 되면 그 텅 빈 시간이 내게 가득 차오른다. 얼마나 귀하고 감사한지. 아이들이 유쾌하게 돌아올 때 그 감사함은 완성된다.

문득, '엄마의 장소는 어디였을까?'하는 생각이 든다. 나는 일을 핑계로 책상이라도 하나 가졌지만 엄마는 그마저도 없었고, 그리고 얼마나 많은 어머니, 아버지들이 그러한가. 엄마의 장소는, 늘 맛있는 냄새를 풍기던 부엌이었을까. 세 아이 도시락 걱정에 새벽이면 일어나던 안방이었을까. "늦었다, 빨리 일어나라!"고 외치던 우리들의 방문 앞일까. 신문을 보거나 간혹 이웃집 아주머니와 커피를 마시던 거실이었을까. 채송화 씨를 받느라고 콧노래를 흥얼거리던 마당가였을까. 엄마의 장소는 어디에도 없었지만 엄마는 그 모든 장소들에 계셨고, 그 모든 장소들을 살리셨다. 내 어린 시절의 기억을 온전히 유지하게 해 준 것도 어쩌면 엄마의 '살림' 덕분이 아니었을까. 그러니 그야말로 엄마는 내게 또 다른 하나의 커다란 '장소'이다.

아이를 키우며 어설프게나마 살림을 하게 되면서 '살림'이란 말을 새롭게 만났던 적이 있다. 그게 바로 무언가를 '살리는' 행위가 아닌가 말이다. 비록 지금 내 장소는 책상 하나로 축소되었지만, 생각해보면 나는 이 집 구석구석 참견하며 가족들과 식물들과 사물들 사이에서 살림하느라 느린 손으로 애쓰고 있으니, 그 장소가 결코 초라하달 수 없겠다.

물론 나는 나만의 독립된 방, 혹은 작업실을 꿈꾼다. 그 방은 쪽문이나 창으로 넓은 세상과 우주와 곧장 통하고, 그리고 따로 깊이 외롭길 바란다. 그러나 그보다 중요한 것은 내 장소가 내게, 그리고 다른 이에게 '살림의 장소'가 되길 바란다는 것이다. 내 말과 손길이, 내 존재가 누군가와 무언가를 살리는 것에 작으나마 보탬이 되는 소박한 장소가 되길, 감히 빌어본다.

이소연 동아대 강의전담 교수. 문학박사. 경희대 대학원 졸업.

장소는 어떻게 가능해지는가?
—외상trauma에 맞서는 기억과 기록, 그 장소화에 대하여[1]

변정희

기억의 의무

"*망각의 삶으로부터 기억하라.*"
〈*개복동 2002 기억, 나비자리*〉 *기념 조형물 헌사 중에서*

영화 〈매드맥스 - 분노의 도로〉(2015)에서 워보이는 병으로 죽어가는 몸을 내던지며 여성들을 쫓는 독재자의 길을 가로막는다. 한갓 기계의 부속품처럼 사라질 뻔했던 그는 "witness me"(나를 기억해줘)라는 마지막 말과 함께 저항의 몸짓으로 영원히 남았다. 내 존재의 증인이 되어달라는 그의 말을 떠올리며 '기억'의 의무에 대해 생각한다.

잊지 않겠다는 다짐을 누구에게 했던가? 일본군 '위안부' 할머니들의 속절없는 죽음 앞에서, 대학의 민주주의를 외치며 투신한 교수의 죽음 앞에서, KTX 여승무원들의 하염없는 눈물 앞에서, 파괴되고야 말았던 구럼비 바위 앞에서, 오래도록 가꾸어 온 낡은 장소가 재개발과 함께 사라지는 그때에 "삶은 재개발

---
[1] 이 원고는 2015년 전북여성인권지원센터 공개집담회 〈가능한 꿈의 공간들 - 여성인권, 기록과 기억의 공간을 위하여〉에서 발표한 원고 일부를 정리한 것이다.

되지 않아요. 추억은 철거되지 않아요."라고 말했던 그 친구들2) 앞에서. 그리고 가장 최근에는 이제 500일을 넘긴 세월호가 있다.

세월호의 희생자들을 추모하는 노랫말에서는 "잊지 않을게"라는 말을 반복한다. 망각은 인간의 삶에서는 자연스러운 일이기도 하지만, 그 망각이 어떤 사태를 둘러싼 진실을 꾸준하게, 지속적으로 은폐하려는 조직적인 행위이기도 하다는 것을 우리는 일련의 사건들을 통해 알고 있다. 때문에 잊지 않겠다, 혹은 기억하겠다는 이 단순한 행위는 가장 정치적인 행위가 될 수 있는 가능성을 얻게 된다.

2000년 군산 대명동 화재와 2002년 군산 개복동 화재 사건. 성매매 업소라는, 이 사회에서는 집단적으로 그 기억이 은폐된 자리에서 일어난 두 번의 화재 참사는 열아홉 명의 죽음을 통해 성매매 여성의 존재를 세상에 알렸다. 대명동 화재 사건 당시 사망한 5명의 여성 중 2명은 무연고자로, 정확한 이름도, 고향도 알지 못한 채로 군산의 한 승화원에 안치되었다. 몇몇 사람들이 매년 이들의 죽음을 기억한다. 매년의 기일에 느끼는 통증이 해마다 같을 수만은 없겠으나, 잊지 않겠다는 다짐이 무뎌진 적은 없다. 한편 2015년에 제작된 개복동 화재 참사를 추모하는 조형물은 '기억, 나비자리'라는 이름을 얻었다.

한 시대의 국면과 마주하는 어떤 사회적 문제에 대해서만 '기억'의 문제를 이야기할 수 있는 것은 아니다. 오히려 개인의 삶을 통해 우리는 '기억의 필요'에 대해 적극적으로 이야기할 수 있다. 최현정은 주디스 허먼의 『트라우마』를 옮기면서 이 책이 "피해자의 역사를 재건한다"고 쓴다. 한 개인의 삶에서 외상trauma이 피할 수 없는 문제가 되었다면, 이제 남은 일은 과거의 자신과

---

2) 부산 남구의 오래된 주택에 자리잡았던 〈생각다방 산책극장〉은 그 일대의 재개발로 건물 철거를 앞두고 이와 같은 말을 남겼다.

현재의 자신을, 외상의 자리를 경유하여 통합시키는 일이라고 할 수 있다. 이러한 연결고리를 만들어가는 주요한 방식은 얼어붙은 기억을 해동시키고, 풀어내고(이야기하고), 마침내 삶의 한 부분에 '기억의 자리'를 마련하는 것이다. 외상, 그것은 제거나 침묵이 아니라 온전히 기억하기, 그리고 재의미화하기의 방식을 통해서만 치유/해소된다.

이처럼 기억은 역사가 어떤 식으로든 누락/탈락시킨 어떤 목소리들, 말하자면 타자의 목소리가 회귀하는 한 방식이다. 기억은 문자로서는 미처 전해지지 않는 목-소리, 타자의 몫이자 타자의 소리들이 존재하는 하나의 양식이라 할 수 있다. 아우슈비츠와 같은 수용소에서 살아남은 사람들을 인터뷰하고 기록하며 '인간의 조건'을 엿본 테렌스 데 프레는 『생존자』에서 증언에 대한 욕구가 생존의 이유가 되었다고 기술한다. '기억하기', 그리고 그 기억에 대해 '말하기'가 살아남은 사람(생존자 survivors)들에게 가장 절박한 일이었다는 것이다. 기억의 의무, 그것은 살아있음의 의무와 같은 것이다.

기록의 자리

> "내가 가까스로 발견해 낸 건 만일 우리가 타인의 내부로 온전히 들어갈 수 없다면, 일단 그 바깥에 서 보는 게 맞는 순서일지도 모른다는 거였다. 그 '바깥'에 서느라 때론 다리가 후들거리고 또 얼굴이 빨개져도 우선 서보기라도 하는 게 맞을 것 같았다."
> ─김애란, 「기우는 봄, 우리가 본 것」, 『눈 먼 자들의 국가』 중에서

그러나 한편 기억은 온전히 주체의 자리에 있을 때 가능한 행위이다. 그 사건을 기억함으로써, 우리는 그 사건의 주체가 된다. 위안부 할머니들의 증언 혹은 아우슈비츠 수용소에서의 증언과 같이, 생존자의 증언을 가장 중요하게 생각하는 이유가 여기에 있다. 말하자면 우리는 '기억하기'의 행위를 통해

그 목소리들의 주인이 타자의 자리에서 주체의 자리로 복귀할 수 있도록 돕는다. 또한 '기억하기'의 행위를 통해 그 사건에 동참하고, 주체로서 움직인다.

다시, 성매매 집결지를 떠올려보자. 성매매 집결지에서, 그 곳에서 있었던 일에 관해 이야기하는 것은, 그 기억의 온전한 주체인 성매매 경험 당사자만의 몫은 아니다. 현장 활동가의 경우를 예로 들자면, 성매매 집결지에 관한 증언자이자 목격자로서의 그 현장과 공간에서 어떤 일들이 일어나고 있는가를 스스로의 입을 통해서 이야기하고자 하는 욕구를 갖게 되고, 그 말들을 끄집어내고자 하는 시도들을 하게 된다. 이것이 우리가 성매매 경험 당사자의 목소리에 동참하는 하나의 방식이며, 기억의 '공유'를 통해 주체화되는 과정으로 이해할 수 있다.

그러나 문제는 누구나 그 사건의 주체가 될 수 있는 것은 아니라는 점이다. 성매매 집결지에 관한 문제에 있어서도, 누구나 그것을 기억하고, 증언하고자 나설 수 있는 것은 아니다. 우리가 기록의 자리에 관해 이야기하는 이유는 바로 이 성매매 집결지의 '바깥'에 간신히 버티고 선 사람들에 관해서 반드시 이야기해야만 하기 때문이다.

성매매 문제에 대해 미처 몰랐던 사람들, 몰랐다는 사실을 고백하는 사람들, 그 무지를 부끄러워하는 사람들이 있다. 이들은 이 새로운 종류의 이해를 '안다'는 것이나 단순히 '정보를 습득하게 되었다'는 차원을 넘어서 부끄러움이라는 민낯으로 마주한다. 이들은 사건을 마주하고 기억을 적극적으로 공유하는 주체의 자리에 서는 것을 차마 하지 않지만, 그 이유가 외면이나 무관심 때문은 아니다. 그보다는 먼저, 간신히 바깥의 자리에 서 보는 중이기 때문이다. 만약 기억을 주체의 몫이라고 할 수 있다면, 기록은 이처럼 간신히 바깥의 자리에 먼저 선 사람들의 몫이자, 가능한 상상이자, 실천적인 행위라고 할 수 있다.

한국의 현대사에서 성매매 집결지는 일종의 외상trauma이다. 외상에 대한 반응들은 다양하다. 망각, 회피, 부정, 체념… 때문에 우리가 다시 성매매 집결지를 이야기한다면, 그것은 외상에 의해 무너진 기억들을 재건하는 것, 부서진 기억들을 재구성하는 과정에 다름 아니다. 개인의 외상이 치유와 통합의 과정에 당도하게 되는 결론은 '외상은 사라지지 않는다는 것'이다. 그러나 과거로부터의 기억은 마침내 외상을 통과하여 새로운 미래를 만들어간다.

성매매 집결지 역시 역사와 현재로부터 삭제하는 것이 우리의 목표는 아니다. 재개발을 통한 철거나 도시재생사업을 통한 재정비와 같은 기획들이 시대의 흐름에 따르는 결과일 수는 있어도 우리가 내리고자 하는 결론은 아니다. 오히려 충실한 기록과 꾸준한 탐색을 통하여 과거의 어둠과 망각의 역사로부터 성매매 집결지를 끌어내고, 정의, 희망, 여성인권과 같은 새로운 미래의 가치들과 연결시키는 작업이 우리의 결론이어야 할 것이다. 우리가 성매매 집결지를 기억하고 기록해야만 하는 이유는 바로 여기에 있다.

변정희 여성인권센터 '살림' 활동가. 전 인문학 카페 '헤세이티' 운영자였고, '모퉁이극장'을 처음부터 이용했던 조상관객이다. 대안적인 네트워크에 관심이 있다.

그곳 그 이름

이선형

1.

그곳 어디에서 머리를 내밀어도 시야에 넘치며 한가득 들어오는 너무 큰 물상物象, 바다가 있는 통영에서 나는 태어났다. 쓰기는 통영이라고 해도 그곳 사람들은 '토영'이라고 부드럽게 소리낸다. '통영'하고 이응 받침을 다 살려서 빡빡하게 소리내는 사람은 외지인이다. 통영에서 취학 전까지 자라고 다시 깊은 바다 쪽으로 배를 타고 몇 시간 더 들어간 섬, 사량도에서 국민학교 입학을 했다. 여기서도 통영이나 사량도 사람들은 '사량도'라고 혀를 구부려 어렵게 발음하지 않는다. '사랑도', 거기, 거친 바닷바람에 그을린 사람들은 뻣뻣한 음성으로 그렇게 부른다. 그곳 어디에서도 보이던 수평선에서 멀리, 아주 멀리 떨어져 나와서야 나도 지도에 표기된 것을 보고, '사량도'라고 발음하게 되었고, 그건, 나는 그 섬에 아무 지분이 없다는 것을 실토하는 것이다.

이사를 가서 처음 갯벌에 나갔던 날이 기억난다. 바닷물이 빠져나간 갯벌에 조개를 캔다고 쪼그려 호미질을 하고 있는데 흙만 올라오고 통 잡히지 않았다.

자꾸 다른 곳으로 옮겨가다가 돌멩이로 동그랗게 표지를 한 곳이 눈에 들어왔다. 그 안에 들어가서 파니 여문 조개가 쏙쏙 올라왔다. 재미가 나서 고개를 파묻고 캐고 있는데 한 여자아이가 뛰어와서 소리를 쳤다. "엄마야! 우리 밭에 조개, 누가 다 캐간데이." 어린 도둑은 소스라쳐서 어디까지 뛰어갔을까. 그런데 뻘밭을 퉁탕거리며 뛰는 소심한 발을 '꼼짝마!'라고 사정없이 잡아채는 손가락이 있었다. 헐떡이는 발바닥을 필사적으로 빨아당기는 문어 흡반의 감촉은 얼마나 놀라웠던가. 또 얼떨결에도 그것을 힘을 다해 떼어내어 손에 틀어쥐었을 때의 승리감, 그 전율은 잊을 수 없다. 뒷날 학교에 갔는데 그 아이가 우리반에 있었다. 곧바로 단짝이 되어 그 애 아버지가 잡아온 물메기를 얻어들고 집으로 돌아오기도 하였는데 이제는 그 애 이름도 생각이 나지 않는다.

밀물이 들어오는 줄도 모르고 저무는 개펄바닥에서 놀기에 빠져서 나는 어머니 가슴을 놀라게 하고 쓸어내리게 했다. 밀물은 어딘가에 정신이 팔려있으면 눈치 채지 못할 순간에 배곯은 호랑이처럼 덮친다. 보름달과 그믐달이 등과 배처럼 되어 끙, 하고 돌아누우면 감당할 수 없이 쓸려가 버리는 텅 빈 거죽 같은 시공이 바다였다. 그러나, 다시 끙, 하고 돌아누우면 살아있는 것들이 끊임없이 기어다니는 꽉 찬 기운이었다. 얼떨결에 어린아이도 뒷발로 문어를 잡아올릴 수 있던 그곳. 바닷가는 날마다 새로운 놀람이 이어지는 곳이었다. 그곳에서 오래 살 수 있었다면 나는 아마 담대한 사람이 되지 않았을까.

교사였던 아버지의 책을 뒤적거리다가 그곳 아이들의 글을 묶은 문집을 보았던 기억도 난다. 가물가물한 수평선과 갈매기가 날아가는 하늘, 바닷물결이 새겨진 조개껍데기가 그려진 삽화와 수평선 너머 육지를 그리워하는 순박한 섬아이들의 글이 실려있었다. 하루에 두 번 선착장에 여객선이 들어왔다 멀어져 가는 섬에서는 아이들도 일찍부터 그리움을 체득하게 되는 모양이었다. 이름이 생각나지 않는 그 친구는 어디서 무엇이 되어 살고 있을까. 그의 기억 속 사량도 그림에서 나는 어디쯤 점처럼 서 있을까?

2.

　아버지가 전근을 가게 되어 나는 사량도를 떠나 하동으로 이사를 가게 되었다. 하동은 내 부모님이 태어나고 자란 고향이다. 외가는 이순신장군의 마지막 결전지인 노량해협과 가까운 금남면이었고 친가는 두메산골인 양보면이었는데, 이사 간 곳은 외가가 있는 한재마을이었다. 사량도에서 배를 타고 노량에서 내려 다시 트럭을 타고 들어갔다.
　한재는 지리산의 정기가 동남 바다쪽으로 뻗어간 산줄기, 금오산 아래 마을이다. 금오산 이야기를 할 때면 거기서 자란 어머니는 '소오산'이라고 말한다. 어머니의 그 발음과 리듬에는 고향붙이들만 갈 수 있는 지점이 있다. 찾아보니 소오산이란 이름은 노적가리처럼 우뚝 솟아있어 생겨났다고 한다. 이순신 장군이 장기전을 대비한 전략으로 산꼭대기 바위에 짚과 섶을 둘러쌓아 노적가리처럼 위장하기도 했다는데 소오산도 그렇게 하여 이름이 붙여진 것 같다. 한재마을은 아래쪽에 이순신 장군의 노량해전 당시 진을 쳤던, 그래서 진구지라는 이름을 가진 해안과 연결되는 아름다운 곳이다. 여기서 나는 3학년까지 두 해를 보냈는데, 삶에서 가장 평화로운 자양분을 축적한 곳이라고 기억된다. 산과 바다 사이에는 노량에서 진교로 이어지는 넓은 신작로가 있었고 굵은 포플라나무들이 행진하듯 심어져 있었다. 그 신작로는 인근 마을 아이들이 책보를 허리에 차고 십 리, 이십 리를 걸어서 학교를 오가는 통학로이기도 했다.
　나는 마을에서 동떨어진 산 아래 학교 사택에 살았다. 아이들이 모여서 자기 동네들로 돌아가고 나면 나는 냇가로 가서 혼자 놀았다. 생고구마를 얇게 썬 빼때기들이 허옇게 마르는 너른 바윗돌에 누우면 불을 넣은 구들처럼 뜨끈하였다. 이때의 평온하고 따뜻한 감각이 근원의 자족감을 형성했는지 나는 듬성듬성 놓인 냇가의 바윗돌을 보면 몸 깊은 데서 향수와 같은 반응이 올라온다. 뜨끈뜨끈한 바윗돌 위로 햇빛이 녹아내리는 냇가를 보면 몸 안에서

뜨끈해지며 마음이 맨발로 뛰어가는 것이다. 사실 냇가는 시끄러운 세상으로 던져지기 전 어머니의 자궁 속 같은 아늑하고 조용한 곳이다. 바윗돌을 휘돌아서 작은 자갈돌을 헤치며 냇물이 흘러가는 소리는 또 얼마나 좋은가. 그 고자누룩한 소리를 들으면 어느새 냇물이 내 몸으로 옮겨와 내장 속을 흐르는 것을 듣는다. 맑고 잔조로운 물살은 얼마나 또 하염없는가. 그 보석같이 투명한 살의 감촉 안으로 손을 밀어 넣지 않을 수 없다. 한번은 공부시간에 선생님 심부름으로 돌멩이 하나를 주우려 냇가로 갔다가 물바닥에 홀려 냇물을 따라 바다까지 갔던 '정신없는 아이'의 기억도 있다. 잔잔히 흐르는 물결도 좋지만 비온 뒷날 불어난 냇물이 뛰어내리는 모습은 가슴을 뛰게 하였다. 상류에는 폭포처럼 하얀 포말이 힘차게 떨어지는데 어머니는 그것을 '백마가 뛰어내린다'고 했다. 오래된 사람살이에서 흘러온 말들에는 자연의 말이 복화술처럼 들리는 경이로움이 있다. 나는 갈기를 날리는 물방울 백마들이 달리는 것에 사로잡혀 사물 표면에 얼비치는 비밀의 문을 본 듯도 하다.

냇가 언덕에 무궁화나무가 볼품없이 있었는데 어느 날 꽃송이가 갸웃하게 열린 것을 보았다. 자잘한 풀꽃들 천지에서 무궁화꽃의 단연 신비로운 품위는 왕과 같았다. 내 눈은 꽃가루를 구하려는 벌처럼 꽃술까지 들어갔다. 처음 마음 안으로 발을 들여놓은 사물들이 새겨놓은 첫 번의 발자국은 지워지지 않는다. 모든 무궁화꽃은 내게는 그 냇가에 단 한 송이 피었던 첫꽃이다.

3.

살아간다는 것은 처음의 장소로부터 멀어져 계속 지구 저쪽으로 걸어가게 되는 것일까. 톨스토이의 「사람에게는 얼마만큼의 땅이 필요한가」라는 소설에서 땅을 차지하기 위한 희망으로 부풀었던 사람이 생각난다. 해가 뜰 때부터 해가 지기 전까지, 마침내 땅바닥에 넘어져 죽기까지 미래로 달려간 사람.

처음 출발했던 곳으로 돌아갈 수 있으리라 자신했던 그 사람이 너덜너덜해지도록 겪어낸, 굽이굽이 변신하며 다가왔을 고초들을 생각한다. 할 만큼 다한 고생은 사람을 비로소 희망에서 떨어져 나오게 하고 순간을 보게 한다. 너덜너덜한 자신에게 돌아오게 하고, 차가운 공중에 떠있는 먼지 같은 고독을 감당하게 한다. 이제는 돌아갈 수 없으리. 처음의 장소. 그 이름, 모르는 외지인들과 다르게 고향붙이들끼리 부드럽게 이름 부르는 그 고장으로.

그리고는 오늘밤도 별똥별이 금을 그으며 떨어진다. 철없는 아이들은 부르르 떨며 머리속에 올라오는 소원들을 재빨리 바꿔치기한다. 가장 간절한 소원은 늘 놓치면서… 아이들은 계속 걸어간다.

"모든 일에 시작과 마지막이 중요하듯 사람도 마찬가지일 거야. 죽는 일도 중요한 일이지. 사람이 태어난 곳은 고향이라는데 사람이 묻히는 땅은 뭐라고 하느냐? 거기에도 이름이 있어야할 거야. 고향이라는 말에 못지않게 정다운 말이 있어야할 거야. ……"
— 북한 유학생으로 모스크바에서 공부하던 중 카자흐스탄에 망명하여 살다가 끝내 그곳에 묻힌 한대용의 단편소설「그 고장 이름」중에서

이선형 1994년 ≪현대문학≫으로 등단하였고, 지금 시와 궁리하고 놀며 쓰며 살고 있다. 시집으로 『밤과 고양이와 벚나무』, 『나는 너를 닮고』가 있다. 〈백신애 창작기금〉을 수혜하였다.

사라진 유토피아, 유년의 장소

노진숙

첫 번째 증인

주황에 가깝지만 노란색을 그 안에 품고 있는, 동네 어두운 곳을 밝히는 백열등은 철제 갓에 싸인 채 낮 동안 일어났던 삶의 온갖 소리와 냄새들을 조금씩 뱉어내는 듯 했다. 미세한 공기 속에 함유된 삶의 무게와 색채와 질량을 백열등이 어찌 다 밝힐 수 있으랴만, 가로등은 그 동네를 증언하고 증명하는 촌로인양 꿋꿋하게 골목어귀에 서 있는 것이다. 오르막이 다시 가팔라지기 시작하면 한꺼번에 쏟아지는 아카시아 향, 그 길을 내딛으며 품었던 태양에 대한 증오와 땀의 축축한 냄새, 조금 전 증오를 말끔히 씻어주는 옆 집 아저씨의 등목 치는 소리, 그 옆에서 깔깔대는 아주머니의 행복한 웃음소리. 낮 동안 구워낸 선명이네의 쿠키냄새와 해바라기가 고개를 숙이며 잦아드는 소리까지. 우리 집을 드나들던 구렁이가 잠드는 소리도. 신발장에 숨어 지내다 우리 중 누군가가 안 신던 신발을 꺼내는 순간 스르륵 하며 빠르게 도망가는 지네 소리에 우리의 피부에 번져갔던 소름까지. 어린 우리의 귀걸이 노릇을 해주었던 분꽃이 꽃잎을 접는 소리와 저녁무렵 집집마다 우리들을 부르던 엄마들의 피곤한 목소리, 엄마의 호명에 하나 둘 집으로 가고 난 뒤 마지막으로 남은 아이의 서러움까지 품고 있는. 책 한권을 남기고 홀연히 월북한 선명이 아버지의 서러운 꿈도 그 공기 속에 조금은 뒤섞여 있었을 것이었다. 그 등이 밝혀주는 것들은 따뜻하고 부드러운 음률을 무한히 간직하고 있는 풍금처럼 풍요로우면서도 무채색적으로 내 기억속에 피어나고 있었다 그 기억은 태양 아래 숨길 수 없이 드러나는 바다처럼 잠시도 가만있지 못하고 출렁거리며 내게로 떠오르는 것이다.

기억의 매듭

그때 우리는, 우리가 유년을 보냈던 70~80년대가 이렇게 유명한 시대가 될 줄 몰랐다. 엄마는 목소리를 낮추며 대통령이 죽었다 했고, 대학교에 다니던 사촌오빠는 경찰서에 잡혀갔다고 했다. 학교로 가는 산길 중간쯤, 분꽃이 지천으로 피어났던 언덕에 천막을 치고 살던 병호네 아버지가 병호 엄마의 비녀머리를 두 손으로 잡아채어 동네 골목까지 끌고 나와 마구잡이로 두드려대던 날을 제외하면 동네는 평화로웠다. 대통령과 그의 아내가 당한 총상에 비하면 사적인 폭력은 얼마든지 용인되었고, 동네 사람들은 담장너머로 혀를 차며 뒷짐지고 있었다. 같은 반이었던 병호는 어린 내가 보기에도 마음의 병색을 짙게 하고는 교실을 지켰는데, 울음을 터뜨릴 것 같아 말 한마디 건넬 수 없었다. 까까머리에 주근깨 가득했던 소년은 늘 부끄러운 듯 얼굴을 숙이고 다녔고, 우리의 얼굴을 쳐다보지 못했다. 다리를 절던 아랫집 아저씨는 우울한 신체에 대한 원망을 낚시로 대신했고, 낚시를 다녀온 다음날 우리집 밥상에는 종종 생선이 올랐다. 조기 외에는 생선을 잡숫지 않던 아버지 덕에 생선은 우리 차지가 되었다. 경희네는 오빠가 큰 회사에 취직을 해서 살림살이가 늘었다고 했고, 아버지가 교수였던 선명이네 집을 지날 때마다 버터향이 나서 대문 안쪽을 기웃거리며 침을 꼴깍였는데 엄마들 중 제일 뚱뚱했던 선명이 엄마는 우리에게 들어오라거나 쿠키를 먹어보라 권하지 않았다. 내가 선명이와 가장 친했지만 유일하게 말을 건넬 수 없었던 아주머니였다. 얼굴에 화상을 입은 아랫집 아저씨네 큰 아들이 원양어선에서 사라졌다는 소식과 다리를 저는 막내 아들이 양공주들의 포주라는 것은 어린 우리들에게 커다란 뉴스거리가 되었다. 나라 어디선가에서는 심상치 않은 일이 일어났지만 그곳은 우리 동네와 너무나 먼 곳이었고, 그 일과 우리가 아무 관련이 없으므로, 게다가 대통령이름만 꺼내도 잡혀간다 했으므로 그 일을 잊었다. 우리들에겐 쿠테타라는 말보다 포주라는 말이 더 무서웠던 것이다. 게다가 서울댁이라 불렸던 엄마와 외할머니로부터 자주 들었던 1.4후퇴 때 얘기나 전쟁 통에 이북에서 내려오신 아버지 얘기에 비하면 당시의 쉬쉬하던 사건들, 총알 몇 발은 그다지 관심을 끌지 못했을뿐 아니라 TV에서에서나 보던 이들의 죽음은 마치 TV 연속극의 한 장면처럼 느껴질 뿐이었다. 하지만 내 유년의 모든 기억에 마침표를 찍을 즈음, 혼란과 의문을 평생 가지게 한 소식이 있었는데, 그 소식을 듣기 한 해쯤 전 광안리로 이사 갔던 선명이네가 월북했다는 동네아주머니들의 수군거림이었다. 선명이네가 왜? 그 애 아버지는 교수라고 했는데? 그 의문은 평생 나를 따라다니며 선명이 얼굴의 주근깨만큼이나 자주, 그리고 선명하게 나의 유년에 대한 그 모든 행복한 기억을 한꺼번에 우울하게 만드는 것이다. 그 소식은 나의 기억에 매듭을 묶으면서 더 나아가지도 못하게 하고 물러서지도 못하게 하며, 그 자리에서 맴돌게만 하는 것이다. 내 유년은 선명이네의 월북소문에만 고착되어 그 소식을 들었던 시간과 그 장소와 표정들이 모든 기억을 삼켜버리고 지워버리면서 선명이에게로 수렴되어버리는 것이다.

두 번째 증인

끝도 없는 오르막 옆으로 난 작은 골목길과 쩍쩍 갈라진 그 골목 벽의 틈들과, 갈라진 틈에서 올라오던 폭신한 이끼와 그 이끼 사이에서 놀던 앳된 벌레들과 비오는 날이면 어김없이 나오는 달팽이와 달팽이를 하릴없이 괴롭히던 동네 아이들의 표정이, 꼭대기였던 우리집 건넌 방 애기에게 배달되는 야쿠르트가 녹슨 대문 앞에 송글송글 땀 흘리며 물끄러미 놓여있을 때 아무도 모르게 홀짝 마셔버리고 모른 체 할까 망설였던 그 짧은 순간의 도덕이, 야쿠르트 빨대가 집 마당에 나뒹굴던 날, 그것을 땅에 대고 입으로 훕! 하고 빨아들였을 때 내 작은 입안으로 가득 들어오던 흙의 감촉이, 산에서 내려와 길을 잘못 들어 어느 집 마당에서 넋을 놓았던 독사와 길 잃은 독사를 잡으러 왔던 아저씨의 입에서 나던 독사의 혀 휘두르는 소리가 마치 어제 일처럼 아직 귓전에 윙윙 대는 것이다. 산으로 통하는 골목을 숨기고 있던 그 오르막길에는, 종이인형 같은 평면적인 형태로서가 아니라 생의 강한 열망이 태양처럼 쏟아지던-가령, 움푹 패인 땅의 한쪽에 무턱대고 피어났던 민들레나 클로버처럼- 그 오르막길에는, 다시 말해 탄탄하고도 고단한 생의 근육 같았던 그 오르막길에는, 우리를 위험에 빠뜨리기도 하고 알 수 없는 모호한 매력을 발산하기도 하는 독사와 흡사한 구석이 가득한 것이다. 동네 끝집인 우리집 담장 안 무화과나무를 잡고 담장 너머를 보면 처음엔 까만 머리가 보이고 몸통이 보이고 휘휘 젓는 팔이 보이는 것이다. 갈지자로 천천히 걸으며 올라오는 사람, 일직선으로 올라오는 사람, 전봇대 앞에서 한번 쉬었다가 올라오는 사람, 잠시 멈추고 자신이 얼만큼 왔는지 뒤돌아보는 사람. 그들은 자신의 방식대로 오르막을 다루면서 삶을 유지하고 견디고 가늠하고 꿈을 꾸었을 것이다. 그 동네에 대한 나의 기억은 그림자가 실물로 빨려 들어가 듯 그 사람들과 그 장소들 속으로 소용돌이를 일으키며 점점 더 수렴되어 갔다. 사이렌의 노랫소리처럼 그 곳은 나를 유혹하고 욕망하게 하면서 잊었던 것을 기억나게 하고, 새로운 것을 꿈꾸게 하는 것이다. 이제 내가 그때의 선명이 아버지 나이를 넘어서고 나니 오르막동네에 살았던 선명이 아버지가 꿈꾸었던 것은 무엇이었을까를, 아직도 나로서는 도저히 가늠할 수 없는 철학자의 마음을 엿보고 싶은 것이다.

그런 날의 밤들

내가 생의 오르막길을 숨가빠하며 오르고 있었을 때는, 아직도 한참 남아 있는 오르막의 끝을 절망적으로 쳐다 보았을 때는, 고된 길에 대한 보상이라도 하는 듯 아카시아 향을 뿌려주던 유년의 동네처럼 생에 대한 배려는 없었다. 쫓아 오는 사람도 없는데 헉헉거리며 뛰어갔고, 무언가가 나를 재촉하는 듯 했다. 어린 시절의 동네에서처럼 개미의 일과를 쫓거나, 꿈틀거리는 지렁이를 나무작대기로 찔러보고 뒤집어보거나, 잘 자라고 있는 애호박에 괜한 상처를 내고 동네 아주머니들의 잔소리를 모른 체 하는 것처럼 목적 없고 무의미하고 무료해 보이지만 나를 잊게 하고 나를 생성하게 했던 일상도 없었다. 그 동네를 떠난 이후 더 이상 가파른 오르막길을 오르지 않아도 되었고 가로등이 필요 없는 곳에 살게 되었지만, 생은 갈수록 가파르게 이어졌고 떠나온 동네의 밤길을 밝히던 알전구처럼 따뜻한 빛을 그리워하게 되었다. 가장 끔찍했던 것은 세들어 살던 주인집네 부부가 나누는 자정의 거친 숨소리였다. 그 소리는 병호 엄마가 겪었던 해질녘의 불행과는 견줄 수 없을 만큼 행복에 찬 소리였겠지만, 은밀하고도 내밀한 생의 아름다운 비밀을 스스로 폭로하고 드러냄으로써 자기 자신을 천박하게 만들고 있었다. 하지만 죄는 아무에게도 없었다. 단지, 도시빈민을 위해 임대업자들이 지은 그 집이 대도시의 천박한 소음과 소란과 소동을 품고 있었을 뿐이었다. 차라리 내겐 가뭇없이 이어지는 부부싸움이 거칠지만 숭고하게 느껴지는 것이다. 그 싸움에는 생에 대한 깊은 슬픔과 원망과 원한, 분노 같은 것들이 엄숙하게 또아리 틀고 있었을 거니까. 담벼락에서 구경하던 사람들은 안타까워하면서 그 싸움이 끝나기를 기다렸을 것이다. 어쩌면 그런 날의 밤들은 동네 전체가 잠 못 들고 뒤척였을지도 몰랐다. 그

밤은 분명 우리 집을 드나들던 구렁이가 꿈틀거렸던 것처럼 깊고도 뜨거운 무엇인가가 생의 어떤 지점을 향해 꿈틀거렸던 밤이었을 것이다.

사라진 동네

사십 여 년 전의 과거 사건들이 지금 방금 지나간 과거보다 더 생생하게 되살아나 열 살짜리의 심장박동 소리가 오십 문턱에 선 내 귀에 들리는 듯하다. 동네를 감싸고 있던 아카시아가 겨우내 버려져 있다가 오월경 첫 향을 내보내면, 동네는 권태로움에서 깨어나고 공기 중 떠다니는 향기라도 긁어모을 요량으로 넝마주이 아저씨들은 붕대 감은 손을 휘휘 저으며 나타나기 시작했을 것이다. 그러면, 골목골목 제각각 놀던 꼬맹이들의 비명에 가까운 소리가 나고 곧이어 후닥닥 뛰어가는 소리, 대문 닫히는 소리가 들리면서 제법 동네가 시끌벅적해졌을 것이고. 아마도 넝마주이 아저씨는 계속해서 고독하였을 것이다. 그의 고독을 꼬맹이들은 알 리 없겠지만, 그 모든 광경을 지켜보던 아카시아는 방문자의 고독을 향기 속에 머금고 있다가 자신의 뿌리로 내려 보내어 이듬해에는 넝마주이의 고독까지 첨가된, 이전에는 없었던 새로운 향을 동네에 선물하는 것이다. 그러면 동네는 다시 깨어나고 아이들은 후닥닥거리거나 꽃들을 새로 따면서 매년 갱신되었다. 새로운 것들을 추가하면서 풍성해지고 깊어지고 넓어져 어린 우리들이 아직은 알 수 없었던 아우라를 가지게 되는 것이다. 그 아우라는 지나가는 개미와 달팽이도, 지네랑 구렁이도 함께 동참하여 만들어진 것이며, 금 간 벽의 틈에서 피고 지던 민들레도 한 몫을 하였을 것이다. 뉘 집 계단 옆 하릴 없이 피어난 토끼풀을 할 일 없던 우리들이 똑똑 잘라내어 돌칼로 썰고 찧고 빻던 시간까지 지층 깊이 묻어두었건만, 그 땅을 파내고 아카시아를 잘라내며 낡은 집들을 헐어버려 지렁이도 지네도 민들레조차 만날 수 없게 된 것이 십여 년도 더 지난 듯하다. 그때의 지번들은 모두 통합되어

하나로 정비되었고, 내 땅이요, 네 땅이요,를 씨름하던 동네의 분란을 잠재웠던 측량조차 필요 없게 되었으니, 이제 나의 유토피아는 기억에서만 존재하는 장소가 된 것이다. 그 곳에 살았던 어르신들의 부고가 늘어나고, 나도 언젠가는 그런 초청장을 띄우게 될 것이다.

기억의 담지자들이 사라져 간다는 것, 한 마을의 역사적 기억이 사라져 간다는 것은 기억상실증에 걸린 환자의 남은 생과 다를 바 없는 일이 아닐까, 라는 생각에 다다르면 마치 내가 기억상실증 환자라도 된 양 서글퍼진다. 사라진 유년의 장소, 그 동네를 만들었던 최초의 사람들이 그 동네에서 가졌던 꿈, 그들이 버리지 못하는 꿈들이 내 유년속으로 들어와서 나의 기억을 생생하게 하는 것인지도 모른다. 장소가 사라지고, 기억이 사라져도 끝까지 살아남았으면 하는 것, 그것은 한 줌의 꿈이다. 동네는 사라지고 없어졌지만 장소의 폐허 위에 동네를 일구었던 이들의 꿈, 어린 시절 우리들이 꾸었던 꿈이라도 살아남았으면 하고 바란다.

노진숙 2012년 제1회 백년어 서평 장려상, 2014년 제3회 바다상을 수상했다. 글쓰기를 좋아하며 '여성'이라는 화두에 관심이 많다.

우리, 그저 민낯으로 만나자

이언옥

오늘은 혼자 걸어갔겠구나.

네가 집으로 가는 길을 마음속으로 훑는다. 가파른 내리막길, 잠시의 평지, 횡단보도를 비스듬하게 가로질러 어두침침한 굴다리를 건너 다시 오르막길, 너의 씩씩한 잰걸음이 보이는 듯해. 두 눈에 별빛을 머금은 고양이라도 숨바꼭질하며 동행하면 네가 좀 쉬엄쉬엄 천천히 걸어갈까? 공부며 공부방 활동이며, 쉴 새 없이 무언가 해야 할 것이 기다리고 있다는 듯한 너의 빠른 걸음이 쌤은 늘 안쓰러워.

광덕물산 앞에 있는 횡단보도 알지? 너를 데려다 주고 올 때면 여기서 늘 신호에 걸려. 이곳에서 한 번 걸리고 나면 다음 횡단보도에서도 꼭 다시 서게 되는데 그러면 멀리 돌지 않아도 바로 좌회전해서 공부방으로 갈 수 있지. 늦은 밤 거르지 않고 거짓말 같이 신호가 바뀔 때면 신호등에 꾸벅, 가로등에도 꾸벅. 보이는 곳곳에 감사를 전한다. 왠지 그 모든 것이 너의 길을 응원하고 지켜줄 것만 같아서 말이지.

흠이 있어 완벽한 거란다
너의 흠과 화해하렴

어제 저녁 행운쌤은 밥상 앞에서 수저는 들지 않고, 네가 다 커버렸다며 공연히 밥알만 세더구나. 이제 열여덟, 사춘기도 지나 웬만한 건 유치하다고 손사래를 치는 너에게 어려서부터 해오던 장난은 실례가 되어 버렸지. 머리도 심지도 굵어져 지켜보는 것 외엔 해줄 것도 없으니, 그 양반 끈끈한 오지랖에 낙이 없어졌다며 엄살을 앓는 게 아니겠어.

그리고는 밥 한 술 뜨고 반찬 대신 떠는 수다.

"대견한 녀석. 지 혼자 참 잘 컸어. 선생이란 이름으로 불리어지는 것이 사실 부끄럽긴 해. 쌤도 알다시피 내가 모자란 것이 많잖아. 말만 많을 뿐 잘 하는 게 없으니 사실 뭘 가르칠 주제도 아닌데, '너보다 못난 사람에게도 배울 점을 찾아 배워라'는 내 말 하나 제대로 받아들여 혼자 커버린 거야. 고맙지. 예쁘고…"

"정말 잘난 선생 아래에서는 주관을 세워 배운다기보다 눈치 보며 맞춰가기 십상이잖아요. 때론 진심이 크는 게 아니라 흉내 내고 인정받는 요령만 늘 수도 있구요. 쌤들이 못나고 어리석어 스스로 갈등과 질문이 더 많았을 거여요. 그 덕에 빨리 커버린 것 아니겠어요. 한편으로는 우리가 모자라고 흠이 많아서 다행이라는 생각도 해요."

그래, 흠이란 요철을 만드는 것. 내가 모자라서 움푹한 곳이 있으니 네가 채우려 튀어나오고, 그가 불끈 튀어나온 구석이 있으니 네가 안아 들여 오목해지는구나. 오목조목 네 얼굴마냥 어디에 내놔도 조화로울 수 있는 인성은 요철, 그러니까 결국 흠을 마주하는 자세에서 만들어지는지도 모르겠네.

한 때 '흠'이라는 테마를 가지고 사진작업을 한 적이 있어. 세월과 바람과 벌레들이 만들어 내는 나무와 꽃, 벽과 바위의 상처가 주인공들이었지. 알록달록한 사진의 색을 지우면 보이지 않던 흑백의 속살이 드러나는데, 상처로만 보였던 흠의 형상은 반짝이는 별이기도 하고 꽃이기도 했어. 죽음을 그저 맞이하는 것이 아니라 죽음을 만들어가고 있는, 지는 것이 아니라 오히려 피어나는 모습 같았어.

내 안도 네 안도 살펴보면 흠투성이일지도 몰라. 그런데 그게 뭐 어때. 안팎으로 흠 없는 사람을 보면 경이롭기는 하나 매력은 없지. 흠이 있다는 것이 얼마나 아름답고 오히려 완벽한 것인지 그 증거가 자연에 온통 흩뿌려져 있는 걸.

흠을 나누면 경계가 무너지지
너의 외로움도 함께 사그라들 거야

쌤이 네게 왜 느닷없이 흠 얘기를 하는지 궁금하지?

외로움에 대한 너의 부쩍 담담해진 태도가 눈에 밟히더구나. 외로움을 소화시킨다는 느낌보다는 외로움을 억누르는 힘이 커지고 있는 것처럼 보여서 말이지…

너는 사람을 보는 눈이 날카로워. 사람에 대한 타고난 애정이 있는데다 분별에 능하고 정의에 민감하거든. 보는 것에 능하니 부딪히는데 두려움이 따르지. 네가 만드는 관계에 있어서의 경계와 거리는 그런 너를 보호할 테지만 외로움의 근원이 되기도 한단다.

흠이라는 것이 외로움을 만들어내는 경계, 사람과의 경계를 허무는 열쇠가 되지 않을까 하는 생각을 했어. 너와 나는 닮은 구석이 많아. 굳이 내 흠을 드러내는 것을 싫어하기도 할 뿐더러 흠이 있으면 어떻게  든 고쳐내려 하지. 내가 흠을 꺼내 보이지 않으니 상대는 자신의 흠이 드러나는 것이 민망하고, 그렇게 서로의 흠을 가리다 보니 경계와 거리는 두터워지는 거야. 그래서 쌤도 늘 곁에 사람이 많았음에도 외롭고 힘들었단다.

5년 전쯤 인연을 맺었던 아이 하나가 생각나네. 눈빛에 파란 단도를 품은, 하지만 간혹 푸딩처럼 말랑거리며 떨리는 눈망울이 사랑스럽던… 나는 녀석의 단도를 내려놓을 수 있는 편안한 품이 되어주고 싶었어. 그래서 자신의 모습 그대로 꺼내서 드러내 주길 바랬지.

멀쩡히 바로 서 있는데 옷을 삐딱하게 입으면 삐딱하게 서 있는 걸로 보이잖아? 아이는 다만 옷을 바르게 입는 법을 배우지 못한 거였어. 그 옷 때문에 아이는 자신의 진가를 인정받기가 힘들었던 모양, 잘 보이고자 인정받고자 듣기 좋은 말들을 늘어놓곤 했지. 없는 말을 지어내기도 하고 말이야. 자퇴를 하고 나서도 내게 찾아와 학교생활을 잘 하고 있는 것처럼 얘기하길래 짐짓 모른 척 '잘 살고 있구나' 칭찬을 하며 얼마나 속울음을 울었던지… 갈수록 깊어질 아이의 외로움과 솔직함을 끌어내지 못하는 나의 한계를 두고 또 얼마나 속앓이를 했던지.

나의 한계란 아이와는 '참 많이 다르다'는 것이었어. 자신과는 많이 다르니 제 흠을 이해해 주지 못할 거라는 두려움이 컸겠지. 쌤과 닮은 모범적인 모습을 보여야지만 인정받을 수 있을 거라는 생각들? 녀석이 내게 솔직하지 못했던 건 그 때문이지 않았을까.

난 그 아이가 자신의 흠을 기꺼이 꺼내놔도 민망하지 않을, 자신과 다르지만 결코 다른 사람이 아니라는 명백한 증거가 될 나의 흠을 진즉에 보여주지 못했던 것이 아쉽고 후회스러웠어. 처음부터 선생이니 어른이니 하는 입장을 치우고 흠 많은 민낯으로 만났더라면 상황은 달라졌을지도 모르는 일이지…

흠은 틈을 만들고 그 틈에서 사람냄새가 풍겨 나와. 고양이가 생선냄새를 맡고 지나칠 수 없듯 사람이라면 사람냄새에 끌리게 되는 법. 흠이 드러난 꾸밈없는 민낯으로 만나지 않으면 결국 다시 외로워지는 거야. 용기를 내어 흠을 나누는 순간, 너의 외로움도 한결 가벼워질지도 몰라.

사람도 공간도
흠이 있어 숨을 쉰단다

어린 네가 쌤에게 스승이 되었던 날이 있었지. 굳이 네게 내색하지 않았지만 '이 녀석, 잘 컸구나!' 흐뭇함이 심장을 꽉 메워서 마치 내 심장의 크기가 느껴지는 것 같았어. 그때의 추억을 꺼내볼까.

2014. 4. 16 흐리다 맑음.
공부방의 어린 맏이 서원이
얼굴에 먹구름이 스친다.
"쌤… 공부방이 요즘 뭔가 좀 빈 것 같아요. 허전해요."
"응 그렇제? 다같이 모일 일이 없으니 자꾸 멀어지는 기분이제? 쌤이 요즘 좀 게을렀

네…"
 "그런데 예전에 흥청거렸을 때도 사실은 비어 있었던 거란다. 늘 너희들을 주인공으로 세웠지만 너희들 스스로 이곳의 주인이 못된 탓에 생긴 빈 자리들이지."
 녀석이 아무 말 않고 벽에 총총 붙어있는 애들 이름을 한동안 쳐다본다.
 그들이 채웠던 추억과 남긴 빈 자리를 하나하나 훑는 모양, 몇 번을 보아온 익숙한 모습이다.
 객들이 오면 반갑고, 가면 허전한게 주인의 마음이지 뭔가. 마음에 사람들로 꽉 차 있으니 이 녀석이 이곳의 주인이다.
 "공간이 좀 으리번쩍하면 말 안해도 애들이 많이 찾겠제?" 왠지 미안한 마음에 씩 웃으며 흰소리를 했더니, 정색하며 이렇게 말한다.
 "여기는 볼 게 없으니 오면 딱! 사람만 보이잖아요. 공간이 좋으면 딴 걸 보고 올걸요? 그건 아니라고 봐요."
 지당하신 말씀이다. 사람이 있는데 뭐가 아쉬운가…
 빈 것에 예민하며 찬 것을 경계할 줄 아는 이곳의 주인장, 서원이 니가 갑이다!

어디하나 흠 없는 곳 없었던 옛 공부방…
 그 덕에 우린 정말 딱 사람만 봤던 것 같네. 가족이 되자고 우리가 되자고 함께 나누었던 활동이 앨범을 빼곡히 채웠지. 왠지 공간의 허름함이 우리의 결속에 더 인간적이고 순수한 분위기를 불어넣었던 것 같아. 한 번 모일라치면 서로 무릎을 겹쳐 앉아야 할 정도로 비좁았던 공간… 비가 오면 천장에서 떨어지는 빗물이 책을 적시기도 했어. 여름이면 모기보다 성가셨던 정화조 냄새는 또 어땠고… 페브리즈를 뿌려가며 나눠 쉬던 숨, 마시는 숨은 탁했어도 서로에게 뱉는 숨은 맑았던 것 같아.

공간이 바뀌어 좋아진 지금, "공간이 좋으면 딴 걸 보고 올걸요?" 너의 그 말이 아직도 쌤에겐 큰 화두가 되어 있어.
 공간이 제아무리 좋아져도 '사람'을 먼저, 그리고 끝까지 볼 수 있게 하려면 어떡해야 할까…

네가 이번에 공부방에 대한 영상을 만들면서 아이들에게 '불편함을 주고 싶다'고 했었지. 자기 받을 것, 누릴 것만을 먼저 생각하는 사람이 과연 이 공간의 주인이라 할 수 있냐는 질문을 던지고 싶다고 했어. 그래 너라면 감히 그런 질문을 던질 자격이 있지. 이 공간에서 네가 흘린 땀을 아는 이들은 모두가 수긍하고도 남을 테니…. 하지만 그러한 불편함이 아이들에게 제대로 받아들여지기 위해서는 '깊은 편안함'이 먼저 주어져야 할 것 같다는 생각이 드는구나. 나무가 땅을 믿고 뿌리를 내리는 것에 '깊은 편안함'을 비유한다면, 태양과 바람에 갈등하며 잎을 내밀고 꽃을 피우는 것이 네가 주고자 하는 '유익한 불편함'이라 할 수 있을 것 같구나.

깊은 편안함은
흠이, 흠이 되지 않을 때 느끼게 되지

'공부방이 너에게 갖는 의미가 뭐야?' 라고 네가 아이들에게 질문한 적이 있었지. 정은이가 깊은 즐거움이라 답하더구나. 쌤은 불쑥 '깊은 편안함'이었다면 더 좋지 않았을까 싶었단다. 늘 혼자될까 두려워하는 정은이에게는 그 두려움이 해소될 장소가 무엇보다 필요해 보이거든. 두려워하지 않아도 될 '깊은 편안함'을 줄 수 있는 공간이면 얼마나 좋을까?
정의와 분노가 많은 네게도, 욕심과 열등감 많은 A에게도, 의심이 많아가식에 바쁜 B에게도 쌤이 가장 주고 싶은 건 결국엔 그런 갈등과 번뇌를 다 내려놓고 숨 쉴 수 있는 편안함이란다.

    때가 되어 흠을 빚어 민낯으로 돌아가는 낙엽이 땅에게서만은 흠이 되지 않아.
    땅만큼 흠 많은 존재가 있을까? 밟히고 패이고 부서지고.. 오직 흠일 뿐이지. 땅이라는 거대한 흠은 노력도 책임도 의무도 강요하지 않아. 오로지 받아들일 뿐이지. 그래서 낙엽은 비로소 편히 쉬게 되는 거야.
    잠시 우리 낙엽이 되어서 땅에 누워볼까? 하늘이 보이고 빛이 보이고 수많은 잎사귀와 줄기들이 앞을 다투고 서로를 밀치며 빛을 따르는 광경이 보이지? 성장의 에너지로 터져나갈 듯 반짝이는 원색들이 보이지? 바람과 빛을 따라 새처럼 훨훨 날고픈 잎사귀들의 욕망도 보이지 않니? 마치 세상 속에 아옹거리며 살아가는 우리의 모습처럼… 하지만 줄기에, 방향에 매여 있지. 자유롭지 않아. 그들이 자유를 얻는 순간은 낙엽이 되어 바람을 타는 그 한순간일지 몰라. 나아가 부서져 흙이 되고 땅이 되어 그 모든 풍경을 관조하며 바라보는 순간일지도 모르지. 그 순간에서 느끼는 편안함을 상상할 수 있겠니? 우리의 공간이 그런 시선을 상기시켜 스스로 편안해질 수 있는 힘을 줄 수 있다면 얼마나 좋을까.

    쌤이 원하는 우리의 공간은 그런 힘을 가진 땅과 같은 공간이란다.
    근원을 돌아볼 수 있는 공간, 흠이 흠이 되지 않는 공간, 서로가 달라도 다르지 않음을 알게 되는 공간, 그로써 주어지는 깊은 편안함을 뿌리내린 가운데 불편한 갈등을 주고받으며 서로의 성장을 응원하는 공간…

    그래 서원아. 우리 더욱 땅과 같은 민낯으로 만나자꾸나.
    사람으로 살아감이 행복한 순간은 민낯의 모습으로 사랑하고 사랑받을 때가 아니겠어.

원망이 치달으면 원망을 꺼내 보이고, 사랑이 차오르면 사랑도 꺼내 보이고… 억눌린 감정과 부끄러운 흠, 다 꺼내어 만나자꾸나.

우리에게 서로의 흠은 흠이 아니니깐 말이야.

그것이 너와 내가 사랑하는 이 공간에서 우리가 해야 할 유일한 것일지도 모른단다.

이언옥 배움과 실천의 공동체 〈고치〉의 집사. 맨땅에 헤딩하는 것을 즐깁니다.

오래된 장소, 젊은 아파트

우한가람

1.

완전히 무너졌다 다시 세워진 여기가 현재 내가 사는 곳이라고 말해도 좋을 것이다. 네 살 때부터 살아온 내 오래된 장소는 이제 젊은 건물들로 가득 차있다.

지난 2008년 여름, 살던 사람들이 모두 떠나자 아파트는 롯데건설의 시공 하에 재건축에 들어갔다. 부산 북구 변두리에 있던 화명주공아파트의 이야기다. 오래되고 낡아 변두리의 구질구질한 삶을 더욱 구질구질하게 만들었던 이 골칫덩어리는 시공사가 선정되고 근 8년 만에 공사에 착수되었다. 재건축을 앞두고 그 근처 아파트로 이사했던 나는 4여 년에 걸쳐 건물이 부서지고, 나무가 뽑히고, 언덕이 깎여나가는 모습을 지켜보았다. 2012년 6월, 공사가 끝나고 입주를 기다릴 무렵의 모습은 예전과는 전혀 달랐다. 번듯한 외관과 아름다운 조경을 갖춘 고층 아파트 대단지는 서부산을 대표하는 랜드 마크이자 한 번쯤 살고 싶은 쾌적하고 고급스러운 주거지로 손꼽혔다. 입주가 시작되자 단지는 다시 북적이기 시작했다. 그러나 떠나갔던 사람들 모두가 돌아올 수 있는 것은 아니었다. 남의 집에서 세 들어 살던 사정, 중도금을 마련하지 못한 사정, 완공까지 머물 임시 거처를 빌릴 비용을 대지 못한 사정처럼 여러 가지 생활의 이유로 채워지지 못한 자리는 새로운 사람들로 대신 메워졌다.

  몇몇 사람들이 사라지고 풍경이 변한 장소가 있다. 그곳에는 재개발 공사가 내보내지도, 들어내지 못한 오래된 기억들이 남아있다. 지금 그 밑바닥에 고여 있는 이야기를 해볼까 한다.

2.

  중학생 무렵에 아주 좋아했던 친구가 하나 있었다. 그 친구를 집에 초대해 함께 아파트 단지 안을 걸으며 귀신이 나올 것 같다며 무서워하던 기억이 아직 남아있다. 당시 부산 시내 제일 저층 단지였던 화명주공아파트에는 5층 건물 키를 훌쩍 넘는 나무가 많았다. 관리되지 않은 관목들이 여기저기 줄기를 뻗어대는 가운데 지어진 지 몇 십 년이 지나 벽면에는 금이 가고 창틀은 녹이 슨 아파트가 유령처럼 서 있었으니 충격받을 만도 했다. 자꾸 옆구리에 달라붙는 친구 옆에서 나는 혼자 들떠 있었다. 유년의 나를 키웠던 장소를 함께 걷는다는 것은 스스로를 다시 소개하는 것과 마찬가지였다.

  할머니들이 뿌려준 곡식 낱알을 쪼는 참새가 많았던 아파트 단지는 도시 근방 변두리 지역 특유의 분위기가 있었다. 앞집과 윗집, 아랫집의 엄마들은 서로 언니, 동생 하는 가운데 대문을 열어두고 지냈다. 어린 나는 유선 티브이가 달려 있지 않은 내 집 대신 남의 집에 쭈뼛대며 들어가 만화를 본다고 앉아 있다가 커피가 묻은 얼음 조각을 받아먹곤 했다. 부모님이 맞벌이를 하면서부터는 자매들과 함께 자주 이웃집에 맡겨졌기에 집과 집 사이를 오가며 여러 손에 컸다.

  15평의 집에서 4,000여 가구의 주민이 사는 아파트 단지 전체로 활동 영역을 넓힌 것은 초등학교 저학년 무렵이었다. 초등학생의 사교육이라고는 고작해야 미술학원과 음악학원에 한 번쯤 발 디뎌보는 것이 다였던 시절이고 동네였던 만큼, 하교하고 나면 여기저기 쏘다니는 것이 일이었다. 조각 블록처럼 흩어져 있는 건물, 그 사이로 엉켜있는 소로, 눈을 돌리면 어디에든 무성한 수목, 어느 순간부터 드넓게 펼쳐지는 들판은 비밀 장소나 지름길을 찾아 탐험하기에 제격이었다. 단지 곳곳에 흩어진 놀이터를 찾아 들쑤시고 다니거나 도마뱀을 잡아 페트병에 모으고 있으면 모르는 아이들이 모여들어 함께 놀았다. 그러고는 해 질 무렵 헤어져서 어느 날 우연히 다시 놀았으며, 다시 만나지 못해도 괜찮았다.

그러나 가난한 동네의 아이들에게 부유함의 정도가 계급이 되는 세상은 종종 변변찮은 모습으로 맨 얼굴을 보이곤 했다. 11평에서 17평으로 구성된 아파트의 가구당 면적은 한창 뽐내고 싶어 하는 시기의 아이들에게 중요한 구분거리였다. "니네 집 몇 평인데, 우리집은 15평이나 된다!"고 자랑하는 친구의 말에 나의 집도 그렇다며 열렬히 맞장구쳤던 기억. 11평이나 13평에서 살던 아이들은 고개를 들지 못했다. 또 하나 빠질 수 없는 얘기는 지금처럼 맞벌이가 많지 않던 시절의 '아빠 월급'이었다. "우리 아빠 월급 100만 원이나 번다"며 "니네 아빠는 그렇게 못 벌제?"라고 말하며 얄밉게 구는 친구에게 아무 말 못 하고 뒤돌아섰던 일은 어른이 된 지금까지도 강렬하게 남아있다. 정작 그 일이 있고 집에 와 물어보니 아빠 월급은 그보다 많았다. 그때 마음 한구석에 차오르던 안도감과 자부심 역시 기억한다. 비슷한 사람끼리의 도토리 키 재기였음에도 무엇이 그리 의기양양하거나 부끄럽고 서러웠을까.

별거 아닌 일들, 그러니까 내 주변의 온갖 것들이 빈곤이라는 부족함으로 다가오던 장소였고 시절이었다. 장날에 천 원씩 팔던 옥수수를 매번 먹지 못한 것, 용가리 치킨과 타 먹는 제티가 내 집에는 없던 것, 맞벌이하지 않는 친구의 엄마가 매울까 봐 라면 면발만 건져 간식으로 주던 일. 사소하게 이어지는 일상들이 때때로 원망과 억울함, 또는 위축과 피해의식, 그리고 비겁함과 옹졸함으로 나를 성장시켰다. 그 세련되지 못한 적나라함이 화명주공아파트 단지의 '세태'라는 것이었는지도 모른다.

마냥 아름답지만은 않았던 오래된 장소, 화명주공아파트 단지. 그곳에는 사람냄새가 났다. 좋은 냄새, 나쁜 냄새, 고마운 냄새, 변변찮은 냄새. 그 냄새들은 나를 향기롭게 하고 부딪치게 하고 감사하게 하고 돌아보게 했으며 그렇게 나를 키웠다.

3.

유령처럼 떠돌던 재개발 이야기가 본격적으로 나오기 시작하자 화명주공아파트 단지는 빠르게 늙어갔다. 이웃들이 하나, 하나 떠나고 새로운 사람들이 빈집을 채웠다. 그러나 그 사람들도 잠시 거쳐 갈 뿐 오래 머물지는 않았다. 몇 번의 이사가 반복되자 새로운 관계를 맺는 것에 지치면서 더 이상 '이웃'이라고 부를 만큼의 친밀한 왕래가 없어졌다. 또한, 곧 쓰러질 아파트에 이사 온 알 수 없는 사람들은 곧 쓰러질 아파트만큼이나 흉흉하고 낯설게 다가왔다. 낮에도 집에만 틀어박혀 있던 혼자 사는 3층 아저씨, 발에 밟혀 짜부라진 아이스크림콘 과자를 주워서 털어 먹던 하교 길의 노인. 갓난쟁이를 키우던 앞집 새댁은 이사 들어온 지 얼마 되지 않아 다시 새 거처를 찾아 나갔다. 단지는 점점 마땅히 있어야 할 소리와 냄새가 없어지고 공동화空洞化되어갔다.

아이를 가진 집이 모두 떠나서인지, 아니면 이제 동네를 쏘다니기보단 단과학원에서 성적을 올리는 일에 몰두하는 유행이 붙어서인지 모르겠지만, 놀이터에는 더 이상 아무도 놀지 않았다. 그러나 아이가 없어도 놀이기구는 해와 바람과 비에 닳아 어김없이 녹이 슬고 페인트가 벗겨졌다. 경비실에서는 주기적으로 놀이터 단장을 이어나갔다. 탈 사람이 없음에도 페인트칠을 한다는 것은 오히려 노쇠해가는 아파트를 절감하게 했다.

남들이 대부분 떠나자 나의 집도 이사를 준비했다. 완공될 때까지 몇 번의 이사를 다녀야했으나 버스로 대여섯 정류장 정도의 거리를 벗어나지 않았다. 첫 번째 집은 넓었지만, 너무 추워서 거실에 나가지 못했고 그다음 집은 좀 더 멀어졌으나 따뜻하고 안락했다. 그러는 동안 중학교를 졸업하고 고등학교에 입학했다. 그쯤의 아파트 단지는 중학교 때 친구가 말했듯 귀신이 나올 것처럼 보였다. 빨래 가지 하나 널리지 않은 베란다 창문 가에는 간간이 테이프나 빨간 스프레이로 엑스가 쳐져 있었다. 한때 4,150세대의 사람들이 살며 번성했지만 지금은 영락한 고시대의 흉물, 그곳에서 누가 끝까지 살았는지 모른다. 사람은 살지 않아도 집값은 수그러들 줄 몰랐다. 나로서는 그렇게나 폐허 같은 건물이 나날이 최고가를 경신한다는 게, 그리고 그 폐허가 무너지고 새 건물이 들어서면 그곳에 들어갈지도 모른다는 가능성이 어쩐지 부끄러웠다. 유년을 보낸 아파트가 무너져갈 것에 으스대는 나 자신이 어색해서. 그러나 그것도 잠시, 본격적으로 아파트 단지 경계에 차양이 둘러지면서 콘크리트가 부서지고 흙먼지가 날리는 별 볼 일 없고 비루한 모습은 금방 사람들의 관심을 잃었다. 그리고 거의 잊힐 때쯤 예전 5층 건물에 비할 바 없이 높고 말끔한 새 건물이 올라가기 시작했다.

화명주공아파트 부지에 재건된 새 아파트에는 없는 것이 없었고 모두가 부유했다. 그전까지는 말로만 들어봤던 벤츠, 아우디, BMW 같은 차들이 어느 순간부터 눈에 많이 띄었다. 지하주차장이 있어 비바람이 불면 세차 걱정을 하던 아빠의 모습을 더는 보지 않게 되었으며, 단지 내 커뮤니티센터에 주민 전용 목욕탕과 더불어 헬스장과 수영장, 스크린 골프가 있어 돈만 내면 달목욕을 끊고 운동을 다닐 수 있었다. 또한, 가파른 곡선의 언덕배기가 깎이고 난잡하게 엉기던 수목이 뽑혀나간 자리에는 야구장 다섯 배 넓이의 친환경 조경이 꾸며졌다. 삼림욕을 즐길 수 있는 순환형 산책로와 자전거 도로, 노천 연못은 아파트의 자랑거리였다. 모든 것이 좋아 보이는 이 젊은 아파트에는 더 이상 오래된 것, 남루한 것, 너절한 것, 진부한 것이 남아있지 않았다.

남에게 자랑하고 싶은 이곳에 재건축되기 전 화명주공아파트 조합원이 들어오기 위해서는 몇 가지 방법에 따라야 했다. 첫 번째, 조합원 분양 신청 경합에서 추가 부담금이 없는 소형 평수를 1순위로 받는다. 그러나 4,000여 명에 달하던 조합원에 비하여 조합원분으로 주어진 세대수는 200여 세대 정도라 실제로 분양받기란 쉬운 일이 아니었다. 두 번째, 가진 재산이 있을 경우 추가 분담금을 내야 하는 넓은 평수를 분양받는다. 세 번째, 가진 재산이 없을 경우 대출을 받아 추가 분담금을 내야 하는 넓은 평수를 분양받는다. 나의 부모님의 경우는 세 번째였다. 그들이 젊음을 받쳐 얻은 약간의 재산에 노후를 담보로 진 빚을 더해 일구어낸 결실이 지금 내가 사는 집이다. 나는 이 집에 놓을 내 첫 침대를 고르기 전까지 새 아파트에 살 수도 있으리라는 기대는 가끔 했지만 살 수 있다는 확신은 한 번도 하지 못했다. 가족은 이곳에 들어오기까지 남에게 양도할지를 몇 번이고 고민하고 번복했다.

  내가 새 아파트에서 밥을 먹고, 잠을 자고, 안락함을 느낄 수 있었던 것에는 부모님의 애씀과 더불어 좋은 운과 우연이 있었다고 생각한다. 그리고 그와 비슷하게 4,150세대의 화명주공아파트에 살던 많은 사람이 애씀에도 불구하고 나쁜 운과 우연으로 새로 지어진 아파트에 들어오지 못한 사람들도 많았다. 내 집이 아닌 남의 집에 살고 있던 사람들, 재건축 공사 중 잠시 머물 집의 셋돈과 아파트 중도금을 마련하지 못한 사람들, 그리고 남들은 알 수 없는 각자의 사정을 가진 헤아릴 수 없는 사람들. 그들은 오래된 장소에서 함께 살았음에도 젊은 아파트에서의 몫과 자리를 받지 못했다.

4.

  감당할 수 없어, 감당하지 못해 떠나고 사라지고 없어진 무언가를 출처로 다시 세워진 장소가 있다. 그 무언가는 소리고, 냄새고, 풍경이고, 사람이다.

젊은 아파트의 밑바닥에는 오래된 기억이 고여 있지만 말해지지 않는다. 있었던 것들을 이제는 느낄 수 없음에도 말해지지 않는다는 것은 이상한 일이다. 또한, 있었던 것들이 물러난 곳에 전혀 다른 공간이 세워진 것은 이상할 수 없기에 이상하다. 가끔 눈에 익은 사람들, 예전에 살던 사람들을 마주칠 때가 있다. 당신도 여기에 살고 있구나, 나는 순식간에 껄끄러워진다. 그들을 마주칠 때면 이곳에서는 볼 수 없는, 떠나간 이들이 생각난다. 어려웠던 나의 집보다도 사정이 좋지 않았던, 그래서 자리가 주어지지 않았던 사람들. 그러나 다시, 지금은 없는 것은 이상할 수 없어서 그것들에 부채감을 느낀다는 것은 위악이 되어버린다. 마찬가지로 이상한 일이다.

사실, 젊은 아파트의 밑바닥에 오래된 기억이 고여 있는 것처럼, 그곳에서 자란 나의 몸과 마음에도 기억은 켜켜이 쌓여있다. 이런 나는 아주 많다. 4,150세대의 화명주공아파트에서 뿌리를 내리고 살며 소중한 기억을 쌓았을 셀 수 없는 나들. 기억은 내가 나이를 먹을 때마다 조금씩 모습을 달리하면서, 내가 움직이고 생각하고 살아가는 전반에서 생동하고 있다. 그리하여 나에게 행복을 알게 하고 껄끄러움을 느끼게 하며 부끄러움과 무력감과 분노에 대해 계속해서 생각하게 한다. 나를 키웠던 그때처럼. 그리하여 그곳이 어디든 좋고, 나쁘고, 고맙고, 변변찮은, 사람냄새 나는 오래된 장소를 불러온다.

우한가람 옛 화명주공아파트 주민. 동아대학교 국어국문학과 졸업. 현재 어떤 이익단체의 기자이자 하녀.

제2부

꿈속, 나는 아마 그 곳에 있었을 것이다

김희진

반복해서 떠오르는 어떤 장소에 대한 기억들이 있다. 꿈에 본 듯한 그 이미지들은 어디인지, 나와 어떤 연관이 있는지, 어떤 이유로 자주 내 심상에 머무르는지 알 수가 없다. 어린 시절 기억 저편에 놓아둔 장소일까. 윤회의 시간 속에서 언제인가 내 존재와 연결된 어떤 곳일까. DNA가 기억하는 생물학적 기록일까. 단지 꿈에서만 출몰하는 무의식의 깊은 암흑 속에서 기원한 유토피아 혹은 무간도일까. 그간 봐온 영화들이 겹쳐 만든 상상의 공간일까. 그 이미지들은 내 것일까, 아니면 다른 누군가의 것일까.

기억되는 장소들은 주로 폐허이거나, 꼬리에 꼬리를 물 듯 연결된 길들, 높은 첨탑의 내부에 있는 사다리 혹은 나선형 목조 계단들, 광장 혹은 공터로, 편안한 상태라기보다 헤매거나 고립되어 있다는 느낌과 함께 등장한다. 찜찜함, 편하지 않다. 불안정한 그 느낌이 더욱 더 그 장소들을 낯설게 한다. 기억하고 싶지 않거나, 잊어야만 하는 장소들일 지도 모른다. 죽음과 연결된 흔적 혹은 징후일지도 모른다. 하지만 그 장소들은 분명 나에게 연결되어 있는, 어떤 이유 또는 의미를 가진, 그런 곳일 거라는 생각을 버릴 순 없다.

열 살 무렵 살고 있던 집이 철거되었다. 그때부터 나의 삶에는 이주라는 개념이 자리 잡았다. 일 년 혹은 이 년, 길게는 삼 년을 살면 곧 이사를 했었다. 가급적 내가 다닌 학교 근처로 이주하길 원했던 부모님의 뜻과 중학생 무렵 퇴직하신 아버지로 인한 이런저런 생계형 이사가 이어지고, 대학생이 된 후 거의 집 밖으로 나돌며 이곳저곳을 전전한 나의 이주 경험들은 어딘가 한 곳에 머물지 못하는 나의 정체성에 기여했다. 결국 나의 과거 장소들은 흐릿해지거나 단편적으로 기억에 남고 분명한 형상으로 묘사할 수 있는 장소가 드물어졌다. 어쩌다 과거의 장소를 방문하게 되면 받아들여야 하는 묘한 낯섦과 어중간한 지각들이 공간과 나를 분리 또는 이질화시켰다. 그렇지만 분명 그 장소들은 과거의 나를 설명하고 어떤 경험과 연결된 곳이었다. 그래서 더욱 난 꿈속에서 만나는 장소들과 현실의 장소들을 헛갈리게 받아들이고 있는지 모르겠다.

　장소란 무릇, 나에게 어떤 의미가 되는 곳이다. 과거에 근거가 있거나 미래에 대한 어떤 인연이거나 장소라고 인식하는 순간 그 곳들은 항상 의미를 필요로 하고 설명되어지길 원한다. 그래서 지금 현재 내가 머물고 있는 장소들은 분명 어떤 의미들과 함께 있다. 그 의미가 모호하고 설명되어지기 힘들수록 장소는 꿈으로 자리를 옮겨서 과거나 어떤 시간과 조우하고 있다는 생각이 든다. 내가 지금 존재하는 이 곳에 대해 명쾌하게 설명할 수 없다는 감정이 나의 꿈과 만나 더욱 애매한 이미지를 만들고 있는 것이다. 그건 내가 완전히 그 장소의 일원이 되지 못하고 있다는 사실을 일깨우는 것이기도 하다.

　장소에 천착해서 영화를 만들었고, 장소를 중심으로 문화기획을 하면서 나는 언제나 다른 장소로의 이주나 도피를 생각한다. 몸이 고되거나 정신적으로 지칠 때 여유를 갖고 휴식을 갈구하는 마음은 어떤 다른 장소로의 이주를 생각하게 한다. 그러나 언제나 이전 장소와의 완전한 결별을 선언하지 못하고 그 장소에서의 활동과 연결된 어떤 장소로의 이동이 결정된다. 단지 약속하지 않고 우연과 함께 나의 시간을 열고 있을 뿐이다. 그리고 언제나 빨리 복귀할 수 있는 계산도 빠트리지 않는다. 결국 벗어나고자 하지만 완전한 이탈이 아닌 느슨한 관계의 연장으로서의 도피로 만족하는 것이다. 그래서 그런 감정들이 켜켜이 모이면 결국 꿈이 뒤숭숭해진다. 벗어나고자 하지만 벗어나지 못하는 상태가 만들어 내는 장소 인식의 혼선이 다시 현실 삶에서의 혼란을 더욱 부추기고 다시 벗어나고자 하는 욕구를 자극하고 다시 꿈은 뒤숭숭해지는 과정의 반복이 된다.

그렇다, 나의 꿈속 모든 장소에 나는 있었다. 순서를 정하고, 제목을 정하고, 목차로 정리해서 나누고 분리하지 못하고 있어서 어디가 어디인지 언제 그 곳에 있었는지 알지 못할 뿐이다. 꿈속 모든 장소는 현재의 나와 관련이 있다. 내가 인식하든 못하든 꿈속의 장소들은 내 경험과 함께 한다. 삶의 궤적이 불규칙하고 규정적 형상이 되지 못할수록 꿈은 그런 나의 경험들을 더욱 변형하고 새롭게 조합하고 무수히 다양한 콜라주를 만들어 내는 것이다. 그래서 나는 그 이미지를 통해 다시 분해되고 다시 조합되기를 반복할 수밖에 없는 것이다.

그간 장소를 부동적 공간으로 인식하고 있었다. 하지만 이미지로 구성되는 장소들은 유동적이고 항상 변형된다. 뒤섞임을 너무 자유롭게 하기 때문에 원래의 실체와는 판이하게 다른 장소로 보이기도 한다. 꿈은 우리에게 우리의 경험들을 변형하라고 요구하고 있는지도 모른다. 우리가 믿고 그러하리라 결론지어 판단하고 사고를 멈춘 것들에 대해 계속 질문을 던지라고 하는 것 같다. 장소를 어떤 의미로 고착시키지 말도록, 나의 경험이 타인의 경험과 다르고, 인식의 차이가 있음을 깨닫고 우리가 인지하는 과정 속에서 그걸 깨달으며 받아들이라고 하는 것 같다. 그래야지만 장소는 더 이상 평범한 것이 아닌 비범한 것이 될 수 있다고. 내 인식의 틀에 갇힌 장소는 그 이상의 것이 될 수 없다고.

누군가 나에게 지난 내 삶의 장소들과 경험들을 묻는다면 난 이제 이렇게 대답해야 할 거 같다. 내 꿈으로 들어와서 직접 경험하시라고. 그건 내가 그 장소의 기록들을 온전하게 설명하지 못하기 때문이기도 하지만 장소란 원래 그런 것이기도 하기 때문이다. 어떤 장소를 완전하게 설명하고 묘사한다는 것은 불가능하니까. 만약 그게 가능하다면 꿈에서 보이는 장소들의 이미지도 구별이 가능할 것이다. 난 꿈에서 보이는 장소의 이미지가 설명되어지지 않는 한 현실의 장소도 규정할 수 없다고 믿게 되었다. 그건 결국 하나의 장소에 대한 다른 표현이 존재함을 의미하기 때문이다. 그래서 내 꿈속에서 함께 그 장소를 만나지 않는 한 내 삶의 경험들은 설명되어질 수 없다.

꿈속, 아마 나는 그 곳들에서 방황하고 울고 사색하고 때때로 웃었을 것이다. 장소는 꿈에서 만나든 현실에서 만나든 나와 함께 있는 그 순간에 존재하고 내 감정과 같이 있다. 그래서 내게 있어 내 삶의 장소들은 모두 꿈속에서 나를 기다리고 나를 흔든다.

김희진 영화감독, 단편 〈습자리〉, 〈산복도로에서 산복도로를 읽다〉, 장편 〈범일동 블루스〉, 〈손에 반하다〉 외 다수 연출. 영화공간 〈보기드문〉 대표.

순리와 역리를 포용하는 '밭'의 세계

김형양

　3년 전에 마련한 주말농장이 요즘 머릿속을 한 번씩 요동치게 한다. 처음 2년간은 순탄했다. 밭에 가면 이런 저런 시름을 놓고 농사지으며 자연을 한껏 향유하였다. 씨 뿌리고 기르며 거두면서 생명과 순환을 알게 되었다. 햇빛, 흙과 공기, 물 등으로 어울려지는 오묘한 자연의 생멸에 인생무상이라는 감정에 젖기도 했다. 부질없는 욕망에 매달린 내 자신이 왜소하게 보인 적도 많다. 지나온 삶에서 굳어버린 분별을 자연의 무위에 털어버리려고 했다 할까. 초보 농부의 농사입문이 밝아졌으리라. 격과 질은 다르지만, 소로우의 월든을 떠올리면서 자유로운 전원을 가꿀 마음이었다.

　근데 고약한 일이 생겼다. 농장으로 가는 진입로를 다닐 수 없게 되었다. 그 길은 여러 사람이 공유한 사유지인데, 과반 이상의 지분을 가진 자가 관리한다는 이유로 길을 막았다. 주민들이 오랫동안 사용한 도로는 막을 수 없다는 법을 그는 무시했다. 밭에 가려면 주변 산길로 한 200미터를 돌아가게 되었다. 농작물 운반도 힘들고, 막아버린 길 입구를 지나칠 때마다 마음은 불편했다. 사정을 해도 그는 막무가내였다. 몇 번을 참고 대화로 해결하려고 했지만 별무성과였다. 그동안 공부한 다양성, 차이, 타자, 연민, 공존, 배려, 용서 등의 인문정신은 아무런 해결책이 되지 못했다. 주변 사람들이 '눈에는 눈, 이에는 이'로 대응하라고 채근한다. 인문보다는 '법대로'이다. 유가나 묵자보다는 한비자의 엄정함을 권한다. 하는 수 없이 현재 사법소송을 시작했다. 불현듯 쓴웃음이 나온다. 전원을 꿈꾸다가 법원을 들락날락하게 되었으니 말이다.

 장소에 대한 의식은 이런 실존 체험으로 생동하지 않을까. 장소성은 한 장소에 대한 의식이나 감정이다. 무엇보다도 경험으로 조형된다. 장소와 환경 그리고 주체가 상호작용하며 만들어가는 과정이다. 결국 장소성이란 장소로 회귀되는 삶의 진통이고 존재물음에 대한 시간적 공간적 주석이 아닐까. 그것은 어떤 가능성과 특색, 이미지로 귀결된다. 몇 년간 여러 사태를 거치면서 내 삶에 들어온 밭의 장소성은 서로 실존을 공유하는 중이다. 아울러 그 흐름에서 자연, 인간, 공동체, 국가 관념들을 중심으로 관계하면서 내 삶은 밭에 대한 여러 기억들로 채워질 것이다.

 오래된 지인의 소개로 이 밭을 매입했다. 당시 나는 자연적 삶을 희구하고 있어서 긴 고민 없이 결정했다. 10여 년 전 그 지역에서 전원주택 터를 찾은 적도 있어서 생소하지도 않았다. 터가 정남향이고, 거의 사각형이며 안온한 분위기라서 단번에 마음이 끌렸다. 좌우로 숲이 둘러싸여 평안한 곳이었다. 일견에 나의 인문 지표인 "평平"과도 맞는다고 생각했다. 맹지이고, 개발제한구역이며, 혼자 농사짓기에 너무 크고, 비싼 땅값 등은 머리에 들어오지 않았다.

 봄의 생기가 퍼질 무렵 마을 어귀 지인의 농막에서 밭의 인연은 다가왔다. 자연적 삶의 여유를 공감한 만남이었다. 삼겹살에 소주를 마시면서 장년에 접어든 우리들의 소소하고 무상한 인생사를 얘기했고, 이어 거나하게 취한 분위기에 그의 매입 제의를 시나브로 받아들였다. 순간적으로 이것이 자연적 삶을 택할 수 있는 기회라고 판단했다. 말하자면, 들뢰즈가 언급한 '이것임'일 것이다. 그는 어느 계절, 어느 시각, 어느 공간 등은 개체성을 가지고 있고, 이것들을 '이것임'이라 했다. 거기서 생성이 이루어지고 영토화가 출발한다고 했다. 나에게 밭의 장소성 내지 생성은 그렇게 시작했다. 밭의 구체적 형상이나 투자이익보다는 내 마음 속에 있는 자연적 삶을 바라는 꿈이 '이것임'에 의하여 실제화 되었다. 일종의 존재적 욕망이었다.

밭은 그대로인데, 그 생명선인 길을 가지고 인간들의 여러 유위가 오고 간다. 길을 막으니 열라고 다툰다. 울타리를 넘어가니 감시한다고 CCTV를 설치한다. 강하게 싸우자고 하니 해결할 요량도 없으면서 횡포부린 자를 달래자고 한다. 네 탓, 내 탓하며 옥신각신한다. 내 것이라고 말뚝을 치니 우리 것이라고 핏대 세운다. 오고가는 언어들이 거슬리고 상처를 준다. 길이 삶이고 생명인데 그걸 갖고 장난치지 말라고 설득한다. 동네 일에 이런 저런 별 인간들이 등장한다. 자중지란에 이전투구이고, 스파이도 보인다. 부화뇌동하고 조령모개하는 말종 인간도 한 몫 낀다. 기여하지 않고 무임승차나 자기이미지만 관리하는 인간도 있다. 성을 쌓으면 망하고 길을 열면 흥한다고 수군수군한다. 살면서 이런 별종은 처음이라고 혀를 차며 동네사람들은 먼 산을 본다. 시끄러우니 땅값 떨어진다고 속물들은 조마 조마한다. 구청이나 경찰서는 겉으로는 객관과 중립을 들먹이며 안으로는 보신하는 자세가 역력하다. 어차피 문제의 발단이 길 막은 사람이 구청의 도로개설계획에 편승해 축재하려는 데서 생겼으니, 이 모두는 돈을 더 가지고 유지하려는 노림과 감언이지 않을까. 욕망들의 일그러진 마당이다. 자연을 벗 삼아 자유를 찾는 존재적 욕망은 힘을 잃어간다. 그래도 내 땅은 묵묵히 바라보고만 있다.

소유해서 골치가 아픈 장소로 기억될까. 아니면 辛苦 끝에 자연적 삶이 영그는 자리가 될까. 전화위복은 있을까. 광활한 초원이 아니고 빽빽하게 사는 장소에서 인간들의 욕망으로 인한 이런 분쟁은 불가피할까. 이 다툼은 아주 희귀한 사례일까. 종종 일어난다면 인간에 대한 믿음을 거두고 늘 경계해야 할까. 땅은 자연 그대로인데 그 땅성은 이미 욕망의 터가 된 것 같다. 뺏고 뺏기지 않으려는 감정들의 파편이 쌓이고 있다. 길이 열릴 때까지 아우성이 그치지 않을 것이다. 얽힌 분쟁이 잘 봉합될지라도, 시끄러웠던 그 땅이라고 말하지 않을까. 돈의 욕망위에 드리워진 권력과 생명, 휴머니즘, 자유, 신뢰 등의 위기에서 생긴 소란이라고 말이다.

   진입로 분쟁을 가져온 사람, 그는 어떤 사람일까. 어떤 연민이라도 가질만한 연유라도 있을까. 내일 모레 70세를 바라보는 그 사람, 무언가에 갇혀버린 사람일 지도 모른다. 동네사람이 모두 등을 돌려버린 사태를 만들고도 마음이 평온할까. 우리 문화에서는 주변과의 조화가 행복의 바탕인데, 그는 아무렇지도 않을까. 심리적인 갈등이 없다면 어떤 독선적인 믿음을 가졌을까. 무덤 안까지 재산을 가지고 간다고 믿는 걸까. 아니면 오기가 센 인물일까. 균형을 잃은 특정 신앙이 그의 일상을 완고하게 만들었을까. 그 원인이 무엇이든, 참 불쌍한 사람이다. 사실상 적이지만, 인간적인 연민이 생긴다. 양심과 참을 외면하고 고집과 관성으로 사는 모습이 안쓰럽다.

   그는 어떤 내상을 가지고 살아 왔을까. 칠십에 이르기까지 결코 풀지 못했던 그 무엇이 있을까. 그 설움이 돈, 오기, 지배욕, 오도된 신념으로 고착되지 않았을까. 몰상식한 그의 오만과 독선에 혀를 두르면서도 마지막 순간까지 인간을 포기하지 말아야지 하는 마음은 왜 생길까. 여러 번 설득하고, 소송과정에서 인간성을 다시 발견할 수도 있다는 희망 때문인지도 모른다. 무엇보다도 내 밭은 모든 욕망과 소외를 포용할 수밖에 없는 운명을 오래 간직하여 나에게 넘어온 것이라고 믿는다. 바다처럼 말이다. 나도 그 힘을 그대로 간직하고 계승시켜야하는 의무가 있지 않을까.

   진입로 갈등으로 괴로워서, 불쑥 땅을 팔아버릴까 하고 생각한 적 있다. 실제로 팔더라도 원매자가 있을 여건도 아닌데도 말이다. 자연적 삶을 포기하려는 자신에 스스로 놀랐다. 그 밭을 여생의 벗으로 삼았던 자신이 좀 성가시다고 떠나버리려는 심사는 무엇인가. 처음 선택이 생명과 이성에 미치지 못한 한갓 감각적 확신에 불과한가. 깊은 자의식으로 자연적 삶을 선택했다고 생각했는데 말이다.

   지금까지 공부한 인문이 단지 사상누각이고 관념에 불과한 것인가. 역시 난 온실 속에 있고 책상물림에 불과하고 야생에서 이렇게 유약한가. 게다가 기분이 좋지 않으니 밭에 가는 발걸음도 조금 줄어든다. 농사가 주말일정에서 필수가 아니고 슬며시 선택사항이 된다. 일종의 거리두기이다. 전원, 힐링, 구원, 존재적 삶의 터라는 끈끈한 정서가 갈등, 불편, 소비, 세속적 욕망의 충동으로 흔들린다. 다시금 마음을 다잡고 있다. 일체유심조라고 하듯이. 갈등에서 나온 분별에 애써 집착하지 않으려 한다. 이런 과정이 자연적 삶에 대한 본래적 욕망을 더 변증법적으로 단단하게 하면서 밭에 대한 유대를 끈끈하게 하리라.

고발, 고소 등이 이어지면서 왜 이 땅을 사서 못 볼꼴을 보게 되었다고 후회한 적도 있다. 단순하고 담담한 삶이 행복인데 복잡한 일을 안게 되었으니 말이다. 유유자적할 시절에 귀찮은 소송에 걸린 자신이 스스로 못마땅했다. 나의 부덕한 소치로 돌리기도 했다. 복잡하게 꼬이면 원점으로 돌아가라고 했다. 왜 이렇게 되었을까. 궁극적인 답은 소유에 있었다. 그동안 땅을 매입하고 유지하는데 소유기제로 접근했는지 모른다. 밭을 잘 꾸며 편리하게 해보려는 욕망을 가지고, 주변관계에서도 세속적인 잣대와 기준들을 은연중에 강요하지 않았을까. 도시에 살면서 가졌던 대립적인 기준들을 적용하지 않았을까. 정의, 권리, 의무, 윤리, 공익 등에 익숙한 완고한 습관들이 나타난 것은 아닐까. 강한 신념이나 가치도 소유욕이라 하지 않는가.

간디의 무저항이나 노자의 무위, 법정스님이 강조한 무소유의 맥락에서 행동하였으면 어떻게 되었을까. 굳이 말한다면, 망가지고 망가지더라도 그냥 바보처럼 웃고만 있었으면 어찌 되었을까. 불편하더라도 감수하고 시간이 흐르면 자연스럽게 정리될 수 있었을까. 인간적 작위가 이 밭에서는 무화되어 자연의 일부가 되어버리는 상황을 말한다. 역설이 답이 될지도 모른다는 생각에 잠시 기댄다. 어차피 밭이라는 자연은 순리와 역리가 모두 안아가는 장소이기 때문이다. 그렇게 하지 못했다. 합리와 상식에 따른 삶의 뿌리가 깊어서 도저히 바보처럼 내버려두지 않았다. 바보도 아니고 현자도 아닌 그저 그런 세간 사람들 같이 맞서고 있는 셈이다.

친구 하나가 건네는 말이 마음에 와 닿는다. 직장생활을 할 때 몰랐던 사회 밑바닥을 열심히 공부하라고 한다. 이게 고은의 시 '올라갈 때 못 본, 내려올 때 본 그 꽃과 관련될 듯싶다. 상식과 합리가 통하지 않고 절대 아집과 독선으로 교묘히 자기 욕망을 채우는 인간들이 널려 있다는 것이다. 길을 막은 사람의 집 입구에는 '사랑은 받는 것이 아니라 주는 것이다'라는 성경 문구가 붙어 있어, 마음을 더 쓸쓸하게 한다. 그런 사람이 수십 년간 농로로 활용하던 도로를 막고도 아무렇지 않은 세상을 어떻게 이해해야 할까. 이런 경우도 예수의 이름으로 포용해야 하는가.

이 딜레마의 열쇠는 인문일까. 아니면 그 공부는 단지 사치일까. 긴 호흡을 하며 밭 앞에 병풍처럼 펼쳐진 안온한 앞산을 본다. 갈등과 절망이 닥쳐도 출구와 빛은 있으리라. 좀 더 견딜 수밖에 없을 것이다. 막히면 쉬고, 쉬면 길이 나타나지 않을까. 막힌 길을 뚫는 지혜의 길이 생길지 모른다. 무시로 일어나는 사태에 머무르지 않고 거리를 두며 의연하게 대하면 말이다. 그렇다면 주말농장은 나의 인문정신을 담금질하고 있으리라.

동네는 그런 문제로 시끄럽지만, 밭에 들어오면 마음은 편안하다. 계절에 맞춰서 농사할 일이 있게 되어 그것에 집중하게 된다. 당연히 잡념은 사라진다. 밭에 있는 무수한 생명과도 애써 대화한다. 신비로운 작물 성장 과정을 지켜본다. 손길 가는 만큼 크는 정직한 생명을 바라본다. 따뜻한 마음으로 나무를 다독거리며 흐뭇해한다. 농사일로 기진맥진해도 아직 싫증이 나지 않는다. 어느 누구도 간섭할 수 없는 공간에서 자유로운 생명을 느낀다고 할까. 어쨌든 걸림 없고 자적한 공간으로서 밭이고, 단지 조그마한 곡절을 가진 안식처이다.

이런 진통을 거쳐 장소성은 특별한 흔적을 남기면서 언젠가는 균형으로 순화될 것이다. 견딜만한 과정이라면 즐길 필요가 있을지도 모른다. 어떻게 보면 내 인생을 더 다채롭게 만들기 위한 게임일 것이다. 생성은 언제나 변화무쌍하고 필요한 고통은 따라오지 않는가. 應無所住하면 다시 而生其心이다. 균열을 통하여 더 성숙하고 지속의 힘을 기른다면 그 장소성에 특색을 더할 것이다. 예측불허의 변덕스러운 인간 욕망에 장소성이 흔들리겠지만, 주체가 의연하다면 그 무엇이 장애가 되겠느냐. 가까운 미래에 언제 그런 적이 있었냐는 것처럼 파종하고 가꾸고 수확하는 평온한 자리가 되리라 믿는다. 오직 지저귀는 새떼만이 그 동안 주워들었던 하얀 비밀을 머금고 이리저리 날아다닐 것이다.

김형양 회사원. 평범한 데 진실이 있다고 믿으면서도, 무언가 비범한 일은 없을까 고민하는 사람.

헬스장, '어떤' 견딤과 의지의 완성

정영민

다이어트, 늘씬한 몸매, 탄탄한 근육질의 남자, 초콜릿 복근, 러닝머신, 역기, 상·하체 운동 등이 일반적으로 헬스장과 연관해서 생각할 수 있는 단어들이며, 혹자들은 그것이 전부라 생각한다. 그러나 내가 몸으로 체험한 헬스장은 단순하지도 만만하지도 않다. 오히려 단순해서 치열하고 나의 한계점을 넘나들어야 하는 공간이다. 나의 한계점을 넘나들지 못한다면 오래 드나들 수 없는 장소다. 헬스장은 그저 사람이 스쳐 가는 장소가 아니라 자신의 몸을 바꾸는 장소이며 새로운 습관을 몸에 길들이는 장소다.

사실 내가 그랬다. 헬스장을 다니면서 내 몸의 균형이 완전히 바뀌었고 삶도 상당히 많이 바뀌었다. 헬스장을 처음 찾은 건 고등학교 2학년 봄이다. 그때도 성격은 긍정적이었지만 생활은 폐쇄적이었다. 집과 학교가 내 생활반경 전부였고 그때 나는 몹시 흔들리는 아이였다. 그래서 버스나 지하철을 혼자 타고 다니는 것에 대한 두려움도 있었다. 그러나 언제까지나 폐쇄적인 삶을 살 수는 없었고, 활달할 기질을 가진 나의 꿈은 오늘보다 내일 더 잘 걷는 것이었다. 그러던 중 내 위태로운 폐쇄적인 삶을 지켜보던 엄마의 권유로 헬스장을 찾았다.

그게 벌써 13년 전의 일이고 지금도 여전히 헬스를 하고 있다. 사실 이렇게 오랫동안 헬스를 하게 될 줄은 생각도 못했고, 더구나 헬스장이란 장소를 곰곰이 되짚어볼 날이 있을 지도 상상 못했다. 좀 과장하면 헬스장이야말로 지금의 나를 존재케 하는 장소이며 앞으로도 그럴 걸 믿는다. 보편적인 얘기겠지만 모든 장소의 시작은 공간(설비)이지만 끝은 그곳을 방문하는 사람의 기운이 보태져 장소로서 완성된다. 헬스장은 뜨겁다. 모두 열 내고 땀 흘리며 운동해서 겨울에 반바지 반팔을 입어도 춥지 않다. 오히려 어떤 이는 겨울에도 티셔츠가 흠뻑 젖도록 러닝머신을 달린다.

헬스장을 한마디로 정의하면 내겐 기적의 장소이자 재활의 장소다. 그리고 내 인생에 운동이란 단어가 낯설고 이질적인 단어가 아니라 친숙하고 친밀한 단어가 될 수 있는 길목을 터 준 장소다. 헬스장을 다니기 이전까지 운동은 나와는 관계없는 일인 줄 알았다. 지금 생각해 보면 왜 진작 운동을 할 생각을 못했을까 싶다. 체육 시간에도 멍하니 교실에 앉아있지 않고 운동장 한두 바퀴라도 설렁설렁 걸었다면 더 빨리 잘 걸었을 텐데 말이다. 어쩌면 지금이라서 가능한 말일지도 모른다. 다시 그때로 되돌아간다 해도 나는 체육 시간엔 교실이나 스탠드에 앉아있는 아이일 것이다. 운동해야 한다, 혹은 운동장 한 바퀴를 다 돌 수 있다는 생각이나 의지조차 없었다. 날 때부터 운동신경에 손상을 입었으므로 영원히 복구 불가능하고 운동과는 거리가 먼 삶을 살 줄 알았다.

그러나 아니었다. 완벽하진 않아도 일부 복구 가능했다. 복구라는 말을 쓰기엔 모호한 부분이 있지만, 어느 정도 운동신경이 살아난 건 분명했다. 늘 불안하던 걸음걸이도 이젠 꽤 안정적이어서, 타인이 보기에도 이제 나는 위태로운 걸음을 걷는 이도, 힘없이 터벅터벅 걷는 이도 아니다. 또한, 내 몸 자체에도 어느 정도 힘이 생겨서 웬만한 상황에서는 흔들리지도 자빠지지도 않는다. 지금까지 내 생에 가장 장한 일은 헬스장에 첫발을 디딘 것, 그리고 그로부터 도망치지 않은 일이다.

내겐 재활과 기적의 장소지만 어떤 이들에게 헬스장은 외로운 장소다. 외로움을 견디지 못하면 떠나야 하는 장소다. 헬스장에서 의지할 수 있는 것이라곤 신나는 댄스음악과 시답지 않은 나의 의지가 전부다. 그 외의 것은 전부 불필요하다. 함께 운동하는 친구나 멋진 몸매를 드러내고 운동하는 이가 있다고 하더라도 그는 일시적인 것들일 뿐, 그것들이 나에게 지속적으로 운동 할 수 있는 원동력을 제공하진 못한다. 헬스장에서 민감하게 외로움에 반응하는 이유는 여러 가지다. 말이 불필요한 장소이기 때문이고 오직 자신의 몸과 사투가 벌어지는 장소이기 때문이다. 말이 불필요하다는 건 때때로 인간을 견딜 수 없게 만든다. 말을 하지 않으면 시간도 더디게 흐르고 이상한 불안감에 휩싸이는 순간도 온다. 그러나 말을 하지 않으면 지금 이 순간에 집중할 수 있다. 허나 헬스장에선 외로움을 견디는 방식으로 침묵하지도, 지금 이 순간에 집중하지도 않는다. 대신 리듬을 탄다. 댄스 음악 리듬을 몸으로 익힌다. 몸으로 익힌 댄스음악에 의지해서 운동을 지속한다.

그렇다고 외롭지 않은 건 아니다. 헬스장에선 누구나 외롭고 힘들다. 언제나 사람들 사이에 있다가 오로지 자기 자신과 마주 서는 시간은 그냥 외롭다. 그러나 아무에게나 함부로 주어질 수 없는 시간이다. 따라서 헬스장을 떠나는 사람은 외로움을 견디지 못하는 사람보단 나와 마주 설 자신이 없는 사람이라고 말하는 편이 더 옳다. 사실 나와 마주 서면 외롭지 않다. 한없이 외롭다가도 나와 마주 선 순간 외로움은 잊히고 풍요로워진다. 그리고 그 장소 그 시간에 몸을 내맡긴다. 헬스장에서 몸을 만들 땐, 100% 나의 의지가 개입되지 않는다. 만일 그렇다면 장기간 헬스장을 다닐 수 없다. 제아무리 의지가 뛰어나도 그건 불가능하며, 쉽게 지치는 일이다.

헬스장이라는 장소와 시간 속에 나를 내 던져야 한다. 그리고 잊어야 한다. 이는 아마 보편적으로 해당 될 터지만, 모든 장소엔 사람과 시간이 동시에 필요하지만, 때론 그것들이 잊히면서 장소가 재탄생되고 기억된다. 구체적으로 말하면 장소는 사람이 머물고 손때가 타서 완성되지만 사실 그것들이 잊히면서 진짜 '장소-화'가 된다. 왜냐면 장소는 누구를 위한 공간이 아니고 누군가의 흔적이 겹겹이 쌓이고 모여서 하나의 장소가 탄생하는 까닭이다. 그러므로 헬스장에선 나를 잊을 필요가 있다. 이를테면 사물이 되어도 좋다. 사물이 되어 리듬에 몸을 내맡긴 채 몸을 만들어가는 것도 나쁘지 않다.

하루 중 1시간 혹은 2시간 넘는 시간 동안 사물이 되어 산다는 건 만만치 않다. 사물이 되는 건 나라는 자아를 잊는 일이며 그 순간에 몰입하는 일이다. 또한, 몰입을 통해 외로움을 넘어서는 일이다. 그러므로 나는 헬스장에 오래 다니면 '어떤 견딤'과 '어떤 의지'가 필요하다고 누누이 말한다. 그렇지 않으면 헬스장이란 장소에 머무는 당신은 철새로 전락하고 말 것이다. 이 부분에 대해선 자신 있게 말할 수 있고, 주변에서도 많이 봐왔다.

실제로 헬스장엔 텃새들도 꽤 있지만, 그보단 철새들이 더 많다. 살이 좀 쪘다 싶으면 슬금슬금 헬스장을 찾아오고 바쁘거나 어느 정도의 몸매 관리가 되고 있다고 생각되면 이들의 발길은 뜸해진다. 헬스장을 다니는 많은 사람이 오다 가기를 무한 반복한다. 여러 개인 사정들이 있을 수 있고, 뜻하지 않는 일이 발생할 수도 있지만, '장소'라는 주제로 이야기를 풀어가는 장이니만큼 헬스장에 한정 짓지 말고 '장소'적인 맥락에서 말하려 한다. 지금은 장소가 없는 시대다. 또한, 공간은 무한히 넘치지만 사람들은 어디를 가야 할지 몰라 우왕좌왕 댄다. 설사 어느 공간에 머무른다 할지라도 사람들은 그 공간이 그들만의 '장소성'을 획득하기 이전에 흥미를 잃거나 싫증이 나면 다른 공간으로 옮겨간다. 따라서 지금 이 시대엔 장소는 없고 소비 공간만 득실댄다. 대표적으로 카페가 그렇고 헬스장 역시 이 논지에서 결코 자유로울 수 없다.

그는 헬스장은 과거의 산물이 아니라 현대의 산물이며, 도시적인 장소인 까닭이다. 사실 헬스장은 장소라기보단 소비 공간이라고 말하는 편이 훨씬 정직하다. 비단 돈을 주고 운동을 해서가 아니다. 일단 헬스장에 가면 늘씬하고 쭉쭉 빵빵한 몸매를 눈치 안 보고 자연스레 드러낼 수도 만들 수도 있다. 그리고 옆 동네 헬스장 트레이너가 미남 혹은 미녀거나, 새롭고 다양한 운동기구가 있다면 얼마든지 옮길 수 있다. 또한 무엇보다 돈을 주고 땀 뻘뻘 흘리며 운동을 한다는 걸 상식적으로 이해하긴 어렵지 않은가? 이는 도시에서나 볼 수 있는 기이한 현상인 동시에 너무나 당연한 현대의 모습이다.

현대는 바쁜 도시다. '바쁘다'는 말 한마디로 대부분이 이해 가능하고 용납 가능한 다소 이상한 장소다. 이 장소에 헬스장, 수영장 등 운동을 할 수 있는 공간이 형성된다는 건 놀라운 일이 아니다. 현대인들에게 운동은 일종의 투자이기도 하다. 도시 사람들은 단지 건강만의 이유로 운동하지 않는다. 물론 일부 사람들은 건강하기 위해, 내 몸을 위해 운동한다. 그러나 극히 일부 사람들만의 이야기다. 대체로 사람들은 탄력 있는 몸매, 단단한 근육, 다이어트 등 그들만의 목표를 가지고 헬스장이란 공간에 입성한다. 이를 한 마디로 축약하면, 눈치 보지 않고, 남의 이목을 끌지 않고도 드러낼 수 있는 욕망의 공간이다. 소비 문제가 아니다.

끈질김이 없다는 게 문제고, 내가 자꾸만 나에게 빠져든다는 사실이 문제다. 헬스장엔 거울이 많다. 대체로 거울과 나는 마주 선다. 거울 속 나는 열심히 운동하지만 거울 밖 나와는 10초도 정면으로 마주하지 않는다. 아니 마주 서질 못하고 그럴 용기가 없어 무턱대고 운동만 한다. 무턱대고 근육만 단련하면서 나를 사랑한다. 헬스장에서 거울과 내가 마주 서기 위한 매개는 근육이다. 하루 사이, 일주일 사이, 한 달 사이, 근육이 얼마나 자랐나? 궁금하여 거울을 보고 또 본다. 그리고 옆 사람도 힐끔힐끔 쳐다본다. 과시욕과 성취욕이 동시에 발동한 것이다. 이때부터 사람들은 더 열심히 몸만들기에 열과 성을 다한다. 미친 듯이 러닝머신을 달리고, 역기도 더욱 더 무거운 걸 들길 원한다. 그러나 이는 잠시 바짝하다가 대부분 금세 지쳐선 종적을 감춘다. 그리고 '바쁘다'는 핑계로 헬스장에서 사라진다. 헬스장은 '과시하고 싶다'는 사소한 욕망에서 비롯되지만, 그 욕망을 쉽사리 넘어서지 못하는 이중성의 모순적 구조를 가진다.

그렇기에 헬스장은 다른 여타의 현대적 공간들보다 '장소-화' 될 수 있는 가능성이 크다. 왜냐면 헬스장은 특성상 단순히 소비와 욕망만이 전부인 공간이 아니다. 또한 그것들만으로 구성될 수 없는 장소다. 왜냐면 '몸'이 개입되어야만 가능한 장소인 까닭이다. 철새든 텃새든 헬스장에선 모두 구경꾼이 아니고 행위자여야 한다. 비록 하루를 머무른다 할지라도. 러닝머신을 달리든, 복근 운동을 하든, 아령을 들든, 몸을 움직여 에너지를 방출한다. 이러한 사실만으로도 헬스장은 다른 현대적 공간과는 뚜렷한 차이를 갖는 장소로서의 속성을 충분하다.

  D.H 로렌스는 「터의 기운」을 통해서 "지구상의 모든 지역들은 각기 다른 생명력을 방출하고 다른 떨림을 지니며, 다른 숨을 내쉬고, 별자리에 따라 다른 극성을 지니게 된다."며 대륙의 특성을 설명하며 이를 기운의 위대한 실체라 말한다. 이는 장소에도 고스란히 적용된다. 장소 역시 각기 다른 생명력의 기운과 다른 떨림이 모여서 구성된다. '몸'이 주체적으로 개입하여 움직이는 헬스장은 그 기운이 다소 강하다. 그래서 누군가에겐 끝까지 공간(空間)이기만 하고 어떤 이에겐 처음부터 장소가 된다.

  이것이 헬스장이란 장소에 "어떤 견딤"과 "어떤 의지"가 필요한 이유며, 공간이 장소로 뒤바뀔 수 있는 핵심이다. 많은 헬스장이 대체로 소비 공간으로 전락하는 이유도 이와 무관하지 않다. 못 견딘다. 헬스장에선 시간도 견디고, 땀 냄새도 견디고, 중량도, 목마름도, 지루함도 전부 견뎌야 하는 것들, 투성인데, 그걸 못 견딘다. 아니 어려워한다. 어려워서 그저 시간만 때우다 집으로 돌아간다. 제 에너지를 내뿜지 않는 사람들에게 헬스장은 장소가 될 수 없다. 더 나은 시설, 괜찮은 트레이너 등 외적인 요소들을 찾기에 그들에게 헬스장은 카페, 쇼핑몰과는 좀 다른 소비적인 공간으로 전락하고 만다.

  그러나 정말 운동 하러 오는 이들에게 헬스장은 장소다. 처음부터 끝까지 장소다. 더 나은 시설이나, 괜찮은 트레이너는 그들에게 아무런 영향을 미치지 못한다. 그보다 중요한 건 헬스장에 내 몸이 익숙해지는 것이며, 기구들을 내 몸에 익히는 것이다. 일단 익숙해져야 제대로 된 모양도 나오고, 소위 말하는 근력도 붙는다. 그렇지 못하면 에너지만 소비될 뿐이다. 앞서 헬스장에

선 누구나 에너지를 방출한다고 말한 바 있다. 사실 이 말은 거짓이다. 정확히 말하면 헬스장에선 에너지를 소비하는 자들도 있고 에너지를 방출하는 이들도 있다. 엇비슷한 말처럼 들릴 수도 있으나 이 둘의 차이는 크다. '소비'는 쓸모없음에 더 가까운 편이지만, '방출'은 어떤 기운들이 밖으로 배출되어 장소나 환경 따위에 보태지는 것에 가깝다. 따라서 헬스장이 공간인 사람들에겐 에너지가 소비되거나 소모되는 곳이지만, 어떤 이들에겐 에너지가 방출되는 장소다. 방출된 에너지는 다시 내게로 되돌아온다. 단 이전에 내게 있던 똑같은 질량과 무게로 되돌아오지 않는다. 헬스장이란 특정 장소에 모인 사람들의 에너지와 뒤섞여 더 강력한 에너지로 되돌아온다.

그리하여, 헬스장을 오랫동안 다닐 수 있는 원동력을 제공한다. 허나 이 모든 것들은 내가 '운동을 해보겠다.'는 의지가 선행된 이후에 가능한 일이다. 헬스장에서 필요한 의지란 물질적인 게 아니라 정신적인 것이다. 나를 걸지 않으면, 그러면서도 마음을 비우지 않으면 오래 다닐 수 없다. 정신적인 의지로서 나를 넘어가는 힘이 필요하다. 헬스장이란 장소성은 그 순간 빛을 발하지 않을까? 또한, 다른 여타의 현대적 공간과 달리 '장소-화'가 되어야 하는 이유를 스스로 밝힐 수 있지 않을까? 단지 '몸'이 개입된다고 장소가 될 수 있다면 지금 우리가 장소라고 말할 수 있는 공간들은 생각보다 많을 것이다. 그러나 장소는 '개입'의 문제가 아니다. 그보다 복잡하다. 앞서 장소엔 흔적이 겹겹이 쌓인다고 얘기한 바 있다. 이 말을 조금 변형하면 장소는 그곳에 머무는 사람과 함께 늙어가거나 변해가는 과정이 더 중요하다. 그런 과정들을 거치면서 누군가에게 '상징적인 장소'가 된다.

어떤 공간이 장소가 되고 상징적인 장소가 되기까지는 시간이 있다. 시간이 차곡차곡 쌓이면서 변모해온 과정이 있다. 내게 헬스장이 그렇다. 헬스장을 드나들면서 내 마음과 몸 모두에 근력이 붙어 이전보다 훨씬 더 건강해졌고 뚝심 같은 것도 생겼다. 만일 헬스장을 다니지 않았다면, 그저 드나들기만 했더라면 내 삶이 지금처럼 건강하고 단단해지지 못했을 걸 안다. 혹자는 과한 표현일지라도 모른다. 허나 그렇지 않다. 물론 내 선택에 따라 헬스를 할 수도 안 할 수도 있었고, 다른 것에 내 삶을 걸 수도 있었다. 하지만 헬스장은 하나의 운명이었다.

운명처럼 내게 다가온 것이라 믿는다. 그 운명이 나를 이전보다 더 잘 걷게 하였고, 세상에 한 발짝 더 다가서도 괜찮다는 말을 건네주었다. 돌이켜보면 헬스장에서 나는 이전까지 마주 서려 하지 않았던 나와 마주 서려 부단히 노력했고, 어느 순간부턴 나와 내가 마주섰다. 그리고 그 '나'를 넘어서려 더 열심히 운동하면서 헬스장에서 시간을 보내다 내 스스로 어떤 의미를 부여하고 애착을 갖기 시작했다.

의도되거나 의식적인 행위가 아니다. 그저 어느 순간 그렇게 돼버린 것이고, 그래서 나도 헬스장에 애착이 생기고 마음이 쓰인다. 장소란 본디 그런 것이 아닐까? 의식보단 무의식적으로 발길이 가 닿아 시간과 마음을 쌓고 또 지워냈다가 다시 추억할 수 있는 말로써는 다 설명될 수 없는 영역이 아닐까.

앞서 나는 헬스장을 기적의 장소라고 했었다. 이 말은 참이다. 허나 내가 아직 걷고 있기 때문도, 더 건강해졌기 때문도 아니다. 내 삶 자체가 건강해진 까닭이다. 다른 이들에겐 평범한 일상들이 내 어린 시절엔 간절함이어서 날마다, 그 가능성을 타진해보기도 했다. 그리고 좀 더 보통의 삶에 근접하려 위험한 도박도 하려 했었다. 근데 지금은 내가 꿈꾸던 일상들을 지루할 만큼 반복하며 살아간다. 이보다 더 큰 기적은 내게 한 번 더 오지 않을 걸 안다. 그리고 삶이란 간절함이 없었다면 내게도 헬스장은 특별하고 나를 걸어야만 하는 장소로 변신하진 못했을 거다.

그리하여, 나는 기꺼이 헬스장을 운명이자 기적의 장소. 그리고 나란 한 인간을 존재케 하는 장소라고 서슴없이 말 할 수 있다.

정영민 떨림과 울림 사이를 걸으며 씁니다.

소매물도를 기억하며

송태원

'장소의 의미와 그 중요성 그리고 장소의 상실'에 대한 글을 부탁받은 날부터 줄곧 생각하였습니다. 두 곳이 생각났습니다. 첫째는 부산 북구 화명동 롯데마트 앞입니다. 둘째는 소매물도가 떠 올랐습니다. 롯데마트 앞에서는 매주 목요일에는 촛불이 꺼지지 않고 있는 곳입니다. 세월호 참사(전 학살이라 생각하고 있는)후 아직까지 촛불을 들고 서명을 받고 있습니다. 16개월동안 그 곳에서 촛불을 들었습니다. 그 장소와 그 곳을 다녀간 사람 아직도 그 곳을 지키고 있는 사람들에 대해 글을 적어야 될 부채감이 있습니다. 고민 끝에 소매물도에 대해 글을 적어 보기로 했습니다.

죽기 전에 꼭 가봐야 할 섬

죽기전에 꼭 가봐야 할 섬, 어떤 설문조사에서 한국인이 가고 싶은 섬 1위로 뽑힌 섬, 통영의 끝 신비의 섬, 썰물 때면 바닷길이 열리는 모세의 기적의 섬, 그 섬은 소매물도입니다. 전체가 절경이며 신선의 세상처럼 느끼게 합니다.

1990년 대학교 동아리(스킨스쿠버 동아리)에서 처음 가 보았고, 그 후 이곳보다 더 나를 매료시킨 곳은 없었습니다. 이 섬에 대해 주저리주저리 이야기하려고 합니다. 작년(2014년) 6월말쯤 동아리 후배들이 이곳에 어촌봉사활동을 갔습니다. 1990년 이후 열 번째 방문인 것입니다. 후배들과는 나이 차이가 20년 가까이 나지만 오랫동안 찾지 않았던 그 섬이 보고 싶었습니다. 후배들과 함께 했던 2박 3일, 1989년부터 제가 알고 있는 소매물도 이야기를 해 보겠습니다.

소매물도 본섬에서 바라본 등대섬

소매물도는 본섬과 글씽이섬(등대섬)으로 구성되어 있습니다. 1990년 쿠쿠다스의 CF가 촬영된 장소로 유명해지기 전까지는 아는 사람만 찾아오는 통영의 끝자락에 위치한 섬입니다. 95년 씨프린스호 기름유출사고의 기름이 떠밀려 오기 전까지의 바닷속은 아름답기 그지없었습니다. 처음 이 섬에 왔을 때(1990년) 본섬과 등대섬 사이의 바닷속에는 7~8m의 해중림이 펼쳐져 있었습니다. 모자반숲에는 치어들이 가득하였고 해조류숲을 헤치며 수경 앞에 펼치지는 장면은 잊혀지지 않습니다. 고동은 지천에 있었고 소라, 전복 등도 있었습니다. 멍게가 여(바다속에 있는 바위를 '여'라고 한다)에 부착되어 있는 모습은 붉은 꽃처럼도 보였습니다. 멍게가 이렇게 아름답구나라고 생각한 첫 순간이었습니다. 수경과 오리발만 차고 바닷속을 온종일 헤매고 다녔습니다. 잠수복이 부족했기 때문에 맨몸으로 물속을 돌아다녔습니다. 체온이 내려가 오들오들 떨면서도 물 밖으로 나오는 것이 아쉬울 정도였습니다. 수심 1~2m에서도 팔뚝만한 물고기를 만날 수 있는, 사람의 손때가 묻지 않은 오지라고 할까요. 어느 해인가 기억이 나지 않지만 친구와 함께 소매물도만한 섬이 있을것이란 생각에 통영 근처에서 갈수 있는 섬들을 일주일동안 가 보았습니다. 비진도, 연대도, 욕지도, 연화도, 사량도 등 섬들을 돌아 다녔습니다. 결론은 소매물도 였습니다. 그 후 1991년, 1994년, 1995년, 1996년 ,1997년, 1998년, 2001년, 2007년, 그리고 2014년이 제가 섬을 찾은 해입니다. 대부분은 동아리(잠수동아리) 투어였습니다. 때론 혼자 간 적도 있었습니다.

어촌봉사활동을 하다가 수중쓰레기 수거와 불가사리 퇴치, 탐방로 청소, 제초작업을 했습니다. 2014년, 후배들은 두 가지 목적으로 이 섬에 갔습니다. 소매물도에서 다이빙(잠수)하는 것과 어촌봉사활동이었습니다. 바다의 해적이라 불리는 불가사리를 잡고, 바닷속에 버려진 어구나 쓰레기를 수거하고, 그리고 해안을 따라 걷는 둘레길에서 쓰레기를 줍는 것이었습니다.

첫날은 본섬과 등대섬사이에서 불가사리 퇴치와 수중쓰레기 수거작업을 하였습니다. 수심이 깊지 않은 곳(7m이내의 수심)에서는 스킨다이빙(해녀들이 하는 것처럼 공기통을 사용하지 않고 물속에 들어가는 것)으로 불가사리를 잡았습니다. 꺼집어 낼 수 있는 수중쓰레기도 수거했습니다. 스쿠버다이빙(공기통을 메고 잠수)으로 작업을 하였습니다. 이날 작업으로 크게 달라진 것은 없습니다. 20명 남짓한 사람들의 손길로 '불가사리가 퇴치되고 수중쓰레기가 없어져서 바닷속 환경이 달라질 것이다'는 것은 어이없는 욕심일 뿐입니다. 바다는 엄청 넓고 거기에 비하면 20명이 수거하는 쓰레기는 눈곱보다도 못한 양입니다. 그래도 후배들의 마음만은 이 섬만큼이나 예뻤습니다.

등대섬으로 넘어가는 길목에 폐교가 있습니다. 예전엔 몇 안 되는 학생이 있었습니다. 1990년 만났던 아이들은 "여기 뭐하려 왔어요?"라며 신기한 듯 우리를 구경하듯 바라보았습니다. 몇 사람 찾지 않는 섬에 단체로 젊은 대학생이 오는 경우는 흔한 일이 아니었습니다. 게다가 잠수 장비를 이고 지고 왔으니 구경거리가 분명합니다. 해녀 아주머니들도 우리을 보며 "물질하려고 이까지 왔나! 뭐 있다고 여 왔노? 전복 있는데 갈케줄까?"하며 농을 걸기도 하였습니다. 그 때의 기억이 생생하지만 소매물도 분교앞에는 '1961년 4월29일 개교하여 졸업생 131명을 배출하고 1996년 3월1일 폐교되었음'이라는 교적비만 있었습니다. 잡풀이 어른 키만큼 우거진 작은 운동장 한 켠에는 수국이 탐스럽게 피어 있었습니다. 이곳에 발령받은 선생님이 살았던 관사는 뭔가 튀어나올 것 같은 느낌입니다. 이 폐교는 '힐하우스'라는 이름으로 민박을 운영하기도 하였지만 원주민과의 갈등(?)으로 문을 닫고 지금은 말 그대로 폐교입니다.

둘쨋날에는 둘레길을 걸으며 주위의 쓰레기를 주웠습니다. 마을의 우측으로 길이 난 둘레길을 걷다보면 골짜기에 큰 바위 두 개가 있습니다. 전설의 남매바위(혹은 암수바위라고도 한다)이며 위에 있는 크고 좀 더 검은 것은 숫바위고 아래에 있는 바위는 암바위라 합니다. 대매물도가 바라다 보이는 곳에 있는 남매바위에는 전설이 깃들여 있습니다. 다음은 제가 들어 알고 있는 남매바위 전설입니다.

옛날(200여년전) 매물도에 허씨부부(혹은 권씨)가 자식없이 살고 있었다. 부부는 어렵게 아이를 가졌다. 낳아보니 쌍둥이 남매였다. '쌍둥이는 명이 짧아 일찍 죽게 된다'

는 전해오는 얘기에 어렵게 얻은 자식을 얻은 기쁨보다 걱정이 더하였다. 부부는 고심 끝에 동생인 딸을 소매물도에 두고 왔다. 그 후 아들은 건장한 청년이 되었다. 부부는 '소매물도에는 무서운 괴물이 살고 있으니 절대 가지 말라'고 당부하였다. 어느날 아들은 작은섬(소매물도)에 연기가 피어오르는 것을 보고, 몰래 섬을 건너갔다. 아리따운 처녀를 만났다. 아들은 때로는 헤엄쳐서, 때로는 돛단배를 저어서 작은섬에 수시로 갔다. 얼마 지나지 않아 젊은 남녀는 뜨거운 사랑에 빠졌다. 심지어 큰 섬(대매물도)로 돌아가지는 않았다. 마침내 오누이간인줄 모르고 이들은 정을 나누었고 그 순간 번개가 치며 두 남녀는 바위로 변했다.

아마도 먹고살기 힘든 시절 쌍둥이를 기른다는 것이 쉬운게 아니었을 것입니다. 초창기 이곳에 정착한 사람들이 얼마나 힘들게 섬을 개간하고 바다와 싸웠는지 짐작해 봅니다. 먹고살기 힘들어 쌍둥이 중 하나를 버렸을 것이고 자식을 버린 죄책감이 있었을 것입니다. 그 마음의 짐을 덜고자 이런 이야기가 생겼을 것이란 생각

소매물도 분교에서 후배들과 제초작업을 하였다.

이 듭니다. 평생 섬을 떠난 적이 없는 섬마을에서는 남매의 사랑뿐만 아니라 근친상간이 흔히 일어나지 않았을까 생각합니다. 넓지도 않은 섬이란 공간에서 언제나 마주하는 사이에 사랑이 피어나는 일이 뭐가 어렵겠습니까? 그래도 근친상간을 경계하려고 했을 것이고 이런 전설이 만들어지지 않았나 합니다.

힐하우스의 흔적이 남아 있지만 폐교 운동장은 어른 키 크기의 잡풀로 가득하였습니다. 어촌계장님의 부탁대로 폐교 운동장 제초작업을 하였습니다.

낮이 부족한 탓에 조를 나누어 번갈아 가며 풀을 베었습니다. 작은 운동장의 모습이 드러났습니다. 운동장에서 두 팀으로 나눠 아이스크림내기 닭싸움을 하였습니다. 얼마 지나지 않아 이곳은 다시 풀숲이 될 것입니다.

식수와 쓰레기 처리에 골머리를

2007년은 문화체육관광부가 '가고 싶은 섬'으로 매물도를 선정했고, 매물도에 딸린 소매물도가 더 알려지게 되었습니다. 그 해에는 야생화된 염소 떼(23마리)가 사라진 해이기도 합니다. 국립공원관리공단은 "도서 지역에 방목된 염소는 천적이 없기 때문에 개체수가 기하급수적으로 증가해 지역 식물에 심각한 위해를 가한다"면서 "소매물도에 있는 기하급수적으로 증가한 23마리의 염소를 모두 잡기로 하였다"고 합니다. 그래서 기하급수적으로 증가한 23마리의 염소는 사라졌습니다. 2007년까지 꾸준히 늘어났던 방문객의 숫자는 연간 5만명 수준이었습니다. 통영시청, 문화체육관광부의 노력의 결과인지, 방문객은 폭발적으로 증가해 현재 소매물도에는 연간 60만 명이상의 사람들이 오고 있습니다. 탐방객을 위해 산책용 데크도 깔고 계단도 만들었습니다. 아직도 아름답기 그지 없는 섬입니다. 기하급수적으로 증가한 염소 23마리와 60만 명이상의 사람들 중 이 지역의 심각한 위해가 무엇일까 생각하면 기가 찹니다.

원주민 아홉가구와 이주민(이 섬이 좋아 정착한 사람) 다섯 가구에게는 똑같은 고민이 있습니다. 방문객이 폭발적으로 증가하는 여름이 되면 식수와 쓰레기처리에 골머리를 앓게 되면서 생긴 문제입니다.

2014년 묵었던 민박집 관리 아저씨는 "(통영시)에서 지하수를 파 주었거든. 근데 말라서 새로 (지하수를) 팠는데 비가 안오면 언제 말라버릴지 모른다.

수세식 화장실 물은 짠물을 쓴다아이가. 손님도 펜션은 3명, 민박은 2명 더 이상은 안 받는다. 손님한테 물만 좀 아껴쓰라고 부탁하는데… 장사하려고 물탱크에 300톤 확보를 했는데 지금 남아 있는 게 한 20톤 밖에 없으니 미치는 거지. 손님은 필요 없다. 장마 와서 비만 온나. 그 물 모아서 여름 장사해야 한다 아이가!"

민박집 아저씨의 말에 의하면 지하수를 파는데 2000만 원 정도 비용이 든다고 한다. 3번째 지하수를 팠다고 한다. 근데 1년 정도 지나면 말라버린 경우도 허다하다고 합니다.

소매물도의 비극

1989년 서울사람이 소매물도를 통째로 샀습니다. 200여 년 전 살아온 김씨, 한씨, 배씨, 장씨 등은 모두 친인척으로, 땅과 건물은 지분을 나눠 공동 소유하고 있었습니다. 사려는 사람도 없었지만 팔려는 사람도 없었습니다. 36가구 원주민들은 땅값을 후하게 쳐 주고 섬 주민들은 죽을 때까지 살게 해주겠다는 약속에 ㈜남해레데코에 모든 땅을 팔았습니다. '계약자 당대에는 그대로 살아도 된다'는 조건이었습니다. 개발업체는 섬을 개발하여 대규모 자연관광 단지로 만들려고 했습니다. 뒤늦게 한 사람이 이 매매계약에 반대했습니다. 현재 소매물도 어촌계장인 김모씨는 "군대를 제대해 집에 왔더니 글도 모르는 어머니가 땅과 집을 팔기로 하고 계약금으로 200만원을 받았다며, 그것도 섬 전체를 팔아넘기다뇨. 200만원을 더 보태, 해약금으로 400만원을 주고 계약을 깼습니다."3)

2005년 남해레데코는 경영부실로 차영복 현 남해레데코 공동대표에게 넘어갔습니다. 차 대표는 인수 직후 펜션과 식당을 지었고 현재도 운영 중입니다. 소매물도 원주민들은 자기섬에서 세를 살고 있습니다. 계약대로라면 원주민 부모세대 이후에는 섬에서 쫓겨날 형편입니다. 차대표의 펜션사업이 본격화되

---

3) ≪한겨레신문≫ 2013년 7월 14일자 참고.

면서 부터 저렴한 가격에 민박을 제공하던 힐하우스도 갈등이 있을것이라 짐작됩니다. 폐교의 낭만적인 민박은 얼마 후 사라질 것입니다.

  차 대표와 어촌계장 김씨는 섬 전체 땅이 92 대 8로 나뉜 지분을 명확히 가르기 위해 소송을 제기합니다. 공동소유여서 토지 서류에 개인별 땅 위치를 명확히 하려고 했지만 합의에 실패했습니다. 법원은 경매로 땅을 처분해 지분만큼 돈을 나눠 갖도록 결정하였습니다. 2010년 12월 27일 경매에서 누구도 예상못한 일이 일어납니다. 김씨가 주민 3명과 공동으로 경매에 참여하여 전체 임야의 절반가량인 22만 6882㎡를 10억 5,500만원에 낙찰받습니다. 숨죽이며 살던 주민들이 목소리를 내기 시작하였습니다. 육지에 나가 살던 사람이 귀향하여 마을 이장을 맡아 원주민들의 입장을 대변하였습니다. 갈등은 폭발했고 대립은 극에 치닫기도 하며 지금까지 이어지고 있습니다.

큰 돌멩이들 이야기

  공룡바위는 소매물도 끝부분에 위치한 공룡형상의 바위를 말합니다.
  글씽이굴은 진시황의 신하 서불이 3천의 동남동녀를 거느리고 불로초를 구하러 왔다가 이곳의 경치에 취해 "서불과차"라는 글을 남겼다는 곳으로 유명합니다. 글씽이굴에 가본 적은 있지만 남겨진 글을 찾지는 못했습니다.
  병풍바위는 병풍을 둘러놓은 듯한 모양입니다. 그냥 보면 이곳이 병풍이구나 하고 절로 생각되어집니다.
  촛대바위는 혹은 남근바위라고도 합니다. 물살이 휘감고 돌아서인지 낚시가 잘 되는 곳입니다.
  상어동굴은 상어가 동굴 안에서 새끼를 낳기도 하였으며, 상어가 살던 동굴이라 상어동굴이라고 이름이 지어졌다고 합니다. 소매물도에서 상어를 본적은 없습니다. 소매물도의 정상 망태봉은 옛날 밀수를 감시하던 밀수기지가 있던 곳으로, 현재 소매물도 망태봉 정상에는 관세역사관이 꾸며져 있습니다.

　두서없는 글을 마치려고 합니다. 제가 처음 갔을 때보다 너무나도 유명해져 버린 섬 소매물도. 배를 타고 내리면 선착장에서 해산물을 팔고 있습니다. 사람들은 "이곳까지 왔는데 해녀할매들이 잡은 해산물에 소주 한잔 해야지" 합니다. 하지만 소매물도 해녀가 잡은 게 아닙니다. 하루 칠백~천 명의 사람들이 오고 있는데 두세 명의 해녀(나이든 할머니뿐이라 물질하는 할머니는 두 분이고 그분들도 운동삼아 물에 들어갑니다. 팔기 위한 목적이 아닙니다)들이 어찌 그 많은 해산물을 잡을수 있습니까? 통영의 잠수기선에서 사 가지고 와서 파는 것입니다.

　생각해보면 웃기고 슬픕니다. 스무 세마리 염소와 년 육십만 명의 관광객과 두 세 명의 해녀, 매년 파는 지하수, 고갈되는 민물…

　한국인이 가고 싶은 섬에는 관광객을 위해 지하수 공사를 하고 있습니다. 일 년 장사를 위해서입니다. 매년 지하수를 파다보면 말라버린 그 공간에 짠물이 들어오게 됩니다. 그리고 지하수를 아무리 파더라도 바닷물이 섞인 짠물이 올라오게 됩니다. 식수가 없는 섬이 될것이고 사람이 상주하기 힘든 곳이 될 것입니다. 그 전에 그 섬에 꼭 가봐야 되겠죠.

송태원 도시 속에 숨어있는 백수.

나의 소우주, 열 평 텃밭

박월숙

열 평 텃밭 농사도 농사라고, 전에 없이 절기에 민감해졌다. 텃밭농사를 시작하면서부터 마치 좋아하는 책이라도 들여다보듯 자주 들여다보고 있는 것이 있는데 바로 귀농학교에서 받은 자연농사달력이다. 8월 달력에 '처서에 가을 채소 파종한다' '칡꽃이 필 때 김장농사를 시작한다'기에 처서 무렵부터 배추랑 무씨 파종할 날만 손꼽고 있었다. 길가에 흐드러진 칡잎 사이로 보랏빛 칡꽃도 피고 있었다. 도시농부들이 너도나도 김장밭 만들기에 분주하던 팔월 말, 드디어 무씨를 파종하고, 속이 꽉 찬다는 제주 구억 배추 모종도 나눔 받아서 아주심기를 했다. 배추 이랑 가장자리엔 쪽파도 심고, 밭 귀퉁이에 돌산갓 씨까지 뿌리고 나니 벌써 김장준비가 끝난 것만 같다.

올해 드디어 열 평 텃밭을 분양받았다. 집에서 꽤 떨어져 있어 매양 차를 타고 가야 한다는 것 말고는 더할 나위 없이 만족스러운 곳이다. 텃밭으로 가는 마을 입구에는 오래되어 거무스레해진 돌담길이 있다. 철마다 다른 덩굴식물들이 세월에 바랜 돌들을 가만히 감싸 안고 있는 고즈넉한 곳이다. 그곳을 지나칠 때면 어쩐지 분주했던 마음이 느려지면서 넉넉해지곤 한다. 돌담이 주는 기운일까? 손으로 모를 심어 가꾸는 논과 누군가의 블루베리 농장을 지나면 많은 이들의 꿈을 보듬어주고 키워주는 텃밭 입구가 나온다. 귀농학교 동문들과 따로 또 같이 일궈가는 곳이라 생태적인 텃밭으로 가꿔갈 수 있는 이상적인 곳이었다. 농약이나 비료 사용 없이 땅심을 살려가며 짓는 곳이요, 언제든 농사 고민을 나눌 수 있는 텃밭동지들이 서로의 수확물을 진심으로 기뻐해줄 수 있는 곳이다. 텃밭 배정을 발표하던 3월 초입, 배정받은 나의 이랑 앞에 두근대며 섰던 기억이 생생하다. 마치 오래 꿈꾸어 오던 마음의 벗을 만난 듯 흡족한 심정이란…

낯설고 어설프기만 하던 그 삼월도 지나 이젠 제법 몸뻬 바지와 장화 차림이 몸에 착 달라붙는다. 어느새 나무들은 몸에 달린 것들에게서 물기라도 털어내리는 듯 한층 더 바스락대며 바람을 맞이하는 구월이다. 불과 얼마 전까지만 해도 새벽부터 서둘러 나서도 조금만 움직이면 땀으로 옷이 달라붙었는데. 나무 위로 훌쩍 키가 높아진 하늘과, 습기가 가셔 가슬가슬해진 햇빛은 이제부터 여름동안 열심히 키와 몸집을 키워온 것들을 좀 더 단단하게 할 것이며, 열매들에게 고유의 색과 냄새와 맛을 불어넣을 것이다. 어디선가 목청껏 내지르며 나의 호미질을 부추기던 매미소리는 어느 순간 뚝 끊기었는데, 어디서 종달새인지 청아한 목청의 새가 자주 우짖으며 텃밭 위를 가로지른다. 새소리는 들을 때마다 지상에 머무르는 내 마음을 창공으로 끌어올리는 신묘한 힘이 있는 듯하다.

가루받이를 필요로 하는 꽃들은 온 힘을 다해 벌과 나비를 불러 모은다. 사랑스러운 빛깔과 은은한 향내를 떨치면서 말이다. 그저 고운 색이다, 향이다 하지만, 어쩌면 그들로서는 후세를 남기기 위해 목숨을 건 필사적인 몸짓이 아닐까? 올해는 되는대로 여러 종류의 채종을 해볼 셈인지라 열매를 맺게 도와주는 이 날개 달린 존재들이 더욱 고맙다. 노오란 팥꽃과 결명자꽃, 보라색 제비콩, 짙은 흰 꽃을 소담히 피워내는 참취 나물, 송이째 보송보송 올라오는 들깨꽃 주변은 날개달린 것들의 차지다. 먹는 채소의 꽃이 이렇게 정교하고 예쁜지 미처 몰랐다. 텃밭에 핀 꽃 사진을 찍어 지인에게 보내니 "꽃이 피는 그 자리가 바로 천국이네요" 한다. 그럴지도 모른다. '행복으로 가는 길은 없다. 길이 곧 행복이기에.'라는 붓다의 말씀을 기억한다.

감자와 당근, 상추는 여름에 그 주기를 끝냈고, 씨앗 시절부터 시작해서 가을볕 아래 부지런히 꽃과 열매를 키워가고 있는 작물도 있다. 주기가 끝난 곳에는 잠시 휴식 후 또 다른 씨앗이 뿌려지고, 때론 한 이랑에 섞어서 키우기도 한다. 이른 바 혼작이다. 함께 크면 서로에게 이로운 탓이다. 다투듯 어울리듯 피어나는 모습을 가만히 들여다본다. 서로가 있기에 더 잘 살아갈 이유를 찾는 저 모습은 사람 사는 곳도 마찬가지여야 할 텐데 하며. 손바닥만 한 텃밭에서도 거대한 생명주기는 엄연하다. 소멸은 생성으로 이어지고, 새로 시작되었나 싶었는데 어느새 끝마무리에 열중한다. 삶은 필연적으로 죽음을 준비하고, 죽음은 또 하나의 태동을 위해 자리를 내어준다. 상생과 순환이 고리처럼 서로를 물고 돌아가는 이곳은 나를 가르치는 스승이자 소우주이다.

텃밭풍경은 볼 때 마다 사뭇 달라져 있어 갈 때마다 새롭다. 필시 보이지 않는 손이 이들을 돌보고 있는 게다. 그러니 초보농사꾼인 내가 으쓱거릴 일은 아닌 것이다. 텃밭 위에 있는 사람인 나의 사람살이 역시, 그 펼쳐진 모양새는 보이지 않는 곳에 뿌려진 극히 작은 생각의 씨앗들이 꽃피우고 열매 맺은 결과인 이치를 다시 배운다. 삶의 모든 순간들에서 나를 지배했던 생각과 의도들이 지금의 나의 세계를 만들어냈다. 내가 명징하게 인식했든 아니든, 나의 행위는 보이지 않는 곳에서 시작된 것이다. 아직은 그저 흙만 보이지만 내가 키우고자 뿌린 씨앗이 곧 다채로운 싹을 틔워낼 저 이랑처럼 말이다. 이러니 나의 삶의 장에서 만나는 그 어느 것도 아무 것이 아닌 것은 없는 것이다.

어설픈 삽질로 이랑을 만들던 2월, 배웠던 이론을 실천하리라 맘먹으면서도, 막상 두 발이 땅에 닿는 순간 어찌해야할지 생각은 나지 않고 호미를 잡은 손길은 서툴기만 했다. 그래도 뿌린 씨앗들이 하나하나 올라오던 3월은 그야말로 기적의 달이었다. 어떻게 그 무거운 흙을 들추고 저리도 여린 새싹이 올라왔을까! 생명을 가진 것의 힘은 아무리 보잘 것 없어보여도 그 경이로움은 가히 하나의 우주창조와 맞먹는다. 자세히 들여다보면 완벽하지 않은 것이 없다. 무심히 짓밟히는 풀들조차 고도의 생존전략을 가지고 있음을 조금씩 알게 되었다. 풀이든 작물이든 겨울이면 그 주기가 끝나는 것들은 부지런히 서두르지 않으면 안된다. 그들에게는 한평생인 한 해라는 시간 동안 탄생과 성장, 자손 남기기(열매 맺기)라는 대 과업을 완성해야 하기에 사실 쉴 틈이 없을 것이다. 그러니 절기는 그들을 위해 존재하고, 그들은 그 절기를 거스르지 않는다.

태양이 그 따가운 빛의 작살을 대지에 내리꽂던 팔월, 작물들은 오히려 성장이 더뎌지고 대신 풀들이 믿을 수 없는 속도로 자라났다. 내가 뿌리지 않았기에 왠지 침입자처럼 여겨졌지만, 결국 베어지고 썩어서 자신이 터를 잡았던 곳을 다시 비옥하게 해주기에 이제 더 이상 풀을 경계하지 않기로 한다. 상추는 억세어지고 쑥갓에도 꽃이 피었다. 제비콩과 양대콩은 소담한 꽃을 피우며 쑥쑥 자라나 키 큰 대나무 지주를 감고 하늘 끝까지 올라갈 기세다. 잭과 콩나무처럼. 저토록 가느다란 줄기 어디에 그리 벅찬 희망이 숨어서 위로 또 위로 태양을 향해 치솟아 오르는 것일까! 저 간절함, 저 순정함.. 그 옆에 선 나는 잠시 부끄러워진다. 그리고 경건해진다.

그들이 이렇게 기후와 절기에 맞게 성장해갈 때, 나는 시도 때도 없이 텃밭에 달려가곤 한다. 마치 상사병에라도 걸린 사람마냥. 싹은 올라왔는지 궁금해서, 마른 날이 이어지면 목이 마를까봐서, 무덥고 습하면 풀들에 치어 어쩔 줄 몰라할까보서. 오이는 또 얼마나 자랐는지, 고추는 몇 개나 열렸는지. 모아둔 음식 쓰레기가 어느새 한 봉지가 되었으니 얼른 퇴비 통에 붓고 싶어서. 분명 내 발로 찾아가긴 하지만 어쩐지 텃밭의 부름에 길들여진 것만 같다. 기꺼운 중독이다.

나의 손길 하나하나가 닿아있는 이 작고도 큰 공간에 나를 내려놓는 순간 언제나 나도 텃밭의 일부가 된다. 파종한 씨앗의 싹이 나지 않아 애태우던 시간들, 이름표를 미처 달지 못해 올라온 싹의 이름을 알지 못해 당황했던 순간, 내가 원하지 않는 것들(소위 잡초라 불리는 것들)에 대한 고민과 갈등들. 그 지극한 애정으로 함께 보낸 시간들을 땅과 식물들 그리고 벌레들은 기억할지도 모른다. 고랑에 쪼그리고 앉아 그들을 들여다보다보면 시간의 차원을 떠나버리게 되니 말이다. 호미질에 모습을 드러내는 지렁이와 조우할 때면 나도 모르게 놀랐지? 하며 말도 건넨다. 처음에는 내가 한다고 여겼는데, 시간이 지날수록 내가 하는 일은 정말 별 것이 아님을 알게 된다. 따사로운 햇살과 적당한 비, 그리고 바람이 없으면 안 되는 것이 농사인 것이다.

태풍이 사납게 몰아치던 밤, 장미에 고깔 씌운 어린왕자의 심정으로 밤새 마음을 졸였다. 이제 간신히 올라오고 있는 고춧대가 부러졌으면 어쩌나. 예쁜 연보라빛 꽃을 한창 피우고 있는 나의 제비콩은, 멀대같이 키 큰 오이랑 애호박은? 다음날 날이 밝자마자, 쏜살같이 텃밭으로 달려갔다. 다른 전우田友들도 속속 도착했다. 역시나 지주가 부실했던 오이와 호박은 가지가 꺾인 채 맥없이 쓰러져 있었다. 아, 그런데 뿌리가 반쯤 드러난 채 뽑혀버린 줄기들에 실한 애호박과 굵은 노각이 달려있는 것이 아닌가! 쇠잔하여 돌아가시는 순간까지 자식들을 생각하는 부모님을 뵙듯 그만 숙연한 맘이 들었다. 눈물이 핑 돌았다. 납작 몸을 낮추어 줄기와 잎을 땅에 대고 있는 고구마는 아무런 피해가 없었다. 늦게 심은 고추도 아직 키가 작은 탓인지 다행히 멀쩡했다. 큰 바람은 높이 자란 것들에게는 세찬 시련을 주지만 작고 부드러운 것들에게는 위협적이지가 않구나. 어디서인지 나비가 날아와 노오란 결명자 꽃 위에서 펄럭거렸다. 비바람 몰아치던 밤, 너는 도대체 어디서 그 부드럽고 연약한 날개를 피했던 거니.

초보농사꾼의 텃밭 가꾸는 일은 흡사 연애하는 일에 가까운 것 같다. 새롭지만 어색한 첫 대면이 지나 무엇을 뿌리고 가꿀지 알 수 없어 책도 참고하고 이런저런 조언에 귀도 기울인다. 씨앗이 연두빛 새싹으로 올라올라치면 거의 감동의 수준이다. 어디서 이런 예쁜 것이 나왔을까. 널 만난 나는 얼마나 행운아인가. 그러다 어쩐지 잎이 노래지며 시들시들 말라가는 모종을 보며 자책하고 당황해한다. 무엇이 어디서부터 잘못된 것일까? 무엇이 부족한 걸까? 그래도 힘든 시간을 거쳐가며 잎이 풍성해지고 열매가 열리기 시작하면 시도 때도 없이 텃밭에 가고 싶어진다. 보고 싶다. 느끼고 싶다. 물론 이 경이로움도 땅이 얼어붙는 한겨울엔 어떻게 달라질지 아직 겪어보진 못했다. 아직 텃밭과 함께 한 시간이 세 계절에 불과한 초보농사꾼이기에. 아직은 그저 향기 나는 흙이 햇살과 바람과 함께 만들어낸 싱그러운 생명의 빛들 가운데서 눈을 감으면 나라는 존재는 그만 사라져버린다. 흙에서 꼬물거리던 지렁이와 개미도, 꽃을 찾던 나비도, 무당벌레도, 여기서는 그저 모든 것이 하나이다.

오늘도 현관에서 꽃그림 그려진 검정 고무신을 발에 꿰는 순간 마음은 이미 텃밭에 가 있다. 이젠 요령도 생겨서 그때그때 미리 챙겨둔 텃밭용 소쿠리 하나만 척 들고 나서면 된다. 손에 익은 호미, 낫, 장갑, 토시, 미생물 발효액, 수확물을 담을 비닐봉지 몇 개가 들어 있다. 처음엔 텃밭 다녀올 때마다 일일이 씻어 말렸으나 이젠 흙만 툭툭 털어 가방에 넣어둔 장화는 트렁크에서 상시 대기 중이다. 퇴비용 음식물 쓰레기는 따로 손에 들었다. 절기 따라 뿌릴 귀하디귀한 씨앗도 있다. 아, 텃밭수첩도. 오늘도 나는 경이로 가득 찬 나의 소우주에 입장하리라. 그리고 도시의 콘크리트가 봉인해버린 계절의 비밀을 황홀히 맛보리라. 나는 비밀 열쇠라도 되는 양 뿌듯하게 나의 연두색 텃밭 소쿠리를 꼭 잡는다.

박월숙 삶의 속도를 늦추고자 26년간 걷던 교사로서의 길에서 벗어나다. 현재 어설픈 도시농부의 삶을 통해 사소함에 대한 감사와 자족함을 배우는 중.

공간과 장소, 자본과 反자본 혹은 半자본

문영식

1년 정도, 3평 남짓의 고시원에 살았었다. 침대, 책상, 화장실이 구비되어 있으면서 3평도 채 되지 않은 공간이었다. 벽이나 장에 부딪칠까봐 함부로 두 팔을 휘두를 수 없었고 빨래 건조대의 양팔을 펼치면 걸어 다닐 공간이 남지 않았다. 집이라고 부르기에 민망할 만큼 협소한 공간이었다. 바깥에서 일을 마치고 녹초가 된 몸으로 집에 돌아와도 쉰다는 느낌이 들지 않았다. 그곳은 편안한 내 집이 아니라 하루빨리 탈출해야 할 동굴이었다. 그곳에 사는 동안 깨달은 것이 있다면, 공간의 부피가 사람의 정신에 미치는 영향이었다.

전에는 큰 평수의 아파트를 선호하는 사람들을 한심하게 생각해 왔다. 커피숍에서 삼삼오오 모여서 아파트 이야기를 하는 사람들을 볼 때면 자본주의의 노예가 되어 허영심만 남은 쭉정이들로 밖에 보이지 않았다. 그때는 공간의 크기가 만드는 여백의 가치에 대해 무관심했다.

고시원은 씻고 자고 옷 갈아입을 정도의 공간만 허용된 곳이었다. 최소한의 기능만 남기고서 불필요한 여백을 제거한 고시원의 공간은 '기능적 공간'의 전형이다. '공간'과 '장소'의 개념을 대비시킬 때, 그 대비의 잣대는 '기능성'일 것이다. 실용적이고 기능적인 물리적 스페이스(장소와 공간의 함의를 제거한 것을 임의로 '스페이스'라 부르기로 한다)가 공간이라고 한다면, 그에 비해 장소는 기능과는 무관한, 그러니까 자본주의적이지 않은, 쓸데없는 일을 해 나갈 수 있는 스페이스로 규정될 것이다.

그러한 장소는 여백의 스페이스가 존재해야만 성립할 수 있다. 무언가 쓸데없는 일을 할 수 있는 여백의 존재는 장소가 갖추어야 할 전제 조건이다. 달리 말하면 장소의 가능태는 여백이다.

가능태가 여백이라는 말은 정신적인 언사만은 아니다. 물리적으로 보아도 제법 그럴듯한 근거들을 들 수 있다. 미시적으로 물리 화학의 기본 물질이라는 원자만 보아도, 그것을 구성하는 원자핵과 전자의 거리는 월드컵 운동장 중심에 놓인 축구공과 그 끝을 도는 탁구공에 비견될 만큼 상대적 여백은 상당하다. 그 거리가 무너지면 원자는 존재할 수 없다. 거시적으로 태양계를 보면, 태양과 지구 사이의 거리는 지구의 생명이 가능하기 위한 필수적 거리이다. 더 가까웠으면 더위 때문에, 더 멀었으면 추위 때문에 생명이 탄생할 수 없었을 것이다.

한편, 노자의 도덕경에는 이러한 구절들이 있다.

11장의 '有之以爲利 無之以爲用'. 번역하면 '있음의 이로움은 없음의 쓰임 때문이다.'

40장의 '天下萬物生於有, 有生於無'. 번역하면 '하늘 아래 모든 것은 있음에서 비롯되나, 있음은 없음에서 비롯된다.'

노자는 有의 비롯됨을 無에서 찾으며, 따라서 근본적인 것은 有가 아니라 無라고 말한다. 또한 有의 기능성은 오히려 無의 쓰임에서 나온다고 말하며 쓰임이 없는 無가 쓰임을 가능하게 하는 역설적 진리를 강조하고 있다. 노자가 강조한 無는 곧 여백이며 존재물 사이의 거리라고 말해도 좋을 듯하다. 여백과 거리로 인해 생명은 생겨나며 쓰임을 부여받는다고 노자의 말을 변용해도 좋을 것이다.

기능성과 효용만을 강조하는 우리나라의 시공간에서 노자의 '無'는 가장 유용하다. 공간만이 강조되고 장소가 괴사壞死되는 이 땅에서 여백과 거리는 가장 시급하다.

우리가 논의하는 담론은 시대 담론을 거역할 수도 없고 그럴 필요도 없다. 이 시대의 담론은 자본주의와 反자본주의다. 공간과 장소라는 거친 이분법적 구분이, 그것이 주는 조악함에도 불구하고 의미가 깊은 것은 그것이 자본-反자본 담론의 현실적 모습을 잘 보여주기 때문이다. 숨이 턱턱 막히는 현실을 한 번 더 성찰할 수 있고 나아가 그것을 해결하는데 일조할 수만 있다면 더 거친 이분법적 구분도 감내할 수 있을 것이다.

기능의 아이콘 '공간'과 여백의 아이콘 '장소'의 대비는 곧 자본주의와 휴머니즘의 대결이다. 공간의 대표 주자는 '도시'이며 그와 대결하는 장소의 대표 주자는 '자연'이다. 노자의 언어로 말한다면 인위와 무위의 대결이다.

현재까지의 승자는 단연 도시이다. 도시는 자본주의의 꽃이다. 물적 자본과 인적 자본의 집중은 기능성과 효용성을 위해서는 당연한 선택이었다. 도시는 성장했고 인구를 더 끌어 모았다. 천만 명의 대도시 서울을 비롯해 6대 광역시의 인구를 합치면 남한 전체 인구의 절반이 된다.

도시의 인구 집중은 많은 부작용을 발생시켰다. 물가상승과 환경오염, 정신적 스트레스와 높은 범죄율은 도시의 인구 집중 현상과 직결된다. 그러한 부작용에도 불구하고 도시의 인구는 줄어들지 않고 있다. 많은 사람들이 같은 값으로 교외의 넓은 주택을 마련하는 대신, 도심의 좁은 아파트로 이사하려 한다. 출퇴근 시간을 절약한다거나 기름 값을 아낀다거나 아파트 값이 상승할 것을 염두에 둔다거나 하는 자본주의적 이유 때문이다. 그들에게 아파트는 장소보다는 공간의 의미다. 도시에 살고 있는 많은 사람들은 자신이 살고 있는 집을 애착의 장소가 아니라 재테크 수단의 하나인 공간으로 파악하고 있기 때문이다.

아파트의 형태 자체가 기능적 공간이 무엇인지 보여준다. 단일한 면적으로 많은 사람들을 담아내기 위해 높이가 올라간 아파트는. 평수에 따라 개별

세대의 수용공간이 확대된다고는 하지만 외관으로 보자면 그저 콘크리트 상자에 불과하다. 그러한 획일적이고 폐쇄적 공간은 기능의 공간은 되지만 여유가 느껴지는 장소가 되기는 어렵다. 아파트에 대한 성찰은 서현의 책(『빨간 도시』)에서 날카롭게 지적되고 있다. 그는 아파트에 대한 논의를 하던 중에, 아파트가 이미 도시의 주요한 건축물이 되었으니 그 속에 마당을 들이는 방식을 고민 중이라고 했다. 마당은 공간이 아니라 여백의 장소다. 성냥갑 같은 아파트의 답답함 속에서 숨 쉴 여지를 마련하고픈 그의 생각에 공감이갔다.

우리는 자본주의적인 공간만으로 살 수 없다. 기능과 효율만으로 살아가는 것은 기계이지 인간이 아니다. 우리에게는 장소가 필요하다. 장소가 가져다주는 여유와 여백 속에서 인간적 삶을 모색할 필요가 있는 것이다. 사람들이 돈을 모아서 여행을 떠나는 것은 도시적 삶의 갑갑함을 일시적이나마 벗어나고 싶기 때문이다. 여행 중에서라도 인간적 삶을 모색하고 싶어서이다. 하지만 그러한 탈출은 일시적일 수밖에 없다.

도시적 삶이 괴로운 이유는 여백이 없기 때문이다. 건물과 건물 사이의 거리가 너무 가깝고 사람과 사람 사이의 거리가 너무 가깝다. 지하철에 구겨 넣어진 출근길의 사람들이 인간적 삶을 고민하기는 불가능하다. 여백이 없는 사람들은 '만인의 만인에 대한 투쟁' 상태로 쉽사리 내몰린다.

여유의 부재는 공간만의 문제가 아니다. 효율로 무장한 자본주의의 논리는 시간적 여유를 허용치 않는다. 아파트 평수를 넓히기 위한 사람들의 투쟁은 시간이라는 연료를 불태워 행해진다. 더 넓어진 공간을 확보한다면 그곳에서 여유를 즐기며 추억을 만들 수 있을 것이라는 환상에 사로잡혀, 혹은 막연히 더 넓은 아파트를 갖고 싶다는 소유욕에서 사람들은 자신의 시간을 불태우며 열심히 일한다. 하지만 불태워지고 허비되는 것은 객관적인 시간이 아니라 자신들의 삶 그 자체이다.

또한, 더 넓은 공간을 확보한다 한들 그것만으로 자연스레 공간이 장소로 변하는 것은 아니다. 물리적 스페이스의 확보는 장소의 가능태이기는 하지만 그것의 현실태는 아니다. 온전한 장소의 여유를 누리기 위해서는 여백의 스페이스와 함께 여유를 누릴 수 있는 시간과 정신이 있어야 한다.

지금과 같은 도시적 삶에서는 그러한 여유를 찾기 어렵다. 고시원과 같은 협소한 공간에서는 정신적 여유 자체가 불가능하고, 노력하여 넓어진 공간을 확보한다 해도 자본주의적 삶의 방식은 여전할 것이므로, 그 역시 정신적 여유로 이어지기 어렵기 때문이다.

여유 속에서 인간적 삶을 되찾고 싶다면 자본주의적 삶에서 벗어나야 한다. 그렇게 하려면 자본주의의 아이콘인 도시를 떠나야 한다. 자본주의적 삶에 찌든 도시에 머문 채로 혼자만의 여유를 찾는 일은 난망하다. 일단 도시를 떠나야 한다. 문제는 도시를 떠나서 어디로 가야할 것인가 하는 것이다. 경제적 여유만 있다면 도시의 대척점인 자연으로 가는 것도 좋을 것이다. 조선시대 사대부들은 정치에 지치면 한양을 떠나 자연에 은거할 수 있었다. 그 속에서 학문을 수양하며 철학적으로 사고하고 그 결과물을 만들어낼 수 있었다. 지금도 여전히 자연은 휴머니즘의 아이콘이기는 하다. 우리는 숲속을 거닐면서 단독자가 된 자신과 조우할 수 있고 나무의 향과 지저귀는 새들 속에서 생명의 신비를 몸소 느낄 수 있다. 하지만 그런 식으로 살아가려면 생계 수단이 확보되어야 한다. 온전히 자연에 사는 일은 경제적으로 여유가 없을 때는 불가능한 선택지다. 더구나 그것은 다소 위선적이기도 하다. 자본주의를 통해 쌓아올린 부를 가지고, 자본주의적 생필품을 가지고서 자연 속에서 살아가게 된다면, 그것은 자연마저 자본주의적 방식으로 소비하는 일일 수 있기때문이다.

우리는 자본주의적 환경 속에서 태어나고 자라왔다. 따라서 자본주의적 삶의 태도를 완전히 씻어내기는 불가능하다. 지금 당장 전기를, 온수 샤워를, 매체를 통한 소통을 그만두면서 원시적 자연으로 돌아갈 수는 없으며, 그럴 수 있다 한들 그것이 진정한 反자본의 길인지도 의문이다. 우리에게 필요한 것은 숨 쉴 공간이며 거기서 비롯되는 여유와 인간적 삶의 모색이다. 날 때부터 입고 있어서 살결과 결합된 자본주의의 옷을 억지로 뜯어가며 괴로워하기보다는 일단은 구멍을 뚫어 숨길을 트여주는 것이 먼저인 것이다. 그러한 타협의 길은, 反자본이라기보다는 半자본이라 불러야할지도 모르지만, 현실적으로 가능한 선택지가 될 것이다.

완전한 脫도시가 어렵다면 먼저 소도시적 삶의 지향이 그러한 半자본의 출발점이 될 수 있다. 경쟁과 소비를 통해 대도시로, 더 중심으로 향하는 것이 아니라 양보와 절약을 통해 소도시로, 변두리로 지향하는 삶이라면 숨길이 터지지 않을까 싶다. 그러한 삶의 지향은 입신양명과는 거리가 먼 길이겠으나, 그렇기에 시공간의 여유는 조금 더 원만하게 확보할 수 있을 것이다. 그러한 곳에서 기능적인 공간을 벗어나 자연과 어우러진 장소를 확보하고, 그 속에서 정신적 여유를 활용하여 무언가를 만들거나 어떤 일을 고민하거나 추구하면서 인간적 삶을 모색해보는 것 정도라면 가능하지 않을까 싶다.

소도시적 삶이 현실적으로 어느 정도까지 가능할지, 그 속에서 과연 장소의 여유를 느낄 수 있을지 확언할 수 없다. 변두리라서 되레 자본주의적 삶의 양식이 극성일지도 모를 일이다. 하지만 적어도, 지금 이대로의 삶보다는 인간적 삶에 가까운 방식이 어딘가 존재하리라는 것은 확언할 수 있다. 그것이 소도시의 모습이 아니라 脫한국의 모습일지라도 그러한 방식의 삶은 어딘가에 존재할 것이다. 그곳이 어디에 있든, 설사 완전한 유토피아는 말 그대로 유토피아에 불과하다 할지라도, 우리는 그러한 곳을 지향해야 한다. 우리는 反자본을, 혹은 半자본을 지향해야 한다. 공간이 아니라 장소를, 有가 아니라 無를, 도시가 아니라 자연을 지향해야 한다. 인간적인 삶을 원한다면 그리해야 한다.

문영식 제4회 백년서평 바다상 수상.

기억의 거울

임회숙

아지트인 친구 민정이 집은 송도를 지나야만 갈 수 있었다. 중학교 3학년 사춘기 소녀들에게 그곳은 안식처이자 도피처였다. 그래서 우리들은 사흘이 멀다하고 민정이 집으로 몰려가 밤을 보내곤 했다. 아지트를 찾아가는 길은 마냥 즐거웠다. 복잡한 중앙동을 지나, 화려한 광복동을 건너면 바다 냄새가 코끝에 매달리는 자갈치가 나타났다. 그리고 우리는 그곳에서 버스를 탔다. 우리가 탄 버스는 여중생들의 발랄함을 싣고 거침없이 달렸다. 그 순간은 누구도 버스 앞에 나타날 길에 대해서는 생각하지 않았다. 길 위에서 가장 힘들어했던 나 역시 앞으로 일어날 일 따위는 안중에 없는 듯 즐거웠다.

하지만 길은 그곳에 있고 그 길 위에는 송도와 고신의료원이 있었다. 송도 윗길 곡각지점을 지날 때면 어김없이 나타나는 송도 바다와 고신의료원 건물. 버스 창으로 송도 바다가 보이기 시작하면 가슴이 두근거리던 그때를 나는 지금도 기억한다.

송도 윗길을 지날 때면 나는 그것들이 보이지 않는 방향으로 자리를 옮기거나 친구의 가슴에 머리를 묻었다. 그리고 그때마다 가슴이 두근거리고 목젖이 당기고 아팠다. 아니 어쩌면 그 순간 나는 가슴이 두근거리고 목젖이 아픈 소녀여야 했는지 모르겠다.

    초등학교 졸업식을 하루 앞둔 밤, 그 밤은 나에게 난생 처음 먹어 보게 될 돈가스라는 음식 맛을 상상하는 시간이었다. 아버지가 운영하는 사무실 회식이 있어 늦을 것 같다는 엄마의 전화를 받은 언니는 텔레비전 볼륨을 올리며 콧노래를 불렀다. 그 소리가 신호가 된 것처럼 우리 5남매는 텔레비전이 있는 안방으로 모여들었다. 모처럼 부모님이 늦게 오는 밤의 자유를 만끽하며 다음 날 먹게 될 돈가스를 상상하던 나는 내 등에 올라타는 동생들의 장난도 싫지 않았다. 언니 오빠 역시 채널권을 놓고 티격태격하면서도 기분이 좋아 보였다.
    차가운 2월의 겨울밤이 평화롭게 흘러가고 있었다. 초등학교 1학년인 남동생은 졸음을 견디다 먼저 잠이 들고, 볼살이 빨갛게 익은 여동생의 잠꼬대 소리가 기분 좋게 들릴 그 무렵 전화가 왔다.
    그런데 전화를 받은 언니와 오빠가 급히 옷을 챙겨 입고 집을 나갔다. 나는 텔레비전 소리만 덩그러니 놓여 있는 안방이 싫어 동생들 곁에 가 잠을 청했다. 갑작스러운 언니 오빠의 외출 때문이기라도 한 것처럼 웃풍이 느껴지며 추웠다. 빨간 장미가 그려진 캐시미어 담요를 머리까지 끌어다 덮고 잠을 청할 때 다시 전화벨이 울렸다.
    전화 속에서 들려 온 소리는 엄마가 돌아가셨다는 것이었다. 오빠의 울먹이는 소리 때문인지 전화기 뒤편에서 들리는 언니의 울음 소리 때문인지 나도 눈물이 났다. 전화기를 귀에 대고 엄마를 부르며 울던 나는 문득 잠든 동생들이 생각나 숨을 죽이며 전화를 끊었다. 그리고 한참 뒤 내 귀에 들리던 남동생의 낮은 울음 소리.
    밤은 그렇게 지나갔고 아침이 왔다. 연탄불이 꺼진 방은 발이 시렸다. 언제 왔는지 언니가 동생들을 데리고 엄마가 안치된 병원으로 갔고 나는 졸업장만 받아 오라는 아버지의 말에 따라 학교로 갔다. 담임선생님에게 졸업장을 받은 나는 조용히 교실을 빠져나왔다. 반 친구들 그 누구에게도 엄마가 돌아가셨다는 이야기를 하지 않은 채 말이다.

 엄마는 심장마비로 돌아가셨다. 사고였다고 했다. 이모들의 오열과 고모들의 눈물 그리고, 오가는 사람들의 어수선함이 엄마의 영정 앞에 펼쳐졌던 것 같다.

 그렇게 엄마가 떠나고 내 기억에서 송도는 사라졌다. 용두산 탑을 보며 자랐던 내게 그곳은 가야 할 이유가 없는 머나먼 곳에 불과했다. 어쩌면 엄마의 장례식 이후 내 기억 속에서 사라진 곳이 되었는지도 몰랐다.

 우울과 가난으로 가득찬 집안 공기를 피해 어디든 도망가고 싶었던 내게 민정이의 집은 천국 같았다. 민정이 엄마는 이혼 후 다른 곳에서 생활했고, 아버지는 먼 곳에서 일했기 때문에 집에 잘 오지 않았다. 그러니 민정이 집은 우리의 자유를 보장해주기에 충분했다.
 중학교 3학년 같은 반이 된 민정이는 시험 기간이니 자기 집에서 공부하자고 했다. 나는 친하지는 않았지만 무엇인가 모자란 구석이 보이던 민정이의 제안을 흔쾌히 받아들였다. 물론 은경이와 지영이도 싫지 않았을 것이다. 그들 역시 도피처가 필요했을 테니 말이다.
 과부사정 홀애비가 안다는 말이 헛말은 아닌 것 같다. 당시 나의 친구들은 대부분 무엇인가 결핍된 환경에서 자라고 있었다. 기린처럼 긴 목으로 물을 벌컥벌컥 마시곤 하던 물귀신 은경이, 도톰한 입술을 모터처럼 재빠르게 움직여 속사포를 쏟아내곤 하던 수다쟁이 지영이, 빠져들 만큼 크고 맑은 눈동자를 가졌던 삐딱이 민정이 그리고 엄마의 죽음 후 파산을 했으면서도 반복적으로 재혼하는 아빠로부터 도망치고 싶어했던 나.
 우리는 겉으로 보기엔 사춘기 소녀였지만 가슴속에 아픔을 품고 있었다. 물귀신 은경이는 아버지의 바람으로 태어난 아이였다. 유부남인 아버지와 사랑을 나누었던 친엄마는 연락처도 남기지 않고 떠나버렸고 그 후 아버지의 부인에게서 길러지고 있는 중이었다. 수다쟁이 지영이는 무능력한 폭력 아버지로부터 엄마를 보호해야 한다는 사명감에 사로잡혀 있었다. 때문에 지영이는 아버지를 응징하기 위한 궁리로 하루가 바빴다. 삐딱이 민정이는 장애가 있는 일본인 아버지의 의처증을 견디다 못해 이혼한 엄마를 대신해 동생들을 돌봐야 했다. 민정이가 가장 견디기 힘들어 한 것은 술에 취한 아버지가 자신에게 가하는 손찌검이었다. 우리가 자신의 방패막이가 되어주길 바랬던 민정이는 언제나 우리의 방문을 기다렸다. 별명이 깡패였던 나는 찌든 가난과 삼 개월이 멀다하고 드나드는 새엄마들로부터 도망치고 싶었다. 단칸방에 모여 있는 오남매를 외면한 채 새 여자와의 삶에만 매달리는 아버지의 무책임에 치가 떨렸던 나는 빨리 어른이 될 수 있는 방법을 찾는데 몰두할 수밖에 없었다.

우리들을 쇠사슬처럼 묶어 준 것은 결핍이었다. 누구에게도 이해받을 수 없을 것 같았던 환경을 이해하고 보듬어주는 누군가가 있다는 사실 하나만으로 위로가 되던 그때, 친구 민정이 집은 우리의 안식처가 될 수밖에 없었다.

지금 생각해보면 사춘기 소녀의 가슴앓이는 측은하면서도 유치했다. 친구들 품에 안겨 엄마 잃은 아픔을 떠올리던 순간 난 정말 슬펐던가? 아니 그렇지 않았던 것 같다. 그때 나는 슬퍼하는 내가 필요했던 것 같다. 그리고 친구들 역시 그런 슬픔을 간직한 여리디 여린 친구가 필요했던 것 같다. 물론 슬픔을 간직한 여리디 여린 친구 역할을 순번 없이 돌아가는 배역이었다. 민정이 집으로 가는 길 위에선 새엄마와 가난에 허덕이는 내가 주인공이었다. 버스를 내려 길을 걷는 동안에는 아직도 아버지를 응징하지 못한 지영이가, 민정이 집 거실에서는 아버지의 폭력으로부터 고통 받는 민정이가, 민정이 집 부엌에선 아버지의 부인에게 학대받는 은경이가 주인공이 되곤 했다. 그때 우리는 어쩌면 각자의 아픔을 풀어 놓고 싶었는지도 모른다. 누구에게도 이해받지 못할 상처를 품은 사춘기 소녀들에게 민정이 집만큼 중요한 장소는 없었던 것 같다.

민정이가 백혈병으로 죽고 싶다는 말을 입버릇처럼 하곤 했던 그때, 내

엄마의 심장마비는 신비롭기까지 했다. 심장이 마비된다는 것은 어떤 느낌일까? 슬픈 영화를 볼 때처럼 가슴이 조여 숨을 쉴 수 없는 것일까? 시험공부를 위해 펼쳐 놓았던 책 위로 궁금증들이 쌓여가던 밤 우리는 비밀을 공유하는 진정한 친구가 됐다.

개장 100년을 맞은 송도는 예전의 송도가 아니다. 수질 개선 덕분에 물은 맑아졌고, 탁 트인 먼 바다를 조망할 수 있는 스카이워커도 만들어졌다. 그뿐인가, 해양 스포츠를 즐길 수 있는 것은 물론이고 고층 아파트들 덕에 우아한 스카이라인도 생겼다.

송도가 변한 것처럼 내 기억 속의 아픔도 변했다. 사춘기 소녀의 아픈 기억이 평범한 기억으로 변한 것은 그곳에 송도와 고신의료원이 그곳에 그대로 있었기 때문이다. 그리고 그곳을 지나야만 갈 수 있었던 민정이 집과 아픔을 공유한 친구들이 나의 사춘기를 위로해주었기 때문이기도 했다. 골목 모퉁이를 돌면 엄마가 고개를 내밀며 '회숙아 놀랬지'라고 말할 것 같은 착각에 사로잡혔던 그때는 송도가, 고신의료원이 사라지고 없었으면 좋겠다고 생각했다. 아팠던 아니, 아픈 척하고 싶었던 그때는 그렇게 나를 보호했던 것 같다.

하지만 시간이 흘러 엄마의 죽음을 현실로 받아들이게 되면서 송도를 다시 찾을 수 있게 되었다. 남편과 처음 줄낚시를 갔던 날, 갯바위에 앉아 물고기를 기다리며 중학교 3학년 때의 나를 이야기했다. 아지트였던 민정이 집과 그곳에서 똘똘 뭉친 친구들 그리고, 내게 있어 송도와 고신의료원의 의미를 설명하자니 중학교 3학년의 내가 선명하게 보였다.

사실 그때 난 고집불통에 막무가내였다. 공부가 하기 싫었으면서 가난을 핑계로 끌어 왔고, 가난에 대한 분노를 엄마의 죽음으로 인해 상처받은 어쩔 수 없는 아픔으로 위장하고 싶어 했다. 노력 없이 무엇인가를 얻고 싶었으면서 노력해도 아무것도 얻을 수 없는 가여운 아이가 되고 싶었다. 무능력한 아버지의 반복된 재혼은 나를 세상에서 가장 불쌍한 아이로 만들어주기에 부족함이 없었다. 새엄마들의 출현은 나의 일탈과 세상을 향한 분노에 정당한 이유가 돼주곤 했다. 그럴 때마다 송도와 고신의료원은 그런 내 모습을 여과 없이 비추는 거울이 되었다. 그곳을 지날 때마다 과장된 아픔과 위장된 내 모습이 보였다. 불쌍한 아이가 되고 싶었던 그때의 나는 그래서 송도가 싫었다. 냉정한 눈으로 나를 바라보고 있는 고신의료원을 피하고 싶었다. 하지만 그곳은 내 속마음을 비추는 신비의 거울처럼 우뚝 솟아 있었다. 거울이 나에게 솔직해지라고 말하는 것 같아 그곳이 사라지길 간절히 바랐다.

송도와 고신의료원을 정면으로 바라볼 수 있었던 것은 고등학생이 된 뒤였다. 엄마의 죽음이 더는 아련한 상처가 아니고 현실이라는 것을 알고 난 뒤부터 고신의료원은 그냥 병원에 지나지 않았다. 편한 마음으로 그 앞을 지나다니고 누군가 입원한 병실을 찾아갈 수 있게 되면서부터 나는 지금의 내가 될 준비를 했던 것 같다.

중학교 3학년의 과장된 아픔이 현실이 될 수 있었던 것은 '그곳'이 그곳에 있었기 때문이라 생각한다. 나는 송도와 고신의료원을 통해 나의 아픔을 충분히 즐길 수 있었던 것 같다. 치기어린 사춘기 소녀로서 마음껏 응석을 부릴 수 있었던 것 역시 그곳에 '그곳'이 있었기 때문이다. 슬픔의 이유를 찾고 싶었던 그때, 세상을 향한 원망의 근원을 찾고 있었던 그때 '그곳'이 그곳에 없었다면 나는 어쩌면 나를 정면으로 만나지 못했을지도 모른다.

결국, 내게 송도와 고신의료원이란 장소는 비정상적인 고통을 바로잡아 준 소중한 기억이다. 기억이란 그것을 건져 올려 줄 분명한 실체가 있을 때 의미 있는 것인지도 모른다. 왜냐하면, 기억이란 자기의 바람대로 윤색되기 마련인 까닭이다. 기억의 윤색은 장소에 대한 인식의 변화에서 비롯될 수 있다. 물론 인식의 변화는 시간이라는 불가역적인 성질에 기대야 하지만 말이다. 하지만 인식의 변화를 주도하는 시간보다 더 큰 힘을 가진 것은 분명한 실체로 다가오는 장소가 아닐까 생각한다.

기억이 저장되어 있는 장소란 인간에게 없어서는 안 될 거울이다. 거울을 들여다보며 내 모습을 확인하고 외모를 단정하게 손질하듯 장소 역시 기억 속 나를 확인하고 도닥일 수 있는 소중한 거울이다.

지난여름 십 년 만에 한국을 찾은 남동생과 송도 바다를 찾았다. 태어나 바다를 본 적 없는 조카와 함께 물놀이를 하기 위해서였다. 넘실거리는 파도에 즐거워하는 남동생 가족을 보면서 난 또 엄마를 생각했다.

어린 남동생을 품에 안고 볼을 비비던 엄마의 웃는 얼굴이 지금인듯 생생하게 떠올랐다. 물놀이를 하다 해변으로 나온 동생에게 엄마를 기억하느냐고 물었다. 동생은 엄마의 얼굴이 어렴풋이 기억난다고 했다. 나는 동생에게 고신의료원이 엄마의 장례식을 치른 곳이라고 말해주었다. 그러자 동생은 자신의 기억에는 없는 곳이라며 먼발치에 있는 고신의료원을 바라보더니 고개를 돌렸다. 무심히 고개를 돌리는 동생에게 송도와 고신의료원은 특별한 의미가 없는 곳에 불과한 것 같았다. 그래, 어쩌면 그곳은 나만의 거울일 수밖에 없으리라.

엄마는 39살에 돌아가셨다. 내 기억 속의 엄마는 지금의 나보다도 젊다. 그러고 보니 내 기억 속의 엄마는 삼십 년째 변하지 않았다. 이제 눈가의 주름이 자연스럽게 느껴지는 나이가 되고 보니 엄마가 참 젊은 나이에 돌아가셨구나 싶어 새삼스럽게 가슴이 뭉클했다.

해 지는 송도 바닷가에서 모래 놀이를 하는 조카는 제 엄마랑 마냥 즐거워 보였다. 그 옆에 앉아 가족을 흐뭇하게 바라보는 남동생이 어느새 불혹이다. 엄마의 죽음을 전해 듣고 혼자 속울음을 울었던 동생은 엄마를, 엄마의 죽음을 기억하지 못한다. 그래도 우리 남매에게 송도와 고신의료원은 그곳에 있는 '그곳'일 것이다. 내 기억 속 거울인 '그곳' 말이다.

임희숙 2008년 부산일보 신춘문예 단편소설「난쟁이의 꿈」당선. 저서『길 위에서 부산을 보다』. 현 부산소설가협회 사무국장

혀 끝의 장소

김미정

'내일 우리 집에 올래?' 중국인 친구가 대뜸 물었다. 훠궈火锅를 먹고 싶단 내 말에 대한 응답이었다. 때마침 재료를 중국에서 사왔단다. 그렇다고, 그걸 집에서 만든다고, 직접? 식탁 위 잔뜩 늘어진 접시들을 떠올렸다. 그 바람에 절로 묘한 표정을 지어버렸다. 그런 내 표정을 읽는지 마는지 친구는 무심히 고갤 끄덕였다.

그야말로 아연실색했다. 초대받은 작은 방, 두 개의 침대를 가로지른 식탁 앞에서. 그곳엔 열 명이 거뜬히 먹고도 남을 음식들이 제각기 접시를 차지하고 있었다. 먹어도 먹어도 도통 줄어들지 않는 접시들. 결국 우린 친구들을 하나 둘 불러 모으기 시작했고, 그렇게 느닷없이 훠궈의 추억은 내게 찾아왔다.

음식에 대한 추억은 비단 훠궈만이 아니다. 야사이이타메野菜炒め를 좋아한단 소릴 듣곤 저녁을 차려준 이가 있는가 하면, 네 요릴 먹고 싶단 시덥잖은 농담에 손수 도시락을 준비한 친구도 있었다. 이렇듯 내게 특별한 음식들엔 별스런 기억들이 저마다 하나씩 있다.

하지만 요즘 내게 이런 소박한 기억을 쌓는 일이란, 좀처럼 드물다. 수많은 이들과 함께 식탁을 마주한 채, 그렇게 끊임없이 먹어 대고 있지만 정작 내게 남는 것이라곤 없다. 속절없는 만남의 순간 뒤엔 고작해야 너절한 영수증과 인증샷이 전부다. 구태여 지지부진한 추억을 거들먹거리는 건 그래서이다. 어느덧 사라져가는 순간들을 톺아보기 위해서. 언제부터 식탁 위 추억들은 메말라버리기 시작한 것일까.

여간 귀찮은 게 아니다. 매일 음식을 만들어 먹는다는 것. 그러니 툭하면 외식을 했다. 오늘 한 끼만 사먹자, 했던 게 어느덧 월급의 상당부분을 요구하는 강도가 되었다. 허나 거기에 익숙해진 건 비단 얄팍한 지갑만이 아니다. 어느새 입맛 또한 낚시꾼의 미끼를 쫓아가듯 식당의 메뉴들을 훑었다. '귀찮으니까', '밖에 나온 김에' 식당으로 향하던 발길은, 이젠 '좀 특별한 걸 먹어 볼까'란 다부진 결심에도 어김없이 식당, 식당, 어느 식당의 문 앞으로 이르곤 했다. 다른 걸 먹잔 시도가 끝내 다른 식당으로 가자는 싱거운 행보로 이어지고 만 셈이었다. 결국 선택의 보폭은 식당과 식당 사일 서성이는 게 다였다. 그렇게 하나의 맛에 길들여졌다. 이 식당에서 저 식당으로 다다르는 길목 밖에 상상할 수 없을 만큼 맛의 보폭 또한 몹시 좁아진 것이다.

길들여진 입맛, 이는 여행을 하다보면 새삼 깨우치는 사실이다. 생각치도 못한 곳에서 드러나는 일본의 단맛, 잊고 있던 감각을 깨우는 태국의 신 맛, 편견의 벽을 허무는 중국의 향과 맛을 만나다보면 안다. 여태까지 내가 걸어온 맛과 맛 사이에는 어김없이 또 다른 맛이 숨어 있다는 걸.

하지만 낯선 맛들이란 단순히 접시에만 머물지 않는다. 그 맛들은 마치 낯선 그들의 삶과도 꼭 닮아 있다. 음식엔 비단 재료의 맛만 담겨 있는 게 아닌, 맛을 내고 그 맛과 더불어 살아가는 사람, 그들의 세계 또한 함께 품고 있다. 그러니 맛을 본다는 행위는 단순히 먹기에서 그치지 않는다. 동시에 그 사람과, 삶을 마주대한다. 이를테면 다른 맛을 본다는 건 다른 사람을 만난다는 것과도 맞닿아 있는 것이다.

이렇듯 맛이란, 결코 '입맛'에만 국한된 이야기가 아니다. 삶과도 직결된 문제다. 하나의 맛에 익숙해진다는 건, 곧 삶을 받아들이는 맛 역시 그와 같단 뜻이다. 입맛처럼 삶 역시 고분고분 길들여지고 있다는 것이다. 식탁과 삶이 결국 매한가지인 셈이다. 언제나 똑같은 맛, 어디에나 있을 법한 맛들로만 차려진 오늘의 식탁. 이는 그만큼 우리의 삶 또한 대개가 비슷한 굴레 속에서 반복된다는 걸 의미하는 게 아닐까.

어쩌면 오늘도 식탁에 내놓지 못한 단맛과, 신맛 그리고 향이란 우리가 내딛지 못한 수많은 발걸음일지도 모른다. 우리가 여태 다다르지 못한 길들이며, 방문하지 못한 미지의 장소들일지 모른다. 그 낯선 맛들이란 우리 스스로가 한계 지어버린 울타리, 그 너머의 또 다른 풍경들이 아닐까.

내가 지난 기억들을 통해 곱씹으려 했던 것 역시, 아마 이런 다른 맛들이 아니었을까. 낯선 맛들과 함께 낯선 이들과의 만남, 그렇게 열린 다른 순간, 다른 삶을 향한 일말의 가능성들을 살피고, 되새기며, 만져보려 했던 건 아니었을까. 그래서 그토록 음식 속에 뿌리 내린 기억들에 매달렸는지도 모른다. 그 속에서 뒤엉킨 이들과의 애틋한 관계들을 다시금 내 식탁 위로 부르려는 긴한 몸짓들로.

하지만 다른 맛을 만난다는 게 이젠 그처럼 쉽지만은 않다. 언제부터인가 맛을 위한 여정은 무척 쓸모 없거나, 사치스럽게 여겨지기 시작했다. 만들어 먹을 바에야 차라리 사먹는 게 싸다, 그럴 시간이 어디 있냐는 탄식들로 편의점과 마트의 언저리를 맴돌 뿐. 혹은 더 맛있는 것, 더 그럴듯한 것들을 찾아 마치 성지순례를 하듯 맛집을 전전할 뿐이다.

음식을 '만든다'는 건 이젠 전지전능한 엄마의 손에서나, 쉐프들의 은밀한 칼 아래에서만 벼리어지는 그들만의 영역이다. (다만 백종원의 만능조림장을 가졌을 때, 우리는 겨우 그들의 곁에서 흉내나마 낼 수 있을진 모르겠다.) 그만큼 손수 음식을 만들어 먹는다는 것. 그리하여 서로의 맛을 함께 나눈다는

김미정 / 혀 끝의 장소

건 어디에나 하나씩은 있는 맛집을 찾기 보다도 어려워졌다. 그러다보니 언제나 우리에게 돌아오는 건 니맛도 내맛도 아닌/없는 맛 밖에 없다.

어디에도 나(의 맛)도 너(의 맛)도 없다. 어디에도 우리(의 식탁)는 없다. 나와 나의 기억이 쌓이고, 역사가 기록되던 지층들은 무너진지 오래다. 누군가의 맛에만 길들여진 채 그렇게 다른 맛과 다른 감각은 상실해버린 채 우리의 맛도 삶도 모두, 퇴화하고 있다. 자신의 식탁을 접고, 모두가 식당 앞에 내몰렸으니, 우리는 장소를 잃은 떠돌이와도 같다. 맛을 잃어가는 세계에선 삶의 터전들 또한 함께 잃어버리는 것이다.

> 몸의 균형이나 감각을 무너뜨리는 것으로, 새로운 감각을 일깨워 내면 그 새로운 감각을 지닌 신체와 외계가 접촉하는 비인칭의 중간적 영역이 현상한다.
> ―마루타 하지메 『장소론』 중

조각품이자 동시에 건축물인 일본 기후현의 요로텐메이한텐지養老天命反轉地(아라카와 슈사쿠). 그곳에 들어서기 위해서는 일상적인 움직임을 버려야 한다. 대신 건물에 적응하기 위한 '사용'법을 따라야 한다.[1] 이는 불편하고 낯선 몸짓 (혹은 외계外界와의 접촉)을 통해 새로운 감각을 불러 일으키기 위함이다. 아라카와 슈사쿠는 말한다. 이러한 일련의 행위들을 통해 변경이 불가능하다고 여겨진 속박에서 풀려날 수 있다고. 즉 '극한의 경험 속에서 싹트는 가능성'으로, 새로운 경험을 위한 무대 위로 조금씩 나아가는 것이다.

요로텐메이한텐지가 여타의 건물과는 다른 '사용'법으로 새로운 경험의 가능성을 열었듯이, 음식 또한 다른 '비'법을 통해 새로운 맛의 가능성을 열어가야 하지 않을까. 음식은 단순히 한 때의 허기나, 욕망을 배설하는 수단이 결코 아니다. 획일화된 맛에서 탈피할 수 있을 때 비로소 우리의 삶 또한

---

1) 이곳에선 화산 폭발이나 지각 변동이 일어난 듯 평평한 지면이 사라진 곳이라든가, 쓰러지고 기울어진 건물들, 천장에 매달린 실내 가구들이 태반이다. 말하자면 이곳에선 누구라도 서있기 조차 힘들다.

새로운 무대를 향해 걸어갈 수 있다.

　특별한 장소 한 곳이 갑갑한 일상에 물꼬를 튼다. 음식 또한 장소와 다르지 않다. 정성들여 준비한 음식들 앞에서 우리는 단순한 욕구를 넘어선다. 맛의 향유를 넘어, 타자를 마주대하는 것이다. 그 속에서 타자의 곁을 바장이며, 서로의 관계를 곡진하게 다듬어 간다. 식탁 위에서 우린 서로의 맛과 동시에 삶을 나누는 것이다. 음식은 우리가 한데 얽히고 섥히며 부대끼는 마당이자, 우리의 삶이 오르는 무대다. 나아가 우리의 시간과 역사가 쌓이며, 단단히 지층을 이룬 세계라는 장소 그 자체이다.

　그러니 마치 수많은 연구자들이 장소에 대해 말했듯이 ('장소를 잃는다는 것, 나의 세계를 잃는 것이며 곧 나 자신을 잃는 것이다.') 맛을 잃어가는 세계에서 우린 자신조차도 지킬 수 없다. 맛/장소 상실의 세계, 그 어디에도 우리네 삶 또한 없는 것이다. 그러니 이젠 이 상실의 속박에서 풀려나, 초대해야 할 것이다. 서로의 식탁 앞으로. 내 맛과 삶 속에 뿌리내린 친구들이 그러했듯.

　"내일 우리 집에 올래?"

김미정 집에서 글씁니다.

부산대 시계탑이 사라지던 날, 이전과 이후

박경옥

부산대학교 정문 부근에는 하얀색 사면 시계탑이 서 있었다. 있다가 아니라 있었다는 표현을 쓴 것은, 지금은 사라졌기 때문이다.

학교에 입학한 후, 난 상당히 오랫동안 다른 재학생과 대화라는 것을 거의 하지 않았더랬다. 강의실 안에서건 밖에서건 수다를 떨어본 기억이 거의 없을 정도였다. 아마 1주일 내내 내가 다른 재학생들과 대화한 분량보다, 1주일에 한 번 시사토론 동아리 모임을 가질 때 1시간 동안 토론하면서 내가 발언한 분량이 더 많았을 것이다. 그렇다고 딱히 대학교의 건물이나 역사 등에 관심을 가진 것도 아니었다. 대학교를 졸업할 때까지, 내가 캠퍼스맵 없이 건물 이름만으로 찾아갈 수 있는 건물은 열 곳 남짓에 지나지 않을 정도였다.

하지만 그토록 폐쇄적이고 무관심하게 학교생활하던 나조차도, 부산대 시계탑이라는 존재 자체는 알고 있었다. 학생들끼리 만날 약속을 잡으면, 하나같이 버릇처럼 시계탑 앞에서 만나자며 약속 장소를 잡았기 때문이다. 다른 곳에 볼일이 있어도, 웬만하면 약속시간에 만날 장소로는 시계탑 앞으로 정하고는 했다. 조별과제, OT 등의 학교행사, 개인적으로 만날 약속을 잡을 때, 거의 언제나 그 장소였다.

부산대 시계탑에서 만나자는 말을 처음 들었을 때, 난 시계탑이 어딘지 잘 모른다고 했다. 그러자 모두들 시계탑은 정문에서 잘 보이니 금세 찾을 수 있을 것이라고 했고, 과연 그 말대로였다. 난 입학한 지 한 달이 훨씬 넘은 시점에서도, 학과 건물을 찾지 못해 수시로 학교 건물 배치도를 확인하면서 강의실 건물을 찾아갔을 정도의 길치였는데, 시계탑은 지도 없이 무작정 걸어가기만 해도 금방 찾을 수 있었다. 학교 정문에서 앞 방향을 응시하기만 하면, 곧바로 보이는 위치에 높다랗게 새하얀 기념물이 서 있는 모습이 눈에 들어왔던 것이다. 학교에서 길찾기가 가장 수월한 장소를 꼽으라면, 아마 그 시계탑이었을 듯하다.

어느 날, 말 그대로 벼락처럼 갑자기, 그 시계탑을 철거할 예정이라는 소식이 들렸다. 시계탑만 없애는 것이 아니었다. 시계탑을 없애고 학교 운동장을 절반으로 줄여, 그 공간에 주차장을 짓겠다는 것이다. 난데없이 주차장을 짓겠다는 이유로 운동장의 절반과 학교를 상징하는 시설물을 없애겠다니 황당한 일이었지만, 주차장을 짓는 이유는 한층 황당했다. 학교 정문에 대형 쇼핑몰을 지을 예정인데, 그 쇼핑몰에 딸린 주차장을 지을 공간이 부족하니, 기존 시설을 철거해 주차장 부지를 확보하겠다는 것이었다. 부산대학교가 이른바 BTO사업이라 불리는, 민간투자사업을 대한민국 최초로 채택한 교육기관이 되는 순간이었다. 그리고 이 모든 것은, 학생에게 한마디의 언질도 없이, 위에서 결정하여 통보되었다. 학교 시설물을 없애고 정문에 쇼핑몰을 짓겠다는 발상에 많은 학생들이 반발했지만, 이런 사안에서는 흔히 그렇듯이, 학생들의 반발을 무시하면서 사업은 추진되었고, 얼마 후 쇼핑몰 건물이 완공되었다. 건물이 지어진 당시에는 효원 굿플러스라고 불렸고, 현재는 NC백화점 부산점인 바로 그 건물이다.

그때 나는 부산대 시계탑이 부산대 학생들에게 어떤 의미를 가지는 장소인지 아직 몰랐다. 당시 내가 시계탑에 대해 가지고 있던 인상이란, 만날 약속을 잡기에 좋은 장소로 통용되고 있다는 것, 사면에 네 개의 시계가 설치되어

있지만 네 시계의 시각이 각각 다르다는 것, 학교 순환버스 정류장 중 시계탑이라는 이름의 정류장이 있다는 것 정도였다. 여기에, 학교에 의미 깊은 장소라는 것을 어렴풋하게나마 대략 짐작하는 정도가 고작이었다. 하지만 겨우 이 정도의 감상만으로도, 정말로 하루아침에 시계탑이 없어지고 공사현장이 들어섰을 때 어딘지 쓸쓸하고 허전한 기분이 되었으니, 시계탑에 각별한 감정을 지니던 학교 사람들의 상실감은 이루 말할 수 없었을 것이다.

난 시계탑 자체에 대해 별 감정이 없다고 생각했는데, 정말로 없어지니 무언가 말 못할 감정이 자꾸 북받쳐오는 느낌이 들었다. 약속 장소를 정할 때 시계탑 말고 이러저러한 장소에서 만나자는 표현이 나올 때마다 어색하기 그지없는 기분이 들었고, 정문에서 정면을 바라봐도 더 이상 하얀 시계탑이 보이지 않는다는 것을 확인할 때마다, 왠지 모르게 어딘지 울컥하는 기분이 들고는 했다. 처음에는 그저 있던 게 없어진 데에서 오는 위화감이라고만 생각했는데, 얼마 후 위화감보다는 상실감에 훨씬 더 가까운 감정이라는 것을 깨달았다. 정문에 들어설 때마다, 공연히 시계탑이 있던 장소를 한 번씩 바라보고는 했다. 별 감정은 없다고 생각했지만 눈에 익은 풍경이 더 이상 없고, 앞으로도 다시는 그 광경을 볼 수 없을 그 장소를 한동안 응시하고는 했다. 그 장소가 어떤 곳이었는지도 잘 모르고, 그러니 별 감정이 없을 거라고만 예상했는데, 정말로 없어지니 그렇지가 않았다.

내가 강의를 듣는 건물은 학교 정문에서 멀고, 북문에 훨씬 가까웠다. 자연히 주로 북문 쪽으로 다녔고, 정문 쪽으로 다닐 일이 별로 없었다. 내가 시계탑에 대해 별 감정이 없었던 데에는, 몇 번 아마 가본 적이 없는 장소라는 것도 한몫했을 듯하다. 하지만 막상 사라지고 나자, 더 멀리 돌아가는 길인데도 일부러 정문 쪽 길로 다니고는 했다. 그리고 정문 쪽에 갈 때마다, 시계탑이 있던 자리를 바라보았다. 그때마다 자리에 있던 것이 지금은 없다는 것이 새삼스럽게 눈에 들어왔고, 그 광경이 눈에 들어올 때마다 마음 한구석이 허해지는 감정이 꼬박꼬박 들고는 했고, 다시 가 보았자 그 과정이 달라질

리 없다는 것을 알고 있으면서도, 여러 번 그렇게 했다. 사라진 뒤에야 지금은 없다는 것과, 그곳에 있었다는 것과, 그곳에 있었을 때 어떤 존재였는지를 되새기게 된 것이다.

별 감정 없는 장소라고 생각했었다. 틀리지는 않았다. 그러니 사라져도 별 느낌 없을 것 같다고 생각했다. 아니었다. 눈에 익은 장소가 그런 식으로 갑자기 사라진다는 것만으로도, 허전함과 상실감이 들기에 충분한 일이었던 것이다. 시계탑을 그저 단골 약속 장소 정도로만 여기고 있던 내가 이 정도였으니, 시계탑을 학교의 상징으로 여기며 각별하게 여겼을 사람들의 상실감은 이루 말할 수 없었을 듯했다.

그때서야 비로소 난 그 시계탑이 어떤 곳이었는지에 대해 알아보기 시작했다. 1970년, 현재의 학교 정문이 세워지기도 전에 그 자리에 세워져서, 학교 역사의 3분의 2만큼의 기간 동안 그 자리를 지키고 있었고, 학교의 상징처럼 여겨진 곳이었다는 것을 시계탑이 사라진 뒤에야 알았다. 그리고 그 시계탑이 그런 이유로 사라진다는 것이 알려졌을 때, 운동장이 절반으로 줄어든다는 것이 오히려 묻혀버린 감이 있을 만큼 격렬한 반응이 나왔던 이유도 그때서야 이해했다. 이런 유서 깊은 상징물을 쇼핑몰 주차장을 짓기 위해서 없애버리다니, 금속제 문화재를 금속이 필요하답시고 녹이는 듯한 기분마저 들었다.

하지만 그런 상징적 의미를 모르는 상태에서도, 시계탑이 그렇게 없어지자 난 상실감에 휩싸였다. 어째서였을까? 어색함이나 위화감이라면 몰라도, 왜 무언가를 잃어버린 듯한 기분에 마음 한구석이 허전해지는 느낌마저 들었던 것일까? 훨씬 뒤에야 그 이유를 알았다. 이때까지 있던 곳에 계속 존재한다는 것만으로도 평온함에 가까운 안도감을 주는 장소가 있고, 그 장소에 애착이나 애정이 있다면 더욱 그렇다는 것을 말이다. 있던 것이 그 자리를 굳건히 지키고 있다는 것만으로도, 자각하지는 못했지만 사람에게 위안이 되어 주는 장소가 있었다. 비단 그 시계탑뿐만이 아니라, 오랫동안 한자리를 지키고 있거나, 누군가에게 각별한 애정이 있는 곳이라면, 사람들에게 그런 의미를 가질 수 있는 것일 터이다.

  그리고 그런 장소가, 얼마든지 다른 장소에 대체할 수 있는 시설물을 짓기 위해 사라진다면, 쓸쓸한 기분이 들 수밖에 없다. 허전함 이전에 허탈한 감정이 되어버릴 것이다. 개인적으로 시계탑의 역사나 의미에 대해 아무 것도 모르는데 장소의 상실감이 밀려들었으니, 학교 역사의 절반 이상을 함께하며 학교를 대표하는 상징으로서 애착을 가진 사람의 입장에서는 과연 어떤 기분이 들었을지, 상상조차 되지 않는다.

  그렇게 한 대학교의 대표적인 상징 중 하나가 쇼핑몰 주차장이 되기 위해 사라졌다. 그 시계탑과 똑같은 시계탑은 얼마든지 다시 만들 수 있겠지만, 사람들이 그 시계탑에 대해 가진 애착과 애정과 존재감을 대신하지는 못할 것이다. 그날 사라진 것은 단순히 시계가 설치된 탑 형태의 시설물이 아니라, 한 학교의 상징이자, 한 학교의 구성원에게 수십 년 동안 사랑받았고, 그 모든 것을 오롯이 역사로 간직한 장소였으니 말이다.

  그 시계탑이 없어진 뒤에야, 난 그 시계탑이 어떤 장소인지를 알았고, 눈에 익은 장소가 그렇게 갑자기 사라진다는 것이 어떤 의미인지를 체감했다. 한동안은 시계탑이 없다는 것이 그렇게 어색할 수가 없었고, 시계탑이 있던 곳에 더 이상 시계탑이 없는 광경에 익숙해질 즈음, 난 비로소 그 다음 단계에 생각이 미쳤다. 애정 어린 장소가 납득할 수 없는 이유로 사라진다는 것은, 과연 어떤 의미일까? 눈에 익었을 뿐 각별한 애착이 형성되는 단계에 이르지도 않았는데도, 그렇게 허탈한 상실감이 들었다면, 애정 어린 장소가 그런 이유로 사라진다면 과연 얼마나 참담한 기분이 들까? 한두 명의 개인에게가 아니라, 많은 사람들에게 각별한 의미를 지닌 장소가 그런 운명을 맞는다면, 더욱 말할 것도 없지 않을까?

  이 일은 비단 시계탑 하나에 일어난 이야기뿐만이 아니다. 많은 사람들과 함께하며 오랜 역사를 지닌 것을, 그저 낡은 것으로 취급하면서 새로운 것을 짓기 위해 없애버린 사례이기도 하다. 이런 일은 마치 새 공산품으로 교체하기 위해 오랜 역사가 깃들인 하나뿐인 수공품을 내다버리는 모습을 연상시키는데, 신문기사나 책 등에서 워낙 다양한 사례가 속출하는지라, 이제는 일일이 기억하기조차 새삼스러울 지경이다.

세월이 흐르면서 이제는 시계탑을 본 적도 없는 학생 세대가 교정을 채워가고 있고, 언젠가는 거기에 시계탑이 있었다는 것도 잊혀질지 모른다. 그렇게 된다면, 학교 역사 수십 년 동안을 함께한 대표적인 상징물을 쇼핑몰 주차장을 짓기 위해 없애버렸다는 것도, 그 장소에 애착을 가졌던 많은 사람들이 그 조치에 안타까워했던 것도 잊혀질 것이다. 스케일은 훨씬 크지만 본질은 비슷한 여러 사례들이 종국에는 그렇게 되어버리곤 했던 것처럼 말이다.

하지만 기억하는 사람보다 기억하지 않는 사람들이 더 많아진다고 해서, 그 장소를 기억하는 사람들의 감정과 기억과 추억과 역사가 가벼워지는 것은 아니다. 또한 그런 장소를 그런 이유로 없애버렸다는 것의 의미가 희석되는 것도 아니다. 시계탑이 있었지만 지금은 없는 그 장소를 바라볼 때마다, 이런 생각이 떠오르고는 한다. 이 장소에서 있었던 일은 허탈하기 그지없는 일이고, 그런 일은 오늘날 너무나도 자주 일어나며, 그만큼 내가 느꼈던 것보다 훨씬 허망한 기분을 느낀 사람이 수없이 많았을 것이라고 말이다. 많은 사람들과 오랜 역사를 함께한 장소가 사라지면, 그 장소를 기억하는 사람들은 대체 어떤 기분이 들까. 그리고 새로운 것이 과연 그 장소를 기억하는 사람들의 마음에 빈 자리를 채워줄 수 있을까. 아울러 일을 집행하는 측에서는, 그런 감정에 개의치 않기 마련이라는 것도 말이다.

박경옥 부산대 재학 중. 제4회 백년서평 장려상 수상.

나의 꽃밭은 못갖춘마디

고명자

한바탕 울고 났더니 가슴이 뚫린 것 같다. 시원하게 울어본지 얼마나 오래인지 모른다. 눈물 앞에 시원하다는 역설은 설명하지 않아도 될 것 같다. 눈물샘이 문제인가, 감정선이 문제인가, 나이 먹은 여자의 눈물에 진실이 있는가 반문해 보지만 언제부턴가 어지간히 험한 일에도 눈물이 나지 않아 슬그머니 걱정이 됐다.

비명이든, 울음이든, 흥얼거림이든 제 살을 찢고 나오는 소리들은 외부나 내부의 변화에 대한 몸의 반응이라 하겠다. 나는 내 몸을 흐르는 소리들을 좋아한다. 혼자 가만히 걸으면 심장에서부터 발끝까지 핏줄을 따라 흐르는 바람소리를 느낀다. 귓속을 울리는 이명이나 머릿속을 굴러다니는 생각의 소리들을 따라 가다보면 몸과 정신이 맑아지는 느낌이다. 그것이 설령 망상이라 할지라도 가만히 앉아 듣는 그런 혼자놀이도 재미가 붙어 즐겁다.

다시 노래를 시작했다. 이 설레임을 드높고 드맑은 가을 하늘에 비교할까. 푹풍우 몰아치는 해운대 바다에 비교할까. 십여 년 단에 다시 부르는 노래로 인하여 내 몸이 바다같이 팽창되어 푸르게 출렁거린다. 콧구멍이 벌렁거려지고 눈썹이 치켜 올려지고 얼굴 근육이 씰룩거린다.

백년어에서 자기만의 '장소'에 대한 원고 청탁을 받았을 때 어렵사리 떠오른 주제가 노래였다. 노래도 장소가 될 수 있을까 고민을 했지만 나의 마음과 꿈이 어딘가에 머물다 또 구름처럼 떠나고 하는 일들은 대부분 음악을 듣거나 노래를 부를 때였기 때문이다. 그 흥얼거림의 위안은 정든 옛집을 찾아가는 휘파람 같은 것이어서 상처나 어려움 속에서도 길을 찾게 해주었고 헤쳐 나갈 용기를 노래는 길러주었다.

　어떤 절대성이 허공을 돌아다니다 나에게로 와서 노래를 빼앗고 시를 선물로 준 것 같다. 시인으로 등단한 지 몇 달 되지 않아 이러저러한 집안일들로 십사오 년 활동하던 합창단 생활을 접어야 했다. 시에 집중하기 위해 쉬어야겠다 마음먹은 적 있지만 그건 그저 부풀었다 터지는 비눗방울 같은 달콤한 생각이었다. 겨울밤 난방도 되지 않는 방에 누워 안드레아 보첼리가 부른 카치니의 아베마리아를 들으면서 울었다. 어려워진 살림살이를 더 절박하게 만든 것은 살아갈 앞일보다 노래했던 지난 시간의 향수였다. 다시 노래를 부를 수 있다면 차라리 시인이라는 이 불편한 명패를 어디에든 반납하고 싶었다.

　비오는 날 밤 우산을 쓰고 노래를 부르며 외진 곳을 걸었다. 우산이라는 밀폐된 작은 공간에서 내가 부르고 내가 듣는 노래는 빗소리와 함께 따뜻했다. 생각이 짚이는 대로 흥얼거리며 불길 같은 감정에 휩싸이다 정신을 차려보면 온몸은 비에 흠뻑 젖었고 다리는 후들거렸다. 마치 노래에 대한 나의 열망의 근원이라도 찾아가려는 각오처럼 걸어걸어 어딘지도 모르는 곳에서야 비로소 잠잠해졌다. 괴로움이나 고통에게도 나름의 리듬을 품고 있다는 사실이 희미한 희망이었고 즐거움이었다.

　집안 공간 중 화장실은 공명이 조금 되는 곳이다. 처음엔 그저 혼자 연습 삼아 불러볼 요량이었지만 내 노래에 내가 취해 슈베르트의 '보리수'나 이은상 시 박태준 곡 '사우'를 핸드폰에 녹음하기에 이르렀다. 반주 없는 서툰 노래를 지인들에게 퍼나르기도 했다. '크리스마스 선물이다. 연말 선물이다' 하면서 그들이 좋아하든 말든 오해를 일으키든 말든 다만 나의 읊조림을 들려주었다.

사람들은 흥이 나면 나에게 한 곡조 들려 달라 했다. 삼삼오오 모여 앉은 자리엔 종종 자처해서 부르기도 했다. 갓 등단한 신인 시절 겁도 없이 노래를 들고 날뛰었다. 어느 지역 문학행사를 갔는데 마지막 프로그램이 노래자랑 시간이었다. 무대시설도 마이크 성능도 너무 좋아보였고 청중석도 빽빽했다. 자처해서 무대로 뛰어올라가 미친 여자처럼 노래를 불렀다. 체면도 눈치도 없이 태엽 풀린 인형처럼 온몸을 흔들며 춤까지 추어댔다. 지금 생각하니 참 민망하기 짝이 없는 행동이었지만 그 때는 마치 무대가 나를 위해 마련된 화려한 공연장 같았다. 또 어느 해 여름 토지 문학관 방문이 있었다. 갑자기 소나기가 퍼부어대는 통에 일행 모두가 빗속에 갇혀 버렸는데 심심하니 노래나 듣자며 노래 신청을 해주었다. 나는 마치 기다렸다는 듯이 맨발로 빗속을 뛰어 들었다. 모두들 문학관 마루에 걸터앉아 내 노래를 들어주었고 나는 무슨 가수나 된 듯 포즈를 취하며 비를 철철 맞고 이제하 시인의 '모란 동백'을 불렀다. 그 이후 누군가 내게 맨발의 디바라고 쑥스런 별칭을 지어주기도 했다.

내 몸의 세포는 음표들로 이루어졌다고, 그것들이 모조리 살아나 몸 밖으로 뛰쳐나오는 것이라고 항변을 했다. 도대체 이런 미친 기운은 어디서 어떤 경로를 통해 왔는지 모르겠다. 사분음표, 십육분음표가 되돌이표, 높은음자리표가 디크래센도, 포르테가 나를 데리고 노는 것이라고 너스레를 떨었다.

생각해보면 노래로 인해 그렇게 들떠 있던 순간은 나와 내가 불협화음을 일으키는 날들이었던 것 같다. 태어나고 자란 집이라는 갑갑한 곳에서 놓여나고 싶어 서울에서 가장 먼 곳 부산에서 30여 년을 넘게 살고 있다. 자유를 얻었으나 겨울에 눈 한 번 제대로 오지 않는 삭막함이 싫었고 바다는 내 품에 다 안기지 않아 불만스러웠다. 수생식물처럼 흔들리면서도 리듬을 잃지 않아야 한다는 조급함이 커서 오히려 박자를 놓쳐 버렸다. 제멋대로 오선지를 벗어나 악보에도 없는 하모니가 되어버린 것이다.

시낭송회에서도 몇 번의 노래 초청이 있었다. 반주 없는 읊조림이 도대체

무슨 맛이 있으랴만 화장기 없는 민낯으로 밥을 먹는 막역한 친구들처럼 우쭐우쭐한 나의 객기도 열정으로 봐주어 웃어주고 박수를 쳐주었다. 다행일지 불행일지 노래에 사로잡혔던 나의 열망을 시간이 식혀주었다. 사람의 발소리가 끊긴 빈집처럼 목소리도 생기를 잃었고 호흡도 짧아졌고 거칠어졌다. 주변의 반응도 시큰둥해져서 점점 재미를 잃어갔다. 노래 부르는 일이 억지스러울 때도 생겼다. 다시 생각을 뒤집어보니 지난 시절 드레스를 입고 진한 화장을 하고 무대에 서는 일들이 쑥스럽게만 생각되었다. 다른 파트에 내 목소리를 끼어 넣는 일과 지휘자의 손끝에서 바들거리던 높은음자리의 혼몽이 내 몸의 기억에서 희미해져 갔다. 노래를 부르며 절정에 도달했던 순간들이 간신히 이미지로만 남아 허무해져갔다. 제비처럼 명랑했던 노래친구들도 소식이 뜸해졌다.

시지프스는 착하다. 순종으로써 저항의 의지를 펼치니 불쌍하다. 어쩌자고 그렇게 죽도록 되풀이만을 고집하는지 등짝을 아프게 때려주고 싶다. 바위가 굴러와 생명이 다치든 세상 한쪽이 허물어지든 네가 책임질 일이 아니며 그것만이 너의 일이 아니니 집어치우라고 야단치고 싶다. 그럼에도 나는 시지프스처럼 산다. 나의 횡경막 두 개 중 하나인 소리의 집을 잃고도 다시 시간을 일구며 바위처럼 미련스럽게 산다. 고통에도 리듬이 있다는 사실을 안다. 내 등에 올라앉은 바위덩이도 숨이라는 음절과 함께 마디 안에 있으니 그것이 고통일지라도 깊이 들이 마셔야한다. 큰 숨이 내 몸을 찢고 터져 나와야 바위덩이가 깨지고 만년설이 허물어진다.

못갖춘마디는 표현하기 까탈스러워 재미나는 부분이 있다. 못갖춘마디가 표시된 부분에서는 곡이 갖고 있는 제 박자를 다른 방식으로 표현해 달라고 작곡자는 당부를 한다. 그래야 긴장감이 생기고 선율이 아름답게 살아나 감동스럽다고 말한다. 그러기 위해서는 지휘자와 눈 사인을 주고받으며 조심스럽게 불러야 한다. 긴장해서 박자를 놓쳐버리면 곡의 첫머리부터 엉망이 되어버린다. 박자는 영감靈感이다. 정신차려 불러야지 하는 순간 박자를 놓쳐버린다. 내 의지와 의식을 선율에 맡겨야만 자연스럽게 따라갈 수 있다. 그것은 바람을 손으로 쓰다듬는 것과 같다. 내가 바람처럼 되어야만 만져질 수 있는 것이다. 그리고 보니 내 삶도 못갖춘마디인 것 같다. 한때는 하고 싶은 짓 다 하고 살 것이라고 떠들어댔다. 노래를 그만두고서야 사람이 제 할 짓 다하고는 살 수 없다는 또 하나의 사실을 알았다. 못갖춘마디와 같은 '다름'을 삶에서 인정한 것이다. 타인들은 나에게 재능이 많아 좋겠다하고 자유로운 영혼으로 사는 것 같아 부럽다고도 한다. 그들의 말이 맞았다. 나와 내가 엇나가 잘못 맞추어진 박자들, 불협화음들 부르지 못한 노래 때문에 빚어진 무수한 덜컹거림을 사랑한다.

"자, 소리는 생각에서 나옵니다, 이마에서 소리가 나온다 생각하시고 목소리를 가볍게 띄워보세요, 도 솔 미 파 레 미 레 도 시 도, 한 옥타브 올려서 허밍으로 다시 음 음 음 음 음 음 음 음…" 발성을 지도하는 지휘자께서는 이마에서 소리가 나오도록 내게 마술을 건다.

"자, 어깨에 힘을 빼고 허리는 곧추세우고 힘은 가급적 발가락 끝에 모은다 생각하고 입모양은 옆으로 말고 위 아래로 크게 하품할 때처럼… 도 솔 미 파 레 미 레 도 시 도…" 고통이 내게서 빠져나가는 중이다. 그렇게 투명해진 자리에 큰 물결이 채워진다.

내 몸이 시원해지는 중이다. 노래를 떠나와 뒤죽박죽이었던 몸속의 오장육부가 제자리를 찾아가려고 우왕좌왕하는 것 같다. 본래의 자리로 돌아오는 일은 새로움이며 설레임이다. 마음으로만 늘 그리워했던 고향을 다시 찾아온 듯 팔분의 육박자 오선지위에 못갖춘마디로 나를 새겨 넣는다.

고명자 2005년 《시와 정신》 등단, 《시와 정신》 편집 차장, 시집 『술병들의 묘지』.

제3부

몸의 기억, 골목

이상헌

"상헌아, 인자 고마 놀고 밥 무로 가자!" 땅거미가 어둑어둑 내리고 엄마의 손에 이끌려가면서야 골목 놀이가 마감되곤 했다.

40년 전 영주동은 나름 번화가였다. 부산역이 지척이었고, 개통된 지 얼마 되지 않은 영주터널 덕에 교통이 편리했다. 영주터널로 올라가는 길가엔 아름드리 미루나무가 짙은 그늘을 만들어 냈고, 인도는 지금의 두세 배는 될 정도로 널찍했다. 도시에서 자란 꼬마의 놀이터는 그 대영로가 품고 있던 골목이었다.

골목은 막다른 곳인가 싶으면 이어지고, 이어지나 싶으면 막다른 뫼비우스 띠 같았다. 개미집처럼 은밀해서 술래잡기에 최적화된 곳이었다. 산복도로 쪽으로 조금만 올라가면 초가집도 몇 채 있었는데, 숨기엔 그만이었다. 루핑 지붕의 판잣집이 어깨를 맞댄 골목엔 아이들의 거친 숨소리와 땀 냄새가 배었다.

술래잡기하다 지치면 전봇대를 기준 삼아 '무궁화 꽃이 피었습니다'를 했다. 그러다 흥이 떨어지면 다망구로 시간을 보냈다. 잡히지 않고 같은 편을 구하려고 죽을힘을 다해 얼마나 뛰어다녔는지….

뛰어다니다 지치면 골목 한쪽에서 땅따먹기를 했다. 제국주의 열강이 아프리카에 선을 쭉 그어 식민지를 정했던 것처럼 돌멩이를 세 번 튕겨 내 땅으로 들어오면 그만큼은 내 차지가 됐다. 꼬마들 버전의 부동산 재테크였다. 꼬마들의 재테크는 뭐니 뭐니 해도 보물 1, 2호인 구슬과 딱지였다. 지물포를 했던 우리 집은 빳빳한 종이가 많았다. 그렇게 만든 왕 딱지는 다른 아이들에겐 부러움과 견제의 대상이었다. 그 왕 딱지와 함께 책상 아래 과자 상자에 가득 채운 구슬을 몇 번이나 꺼내보며 흐뭇하게 웃곤 했다. 오로라 같은 신비로운 유리구슬에 홀리던 일곱 살 무렵이다.

학원 갈 일도 없고, 변변한 장난감도 없던 시절이라 골목에서 노는 것 외엔 달리 할 일도 없었다. 골목엔 약속하지 않아도 아이들이 우르르 몰려나와 있었다. 누군가 고무공을 가져오면 그날은 야구시합을 하는 날이었다. 글러브는 사치였고, 방망이는 여기저기 굴러다니던 각목이면 충분했다. 가끔 공이 집 마당이나 옥상에 떨어지곤 했고, 꼬마들은 머리를 긁적이며 초인종을 눌러 공을 주우러 가기도 했다. 와장창, 창문이라도 깨지는 날이면 그날부터 상당 기간은 근신해야 했다.

골목은 모험 가득한 정글이었다. 낮은 담장 너머로 가지를 뻗은 무화과나무 열매는 아이들 입으로 속속 들어갔다. 지금도 손에 진득하게 뭔가 묻는 걸 싫어하지만, 그땐 달콤한 무화과의 유혹을 이기긴 어려웠다. 무화과 서리를 하다가 따분하면 남의 집 초인종을 누르고 걸음아 나 살려라 하고 도망치며 깔깔거렸다. 재수 없으면 뒤통수로 날아오는 욕을 감수해야 했지만, 그게 아이들치곤 최대치의 일탈이었다.

영주터널 올라가는 골목 옆엔 작은 도랑이 있었다. 하루는 형들 몇 명이랑 개구리를 잡아서 해부 실험을 했다. 순진한 꼬마들 장난치곤 잔혹한 일이었는데, 지금 생각해도 왜 그런 끔찍한 장난을 했는지 잘 모르겠다. 그곳이 당골짝이란 걸 안 건 어른이 된 뒤였다.

초등학교에 들어갈 무렵까지 골목은 내가 아는 세상 전부였다. 골목에서 부산역 쪽으로 내려오면 영주사거리가 나왔다. 그곳에서 본 세상 끝은 지금의 중부경찰서였다. 산골 사는 아이가 한 번도 가보지 못한 산 너머 세상을 궁금해하는 것처럼 그땐 중부경찰서 너머의 세상이 도무지 짐작 가지 않았다. 그 너머는 미지의 달세계 같은 곳이었다. 지구가 둥글다는 걸 알게 된 것도 그 너머에서 한두 대씩 오는 차를 보고 나서였다.

도시의 시간은 길의 너비만큼이나 달리 흘러가지 싶다. 광안대교를 달리는 시간과 영주동 뒷골목에 흐르는 시간의 속도는 다르다. 하루가 멀다고 모습을 바꾸는 센텀시티나 마린시티에 비할 바는 아니지만 영주동 뒷골목 풍경도 시나브로 달라졌다. 느린 걸음으로 흘러가는 골목의 시계지만 40년이란 시간은 참 길었다.

모처럼 추억을 더듬어 찾아간 골목엔 아이들이 없었다. 아이들 대신 차가 골목의 주인이 됐다. 전봇대 옆 CCTV가 쓰레기 무단투기를 감시하고 있었고, 외부 차량 주차금지란 경고 문구가 주차경비를 서고 있었다. 구불구불했던 기억 속의 골목은 다림질한 듯 쭉 펴지고 차가 들어오기 쉽게 넓어졌다. 곡선의 골목은 직선의 도로로 변해갔다. 차가 도저히 못 들어가는 곳은 집들이 골목을 야금야금 먹으면서 더 좁아졌다.

예전엔 코딱지만 해도 집 한 칸 마련하면 자랑스럽게 대문에 문패를 내걸었다. 수십 년 억척스럽게 일한 아버지 세대의 땀과 눈물로 새긴 문패였다. 달라진 골목 풍경 중 하나는 문패가 걸려 있던 자리에 그보다 더 큼직한 글로페르스빌, 에이스빌 따위의 세련되고 이국적인 빌라의 이름이 적혀 있다는 거다.

덕분에 골목은 높아지고 하늘은 좁아졌다. 높아야 2층 남짓하던 지붕 낮은 집들이 어느 순간 5층, 9층의 빌라로 바뀌면서 골목은 가파른 협곡이 됐다. 수평의 공간은 수직의 공간에 그렇게 잠식됐.

몸이 기억하던 골목과는 다른 풍경에 당혹스러웠다. 여기 어디쯤 무화과나무가 있어서 집주인 몰래 무화과 서리를 했는데, 저기 어디쯤 도랑이 있어서 애들이랑 놀았는데…. 장소를 지우면 그곳에 깃든 삶까지 지워지는 법이다.

무화과나무만 있었다면 더 떠올랐을 그때 기억도 잃어버렸다. 그나마 오래된 나무간판을 내걸고 40년 넘게 자리를 지키고 있는 학교 앞 아폴로문방구가 있어서 다행이긴 했다.

있을 땐 모른다. 골목을 잃어버리고 난 뒤에야 골목의 소중함을 안다. 어릴 때 뛰어놀던 골목이 일본에서 온 통신사 사절단이 동래까지 가던 길이었다는 것도, 가끔 큰길 건너 초량까지 진출했을 때 봤던 명태고방이 100년도 더 된 건물이란 것도 어른이 되고 나서야 알았다. 40년 전에야 뛰어다니며 노느라고 골목을 찬찬히 둘러보진 못했다. 골목은 공기처럼 늘 존재하는 것이었기에 소중한 것도 몰랐다. 골목이 아이들을 키웠다는 것도 나이 들어서야 알았다. 왜 그렇게 늦게 알았을까?

뒷골목이란 단어는 있어도 앞골목이란 단어는 없다. 앞이란 단어가 가진 적극성·긍정성과 달리 뒤란 단어는 감추려하거나 부정적인 뉘앙스가 더 크다. 뒷골목이란 단어에서도 그런 분위기가 확 풍긴다. 국어사전에도 뒷골목은 ①큰길 뒤에 있는 좁은 골목, ②폭력이나 매춘 따위의 사건이 많이 일어나는 범죄 세계를 비유적으로 이르는 말, 이렇게 나와 있다.

굳이 '뒤'라는 말을 붙이지 않더라도 골목이란 단어엔 지양해야 할 전근대성의 이미지가 포개져 있다. 세련되고 스펙터클한 도시의 외관과는 어울리지 않는 감춰둬야 할 곳처럼 여겼다. 월드컵이나 올림픽과 같은 큰 행사가 벌어질 때마다 가림막으로 가렸던 것처럼 골목은 손님에겐 들킬세라 꼭꼭 숨어 있어야 할 공간이었다.

최근 들어서야 '문화'라는 접두사를 붙여 골목을 살린다고 난리다. 전국 각지에서 발품 팔아가며 소문난 골목을 보겠노라고 사람들이 몰려든다. 골목을 예쁘게 가꾸는 차원을 넘어 주민의 자발적 참여를 전제로 한 마을사업이 곳곳에서 벌어지고 있다. 그래도 갈 길은 멀다. 삶터를 헐고 번듯한 집을 짓는 재개발에 찬성하는 주민들과 문화예술을 바탕으로 한 도시재생을 추진하는 구청 사이에서 갈등이 벌어지는 걸 보면 말이다. 타자의 시선으로 들여다보는 것이라 조심스럽긴 하지만 골목은 여전히 불편함과 부끄러움이 지배하는 공간이다.

골목에서 한창 뛰어놀던 유년 시절에도 얼핏 골목을 벗어나고 싶단 생각을 한 적이 있다. 산복도로 쪽으로 올려다보면 새로 지은 영주아파트가 근사하게 바다를 향해 내려다보고 있었다. 열 평 남짓한 소형 아파트였지만 그곳에 사는 아이들이 부러웠다. 밥 먹다가도 바퀴벌레가 밥상 밑으로 휙 지나가고, 천장 위에선 쥐들이 운동회를 하는 집에 사는 아이의 눈엔 반듯한 아파트는 별천지처럼 보였다.

아파트가 부러웠던 어린 마음엔 골목은 때에 찌든 꼬마의 손만큼이나 부끄러웠다. 학교에서 용의 검사라도 하는 날이면 손톱 밑의 때가 그리 원망스러울 수가 없었다. 겨울이면 질질 흐르는 콧물을 소매에 씨익 닦아 소매엔 늘 딱딱하고 누런 자국이 남아 있었다. 워낙 흙장난을 많이 해서인지 손톱 밑 때는 머리가 제법 굵어질 때까지 지워지지 않았다. 파리를 잡아서 성냥갑에 담아 방학과제물로 내거나 머리에 이를 잡느라 엄마와 승강이를 벌였던 시절이니, 당시만 해도 위생은 근대성의 제1척도였다.

그런 부끄러움 때문일까. 개발과 보존이 첨예하게 부딪힐 때마다 대개 골목의 패배로 끝났다. 도시는 골목을 계속 지워왔다. 회사 옆 화단에서 내려다보이는 재개발 현장에서도 집과 집 사이 어지럽게 나 있던 골목 흔적은 벌써 사라졌다. 무단으로 출입하면 법적 제재를 받는다는 딱지와 함께 철거란 위압적인 글자가 볼썽사납게 건물 곳곳에 붉게 휘갈겨 있다. 얼마 지나지 않아 이곳도 누추했던 골목의 기억을 잊고 세련된 초고층 아파트로 옷을 갈아입을 거다.

이누이트 족은 땅 위의 것이라면 바위 하나라도 옮기지 않았다고 한다. 초원이나 설원에선 함부로 옮긴 바위 하나가 장소에 대한 사람의 기억을 바꿔 치명적인 위험을 초래할 수도 있다. 자칫 길을 잃어버릴 수도 있다는 거다. 걸핏하면 도시의 기억을 삭제해버리는 우리에겐 너무 먼 이야기처럼 들린다.

골목에서 아이들의 왁자지껄한 소리가 사라지면서 골목은 찬란했던 유년 시절을 떠올리는 추억의 공간으로만 살아남았다. 골목대장이란 단어도 사전에서나 찾아볼 수 있게 됐다. 문득 골목이 멸종되고 박제로만 남을지 모른다는 두려움이 생겼다. 골목은 박물관에 전시하거나 역사 교과서에서 달달 외우는 대상이 될지 모른다. 골목은 안동 하회마을이나 한국민속촌처럼 관광지로만 만나게 될지 모른다. 기미는 벌써 보이기 시작했다. 구체적인 삶의 풍경보다 보여주기 위해 만들어진 풍경이 골목 주인 노릇하는 걸 왕왕 목격하기 때문이다.

아이들은 이제 골목에서 놀지 않는다. 놀 시간도 없고, 놀더라도 골목보다 더 재미있는 게 곳곳에 널려 있다. 아이들은 고무공보다 와이파이부터 챙긴다. 디지털 세상에서 노는 아이들에게 골목과 같은 아날로그 공간은 시시하고 재미없다. 골목에서 스마트폰으로의 놀이 공간 이동은 심각한 부작용을 부를 수도 있다. 골목에서 놀던 아날로그 시대에는 대안이 있었다. 0과 1로 조합된 디지털 세상에선 사소한 것만 삐걱해도 치명적이다. 골목에선 전기가 없으면 달빛 아래서라도 놀았지만, 디지털 세상에선 충전기가 없으면 먹통이다. 0 아니면 1이다.

KTX보다 더 빠르게 질주하는 도시에서 골목은 과속방지턱이다. 개발의 가속페달을 신나게 밟아야 하는 도시엔 거추장스럽기만 한 존재지만, 질주의 욕망에 브레이크를 걸어 줄 수 있는 필수 안전장치다. 그렇게 도시가 속도를 낮추면 지나쳤던 주위가 보인다. 미래는 과거로부터 온다는 평범한 진리도 체감하게 된다..

그나저나 골목의 그 많던 아이들은 어디로 갔을까? 나에게 봉래초등학교 주위로 뻗어 나간 골목은 몸이 기억하는 거의 유일한 장소였는데.

이상헌 부산일보 편집1부장. 일간신문의 일정표에 맞추다 보니 매일 허둥대며 살고 있다. 국군장병 아저씨가 한참 어른처럼 보이던 그때, 쉰 살이 넘은 아저씨는 완전 할아버지로 보였다. 그 나이가 됐는데도 생각은 아직 철없는 그때를 벗어나지 못하고 있다.

내가 사는 동네에 권정생 선생님이 살았대요

이서영

오래 전에 권정생 선생님의 『하느님의 눈물』이라는 단편동화를 읽은 적이 있었어요. 돌이 토끼라는 착한 산토끼가 나오는 얘기였지요. 선생님의 동화 중에는 몽실 언니나 강아지 똥이 많이 알려져 있지만 『하느님의 눈물』도 그 책들 못지않게 감동스러운 동화랍니다. 짧은 내용이었는데 여운은 아주 길게 남았지요. 『하느님의 눈물』을 지하철 안에서 읽다가 눈물이 계속 흘러내려 당황했던 적이 있어요. 물론 책 내용도 기억나요.

어느 날 돌이 토끼는 칡넝쿨 과남풀 같은 풀을 뜯어먹으면 맛있지만 뜯어먹히는 건 모두 없어지고 마니까 마음이 아프다는 생각을 합니다. 배가 고픈 돌이 토끼가 풀무꽃풀에게 널 먹어도 되냐고 물었어요. 그러자 풀무꽃풀은 죽느냐 사느냐하는 대답을 어떻게 할 수 있냐고 하며 차라리 묻지 말고 그냥 먹으라고 합니다. 돌이 토끼는 무서워하는 풀무꽃풀을 먹을 수가 없어 말없이 돌아서 갔어요. 댕댕이덩굴, 갈매덩굴 잎사귀, 바다취나물도 무서워할 테니 먹을 수 없었지요. 저녁때까지 아무 것도 먹지 못한 돌이 토끼는 해님에게 아무것도 먹지 못한 얘기를 했어요. 해님은 착한 아이라고 칭찬하지만 아무것도 먹지 못하면 죽을 거라고 걱정도 합니다. 돌이 토끼는 차라리 죽는 게 낫겠다고 하며 눈물을 흘렸어요. 그러다 돌이 토끼는 어두운 밤하늘을 쳐다보며 하느님은 무얼 먹고 사는 지 물었어요. 하느님은 부드러운 음성으로 보리수나무 이슬과 바람 한 줌, 아침 햇빛을 먹는다고 했어요. 돌이 토끼는 하느님처럼 자신도 그런 것을 먹으며 살고 싶다고 합니다. 그러자 하느님은 이 세상 모든 사람들이 너처럼 남의 목숨을 소중히 여기는 세상이 오면 그렇게 살 수 있다고 했어요. 하지만 애타게 기다리는데도 사람들은 기를 써 가면서 남을 해치고 있다고 말합니다. 그 순간 하늘에서 물방울이 떨어져 내립니다. 바로 하느님이 흘린 눈물이었어요.

여기서 이야기는 끝나지만 돌이 토끼의 착한 마음은 오래도록 가슴에 남습니다. 배가 고픈데도 차마 풀을 먹지 못하고 차라리 죽는 게 낫겠다는 돌이 토끼. 돌이 토끼를 닮은 사람이 아주 많은 세상. 그런 세상이 오면 얼마나 좋을까요? 그럼 정말 이슬과 바람과 햇빛만으로 살 수 있는 세상이 될 지도 모릅니다.

이 동화에 대한 감동은 글을 쓴다는 것이 뭔지도 모르던 나 같은 사람을 동화의 길로 들어서게 했나봅니다. 그때 나도 이런 맑고 아름다운 동화를 쓰고 싶다는 생각을 했거든요. 지금도 이 동화를 읽으면 소름이 살짝 돋아요. 먹으려고 풀을 바라보지만 도저히 먹을 수 없어서 배고파하면서 돌아서는 돌이 토끼의 모습이 떠오르거든요. 또 하느님이 절실히 바라는, 이 세상 모든 사람들이 남의 목숨을 소중히 여기는 세상을 생각하게 돼요. 수많은 전쟁으로 남을 해치는 모습을 보면서 하느님은 얼마나 많은 눈물을 흘리고 계실까요? 자신의 이익을 위해 남을 짓밟기도 하고 목숨을 하찮게 여기는 사람들 때문에 하느님은 또 얼마나 마음 아프실까요? 하느님의 마음을 아프게 하고 싶지 않다는 생각을 합니다.

권정생 선생님은 좋은 동화 한 편이 백 번 설교 보다 낫다고 하셨어요.

정말 그런 것 같아요. 사람의 목숨을 귀하게 여기는 세상, 더불어 함께 사는 아름다운 세상에 대해 『하느님의 눈물』이라는 동화 한 편이 그 어떤 이야기보다 더 마음에 다가왔으니까요. 정말로 아이들에게 좋은 동화 한 편 읽어주는 일이 잔소리 백 번보다 낫다는 말을 하고 싶어요.

이렇게 아름다운 동화를 쓰신 권정생 선생님은 평생을 병고에 시달리며 고통 속에 사셨지만 어린이들이 행복한 세상을 소망하셨지요. 2007년 세상을 떠나면서 자기가 쓴 모든 책은 주로 어린이들이 사서 읽은 책이니 거기서 나오는 인세를 어린이에게 되돌려주는 것이 마땅하다는 유언을 남기셨어요. 그래서 2009년 유산과 인세를 기금으로 남북한과 분쟁지역 어린이를 돕기 위한 권정생어린이문화재단이 만들어졌어요. 자신이 쓴 동화처럼 아름다운 분입니다.

참 따뜻한 분인 권정생 선생님에 대해 아는 것은 일본에서 태어났고 안동의 조탑리에서 오랫동안 살았다는 것이었어요. 그런데 아주 우연히 권정생 선생님이 10대 후반에 부산에서 몇 년간 살았다는 사실을 알게 되었어요. 그것도 제가 살고 있는 수정동과 초량동 일대에 그 흔적이 남아있다는 것을.

동화를 공부하는 사람에게는 누구보다 존경의 대상인 권정생 선생님이 아주 오래 전에 내가 사는 동네에 살았다는 말을 들었을 때 무척 놀랐지요. 지금까지 한 번도 들은 적이 없었으니까요. 지금이라도 알게 된 것은 권정생문화재단에 계셨던 안상학 시인 덕분입니다. 권정생 선생님에 대해 누구보다 많이 알고 계신 분이지요.

2015년 10월 안동의 권정생문화재단 해설사들이 안상학 시인과 함께 권정생 선생님의 흔적을 찾아 부산에 왔어요. 1953년 12월부터 1957년 1월까지 살았던 곳을 그분들과 함께 가보았지요. 먼저 권정생 선생님이 몇 년간 살았던 이모네 집을 찾아갔어요. 그 집은 고관 골목 안쪽에 있는 오래된 집이었어요. 제가 수정동에 살면서 늘 오며 가며 보던 집이었지요. 한 때는 멋진 집이었을 것이나 지금은 낡은 그 집에 선생님의 이종 사촌형의 가족이 불과 몇 년 전까지 살았다고 합니다. 오래된 집이지만 조금 독특하게 보여서 돌아봤던 그 집에 선생님이 살았다네요. 그 골목을 지날 때 마다 흘깃거렸던 이유가 있었던 거예요. 주위에 있던 슬라브집이나 기와집과는 다른 그 집을 보면서 누가 살고 있는지 궁금해 하기도 했어요. 몇십 년 전 그 곳에는 고된 일을 하면서도 밤에는 열심히 책을 읽던 권정생 소년이 살았던 것이지요.

다음으로 찾은 곳은 선생님이 책을 빌려 보며 문학의 꿈을 키우던 헌책방이 있던 자리입니다. 지금 수정분관 도서관이 있는 곳의 맞은편이에요. 제가 날마다 지나다니는 곳입니다. 이 곳에 계몽서점이라는 헌책방이 있었던 거예요. 낡은 2층 주택에서는 책방의 흔적을 발견할 수 없었지만 용돈이 생기면 이곳에서 책을 빌려 집으로 걸어가는 소년의 모습이 떠올랐어요. 책을 빨리 읽고 싶어서 서둘러 걷는 모습 말입니다. 낮에는 일하고 밤에는 책을 빌려 읽으며 위대한 작가와 작품을 만났겠지요. 젊은 베르테르의 슬픔, 죄와 벌, 단종애사, 학원 잡지 등을 빌려 보았답니다. 이 헌책방에서 권정생 문학이 움튼 것이라 할 수 있겠네요.

선생님은 부산에서 돈을 벌어 학교를 다니고 싶어 했지만 그렇게 하지 못했다고 합니다. 근처에 있는 동아 미싱이란 곳에서 온종일 일을 했었지요. 지금은 모텔이 들어서 있는 예전 동아 미싱이 있던 자리를 돌아보면서 생각했어요. 이곳에서 오랜 시간 일하느라 잘 먹지도 잘 쉬지도 못했기에 결핵에 걸린 것이라고. 얼마나 고생을 많이 했을까요? 생전에 선생님이 이모 집에서 살던 부산에서의 생활을 얘기하기 꺼려한 것을 보면 기억하기 싫은 힘든 생활이었다는 것을 짐작할 수 있습니다. 평생을 결핵과 신장병으로 고생한 이유가 부산에서의 고된 생활 때문이었는지도 모릅니다.

1966년도에 신장수술을 이곳에 있던 성분도병원에서 했다고 합니다. 지금은 무너져 버리고 공터로 남은 성분도병원 자리도 찾아갔어요. 그 때 성분도병원에서 한 수술이 잘못되어 부산대병원에서 재수술을 받았다고 하니 부산에서의 기억은 그다지 좋은 것이 없었을 것 같습니다. 다음으로 찾은 삼일교회 근처는 잊지 못할 우정을 쌓은 친구인 오기훈, 최명자를 만난 곳이기도 합니다. 선생님이 이 곳 삼일교회를 다닌 것은 아니었지만 최명자에게서 성경책을 받기도 했답니다. 나중에 안동에 가서 신앙생활을 했는데 성경을 열심히 읽고 기억력이 좋아 안동의 여러 교회가 참여한 성경퀴즈대회에서 늘 상을 받았다고 합니다.

안동의 권정생 선생님으로만 기억하고 있었는데 내가 사는 곳 수정동과 초량동에서 발견한 선생님의 모습은 동화를 공부하는 이유가 되어줄 것 같아요. 아주 오래전에 이 거리에서 걷고 생각하던 문학 소년을 느껴보는 것. 참 행복한 시간이 되었어요.

선생님의 유언에 이런 글이 있어요.

'만약에 죽은 뒤 다시 환생을 할 수 있다면 건강한 남자로 태어나고 싶다. 태어나서 25살 때 22살이나 23살쯤 되는 아가씨와 연애를 하고 싶다. 벌벌 떨지 않고 잘할 것이다. 하지만 다시 환생했을 때도 세상엔 얼간이 같은 폭군 지도자가 있을 테고 여전히 전쟁을 할지 모른다. 그렇다면 환생은 생각해봐서 그만둘 수도 있다.'

이 짧은 글에서 선생님의 삶을 잘 알 수 있을 것 같습니다. 평생을 병고에 시달리며 얼마나 고통 받았으면 건강한 남자로 다시 태어나고 싶다는 생각을 하셨을까요? 그러나 전쟁을 생각하면 환생하고 싶지 않다는 말도 새겨들어야 할 것 같아요.

아래는 정호경 신부님께 남긴 글입니다.

'하느님께 기도해 주세요. 제발 이 세상 너무도 아름다운 이 세상에 사람이 사람을 죽이는 일은 없게 해달라고요.'

선생님이 바라는 세상을 하느님도 간절히 원하시겠지요.

부산에서 권정생 선생님의 흔적을 하나하나 찾아낼 때마다 뒷덜미가 짜릿했다고 한 안상학 시인의 말이 떠오릅니다. 나도 그렇습니다. 아무 생각 없이 지나다니던 그 곳이 의미 있는 곳이 되고 생각이 머무는 곳이 됩니다.

그런데 권정생 선생님이 머물던 곳들이 얼마 지나지 않으면 허물어져 버리고 그 자리가 어디였는지도 기억하지 못하게 될지도 모릅니다. 좁은 골목과 낡은 집들이 35층짜리 고층 아파트로 바뀔 날이 멀지 않았기 때문입니다. 수정동, 초량동 일대에 재개발의 바람이 거세게 몰아치고 있습니다. 권정생 선생님의 흔적을 찾아내고 더 친근하게 느끼게 되자마자 그 흔적이 사라질 것을 걱정해야 할 처지입니다. 경제 논리 때문에 이야기가 있는 장소가 사라지게 되는 것이지요. 재개발이라는 허울 좋은 논리 때문에 사라져 버릴지도 모를 권정생 선생님의 모습을 좀 더 붙들어 놓기 위해 의미를 만들면서 머물러야겠습니다.

아들 녀석에게 우리 동네에서 찾은 권정생 선생님에 대한 얘기를 신나게 했더니 왜 그렇게 좋아하는지 모르겠다는 말을 하더군요. 그래서 우리 동네가 그냥 내가 사는 동네에서 권정생이라는 훌륭한 동화작가가 머물던 동네가 된 것이 의미 있는 일이 아니냐고 말했지요. 또 이제까지 스치고 지나갔던 길이 의미가 있는 장소가 된 게 얼마나 좋은지 모르겠다고 말했어요.

아들과 얘기 하면서 재개발 때문에 의미 있는 장소가 사라질 것도 근심이 되었지만 소중한 것들에 대한 가치가 아들 세대와는 점점 달라지는 것 같아 우려가 되었어요. 결국 장소라는 것은 의미를 아는 그 사람의 마음속에만 남게 된다는 생각이 듭니다. 권정생 선생님의 흔적을 찾을 수 있는 곳이 남아 있을 때 더 오래 보고 더 많이 봐야겠습니다. 고개 숙이고 발끝만 보고 걷지 말고 어깨 펴고 걸어야겠어요. 내가 사는 동네에 권정생 선생님이 살았다는 것 하나가 더 힘 있게 걷게 합니다. 더 씩씩하게 걷게 합니다.

이서영 좋은 사람이 되고 싶어 동화와 동시를 공부하고 있습니다.

세대적 무의식과 '장소성'

차성연

고개만 돌리면 바다가 보이는 곳에서 자란 사람과 빌딩숲에 둘러싸인 곳에서 자란 사람의 감수성은 다를 수밖에 없다. 주변에선 늘 공사가 진행 중이었고 어느 순간 시야를 가리는 건물이 불쑥 솟아나는 격변의 풍경 속에서 자란 나는 내 메마른 감수성의 기원을 이런 식으로 설명해 오곤 했다. 어떤 지리적 '공간'에 시간이 담기고 기억이 생성되어야 '장소'로서의 의미를 가진다. 내게서 그런 의미로서의 '장소성'을 지닌 공간을 찾기란 서울에서 빈터 찾기만큼 힘들다.

고향을 묻는 질문은 그렇기 때문에 가장 곤혹스런 질문 중 하나였다. 서울에서 태어나 서울에서 자랐으니 굳이 대답을 해야 한다면 서울이겠지만 서울이 고향이라니, 어쩐지 석연치 않은 기분을 느끼곤 했던 이유는 바로 서울에는 '장소성'의 의미가 소거되어 있었기 때문이다. 동네 꼬마들이 모여 땅따먹기를 하던 빈터에서는 얼마 지나지 않아 공사가 시작되기 일쑤였다. 동네 골목길의 복잡한 동선에 익숙해질라치면 이사를 했고 몇 년이 지나 예전 동네를 찾아가보면 전혀 다른 모습으로 '개발'되어 있었다. 내 머리는 예전 일을 기억하기에 소모되기보다 늘 현재의 복잡한 문제들을 해결하느라, 혹은 불확실한 미래의 일들에 불안해하느라 분주했다. 저장 공간이 부족했는지 내겐 떠올릴 만한 아련한 추억조차 남아있지 않다.

　이런 내게도 기억할 만한, 사라져버려 가슴 먹먹한 공간이 한 군데 있긴 하다. 선배와 세미나를 하던 도중 강경대 학우의 죽음을 전해 들었던 과방, 후배가 벽 전면에 멋진 그림을 그려놓았던 동아리방이 있던 곳. 복도에는 늘 대자보나 피씨가 여기저기 놓여있어 어지러웠던 대학교 학생회관이다. 삶에 대해서는 꽤나 진지했지만 그럼에도 불구하고 남 보기에 번듯한 대학에 가야겠다는 생각이 앞섰던 스무살 새내기를, 그 수만 가지 허위의식 뒤에 숨은 볼품없고 나약한 '나' 자신을 정확하게 바라볼 수 있도록 성장시켰던 '장소'가 바로 그곳이기 때문이다. 아마도 이건 나만의 기억은 아닐 것이다. 10대 사춘기 시절에 통과했어야 할 정신적 고투를 20대 초반에 더 복잡하게 겪을 수밖에 없는 한국 교육제도의 특성상 많은 이들에게 대학 시절은 나와 비슷한 의미로 남아 있을 것이다. 게다가 학생회관은 캠퍼스 내의 어떤 공간보다 더 사회를 향한 귀가 민감하게 열려있는 곳이었으니, 그 시절의 많은 시간을 학생회관에서 보낸 사람들은 사회와의 마찰에 심하게 까이고 상처를 덧내며 살아왔을 것이다. 아픈 만큼 성숙해지기도 했을 것이고, 또 아픈 만큼 기억에 깊이 남아있기도 할 것이어서 많은 이들에게 대학의 학생회관이란 특별한 의미를 지닌 장소로 기억될 수 있다.

　90년대 중반 이후 신자유주의의 논리가 대학가에도 예외 없이 적용되기 시작했다. 기업의 자금을 대학에 들여와 외관을 바꾸는 것은 물론 기업의 논리가 대학 체제에도 그대로 적용되었다. 최근 들어 확연해진 대학 구조조정의 물결이 그 즈음부터 야금야금 시작되고 있었던 것이다. 대학의 오래된 건물들은 그곳에 닿았던 수많은 발길들과 그만큼의 특별한 의미를 정당하게 평가받지 못하고 단지 낡았다는 이유로 철거되었다.

　후배의 벽화가 폐기물이 되어 사라지고 그 자리엔 모던한 감각의 최신식 학생회관이 지어졌다. 풍문으로 전해 듣던 그 소식을 눈으로 직접 확인하게 된 건 아이를 데리고 대학교 자연사박물관에 찾아갈 일이 있어서였다. '새로 지어진 건물들은 하나같이 정감이 없어.' 잠깐 일별한 후 그렇게 내뱉고 돌아섰지만 내 메마른 감수성으로도 저릿한 무언가가 통증을 남기며 훑고 지나갔다. 어린 시절의 동네가 '장소'로서의 의미를 획득하기도 전에 개발되었던 것처럼 대학의 학생회관도 그렇게 다시 지어졌다.

무엇이든 오래된 것에는 시간이 남긴 흔적이 담겨 있다. 바람과 물결의 영향에 따라 암석의 모양이 변형되는 것처럼 오래된 것에는 세월의 풍파가 남긴 마모와 오염이 새겨질 수밖에 없다. 그것은 고유한 것이다. 공장에서 같은 모양으로 출고된 물건이라도 쓰는 사람에 따라, 사용 환경에 따라 조금씩 변형되어 가면서 고유한 '그것'이 되어 간다. 철저한 고증을 거쳐 재건된 남대문이 예전의 그것과 다를 수밖에 없는 것은 '시간'이 만들어낸 흔적이란 그 누구도 재현할 수 없는 것이기 때문이다. 600년의 고도 서울에는 그런 시간의 흔적이 거의 남아있지 않다. 서울이 매력적인 도시로 기억되지 못 하는 이유이다. 서울에서 태어나 서울에서 자란 내가 서울을 고향이라 말하기 주저하는 이유도 여기에 있다. 고향이란 어린 시절의 기억을 간직하고 있고, 지금의 나를 만들어 준 어떤 원형 같은 것을 확인할 수 있는 곳이어야 한다. 하지만 나날이 새로운 모습으로 변신하는 데만 골몰했던 서울에는 나만의 기억을 담고 오래 그 자리에 있는 그 무엇도 남아있지 않다.

옛것에 대한 그리움을 말하려는 것이 아니다. 그리움은 문학을 피어나게 한 근원적인 감정 중 하나지만 많은 경우 '지금-여기'의 고독과 혼돈에서 도피하기 위해 소용되기도 했다. 전통에 대한 향수를 노래한 다수의 작품들이 현재의 억압적 상황을 외면한 채 과거로 회귀하는 보수적 경향을 보여 왔다. 일제강점기의 전통회귀론이 그러했고 70년대의 순수문학론 또한 이와 유사한 논리를 펼쳤다. 60·70년대 산업화시대의 문학 작품들은 도시의 급변하는 삶 속에서 훼손된 내면을 보상받기 위한 공간으로 '고향'을 신화화했다. 후일담 문학에서도 마찬가지다. 타락해가는 세상 속에서 예전에 추구했던 가치의 현재적 의미를 고민하기보다는 이전의 가치를 그리워하거나 냉소하면서 그것을 화석화시켜 버렸다. 이처럼 오래된 것을 옛 것으로 치환하게 되면 그것은 현재와 단절되어 죽은 것이 된다. 죽은 것을 신으로 만들어 추앙하기보다는 오래된 것을 옆에 두고 소통하려는 자세가 필요하다는 말이다. 오래된 것이 품은 '시간들'은 무수한 대화거리를 던져준다. 오래된 것만이 뿜을 수 있는 향기에 매료되어 미처 생각하지 못한 문제들을 붙들고 오래 생각하게 될 것이다.

서울에 오래된 것은 그 무엇도 남아 있지 않다고 단언했지만, 사실 상품성이 있는 것들은 낡은 모습 그대로 몇몇 남아 있긴 하다. 국가의 정통성을 상징하기 위해 문화재로 지정되어 보호받고 있는 역사적 유물을 제외하면 오직 상품으로서의 가치만이 보존되느냐와 철거되느냐를 가르는 기준이 된다. 내 기억에 남아 있는 장소 중 하나인 인사동 초입 골목 어딘가에 있는 고갈비 집도 그런 곳 중 하나이다. 마지막으로 간 지도 몇 년이 지났으니 이제 사라졌을지도 모르지만, 인사동이 서울의 대표적 관광지로 조성되면서 주변의 많은 것들이 바뀌어가는 틈에도 그때까지 용케 자리를 지키고 있었다. 그곳을 다녀간 사람들이 남긴 온갖 낙서들이 사면의 벽을 가득 채웠고 낮은 천정에 쓰러질 듯한 기둥 몇 개가 세월의 흔적을 간직하고 있었다. 추억을 찾는 손님들이 올려주는 매상과 개발 보상금 사이의 타협 지점이 아슬아슬하게 그곳을 지켜주고 있을 터(주인장의 고집도 한 몫 하고 있을 테지만), 이곳뿐만 아니라 대부분의 오래된 것들은 '추억'을 유일한 상품성으로 하여 명맥을 유지하고 있다. 유일하긴 하나 그 상품적 가치는 꽤나 뛰어난 것이어서 '추억'을 내세운 문화상품들이 유행처럼 번지고 있는 추세이기도 하다. 이 역시 오래된 것을 사진 속 장면처럼 대상화하여 지금의 현실을 잊게 하는 이데올로기로 작동하고 있다.

드라마 〈응답하라 1994〉와 윤이형의 소설 「큰 늑대 파랑」이 같은 시대를 얼마나 다르게 재현하는지에 대해 쓴 기사가 있었다.[1] 두 작품 모두 1994년, 95년 즈음에 대학 1학년이었던 인물들이 그 후 20여 년 간 어떤 삶을 살게

---

1) 황진미, 「응사가 기억하지 않으려는 것」, 《한겨레》 2013. 11. 22.

되는지를 보여준다. 「큰 늑대 파랑」의 네 인물은 1995년도에 시위대 행렬에서 빠져나와 쿠엔틴 타란티노 감독의 〈저수지의 개들〉을 함께 본 친구들이다. 드라마에는 단 한 차례의 시위 장면도 등장하지 않으며 등장인물들이 향유하는 문화는 철저하게 '주류적인' 것들이다. 당시의 문화적 흐름에는 농구에 열광하고 서태지에 환호하는 주류 이면에, 문화적 텍스트에서 저항적 의미를 발견하려는 비주류적 흐름이 함께 깔려 있었다. 소설에서 굳이 타란티노의 영화를 거론한 것은 그러한 비주류적 흐름을 기억하기 위해서이다. 그들은 대학 졸업 후 자신들의 신념과 감수성을 배반하는 일을 하며(해야만 하며) 모멸과 환멸에 시달리다 좀비의 먹이가 된다. 〈응답하라 1994〉의 94학번들은 나름대로 아픔을 겪기 하지만(아픔의 원인은 대체로 연애문제이다) 그런 대로 먹고 살만한 중산층(혹은 그 이상)이 되어있다. 대학을 졸업할 즈음 IMF사태가 발생했고 청년실업문제는 갈수록 심각해졌으며 노동시장의 유연화로 인해 늘 고용불안정에 시달려야 했던 세대에게 중산층은 그리 쉽게 도달할 수 있는 결말이 아니다. 드라마가 소품 하나하나에 신경 쓰면서 그 시대를 '추억'하느라 놓쳐버린 사회적 문제들을, 소설은 정면에서 정확히 응시하고 있다. 좀비의 출현이나 게임 캐릭터의 활용 등 갖가지 비현실적 장치들을 동원하는 와중에도, 지금의 시대가 모두를 벼랑 끝으로 내몰고 있는 종말적 위기상황이라는 명징한 현실인식을 놓치지 않고 있는 것이다. 드라마가 주는 웃음과 감동은 자신이 서 있는 곳이 벼랑 끝임을 잊게 하고 날 선 감각을 무뎌지게 한다. 두 작품의 차이를 통해 '추억'을 상품화하는 미디어의 속성을 확인할 수 있다. 누구에게나 추억은 있고 추억을 떠올리며 감상에 젖고 싶을 만큼 현실은 고달프므로, 오늘날의 문화상품은 손쉬운 '추억팔이'에 매달리게 된다.

　기억이 추억으로 전환되어 상품으로 소비되면 오래된 것과 나눌 수 있는 대화의 폭은 줄어들고 대화의 내용은 공허해질 수밖에 없다. 한 장소에 기억이 깃들어 고유함을 만들어낼 만큼의 시간을 '우리'는 기다리지 못한다. 모두가 뭔지 모를 불안에 시달리며 계속 '앞'으로만 나가려 하고 '새로운' 것만 만들어내려 한다. 나와 비슷한 시대를 살아온 사람들의 세대적 무의식에는 아마도 낡은 것들이 허물어져갔던 기억, 무언가 계속 새로운 것들이 세워졌던 기억이 깔려있을 것 같다. 그런 무의식적 기억이 '도태'에 대한 트라우마와 '변신'과 '새로움'에 대한 강박을 만들어낸 것이 아닐까. 다음 세대의 무의식에는 뭔가 다른 것이 심어질 수 있을까. 아이에서 어른이 될 때까지 늘 그 자리에 있으면서 기억에 기억을 덧입으면서 대체불가능한 '장소'가 되는 곳, 언제든 찾아가 대화를 나눌 만한 오래된 '장소'가 곁에 있기를. 산책로 옆에 누군가가 소망을 담아 조약돌을 쌓으면 이름 모를 또 다른 누군가가 그 위에 쌓아올려 만들어지는, 늘 그 자리에 있으면서 새로운 사연과 소망을 품게 되는, 그렇게 시간이 흘러 감히 누구도 그 탑을 쓰러뜨리지 못할 만큼의 향기를 내뿜게 되는, 그리하여 그 장소의 아우라가 과거와 현재를 불러 모아 대화하게 하는 그런 장소 말이다.

차성연 경희대, 강원대에서 강의 중. 2010년 《세계일보》 신춘문예에 평론으로 등단.

어딘가에 있었던 나에게

김혜옥

안녕? 날이 많이 선선해졌어. 지금 난 책과 필기구와 잡동사니들로 어지럽게 쌓여있는 책상에 앉아 있어. 방엔 작은 창이 하나 있는데, 오른쪽으로 고개를 돌리면 흔들리는 나뭇잎들이 보여. 나뭇가지에 매달려 자잘하게 리듬을 타는 모습. 나는 이 창으로 조용히 흘러가는 계절을 느껴. 깜깜한 밤이 되면 어느새 나무들은 어둠 속에 몸을 감추고 말지. 그러면 촛불처럼 밝혀진 몇몇 아파트 창문 불빛들만 드문드문 보이는 거야. 작은 우주를 내밀하게 혼자만 들여다보는 느낌. 난 이 곳을 내가 만들어놓은 세계처럼 아주 사랑하고 있어. 눈이 가장 잘 보이는 곳엔 좋아하는 시편들을 손글씨로 써서 붙여 놓았어. 시편 속에 녹아든 단어들이 움켜쥐려 애쓰지 않아도 내면으로 성큼성큼 들어오길 바라는 마음으로. 그리고 이건 내가 아주 좋아하는 글귀야. 에밀 아자르의 책 '자기 앞의 생' 서문에 적힌 글.

그들은 말했다.
"넌 네가 사랑하는 그 사람 때문에 미친 거야."
나는 대답했다.
"미친 사람들만이 생의 맛을 알 수 있어."

야피 라우드 알 라야힌

　중학교 친구와 무용 시간에 파트너를 바꿔가며 춤을 추다가 바뀐 파트너에게 자신의 호주머니에 있는 가장 소중한 것을 서로 주고받은 적이 있었어. 그때 건네받은 소중한 쪽지에 적혀 있던 말이 불현듯 생각났던 거야. '진짜 살아 있으려면 미쳐!' 그것 때문이었을까. 이 글을 보는 순간 그래, 그렇게 살아야겠다고 생각했어. 생생하게, 미친 듯이, 무언가를 사랑하면서 말이야.

　아, 얼마 만에 쓰는 편지인지 모르겠어. 스물일곱 봄이었지. 서울로 가는 기차 안에서, 커다란 짐 가방을 옆에다 두고 나에게 편지를 썼어. 무언가 결의를 다지듯이. 금세 대단한 사람이 될 것처럼 눈빛을 반짝이면서. 나는 갑작스레 회사를 그만두고, 무작정 서울로 가서 구성작가가 되려고 했어. 머릿속으로 그린 미래가 현실에서 펼쳐질 것만 같았지. 어쩌면 그저 대학시절 교내 방송국에서 누린 '과거'의 조각들이 나를 낭만적 꿈으로 이끌었는지도 모르겠어. CD와 LP판이 그득한 디스크실에서 음악을 들으며 선곡을 하고, 끄적끄적 무언가를 적어 내려가던 그 아름다운 시절에 대한 기억들. 불을 꺼두어 엠프 불빛만 반짝이던 작은 공간에서 온몸을 타고 지나가던 그 음악적 전율도.

　그래, 맞아. 그 과거가 나를 끝내 놓아주지 않는 것 같았어. 그래서 무작정 어디론가 떠나, 무엇이든 붙잡으면 작은 내가 쑥쑥 자라날 것 같았어. 그곳은 무수한 사람들과 거대한 빌딩이 있는 '서울'이었지. 서.울.역. 반짝이는 그 세 글자가 짝짝짝 박수소리와 함께 근사한 환영의 눈길을 보내고 있었어. 내가 원하는 곳이 이 세상에 존재하지 않는 곳이라 해도 그땐 이 도시가 나를 어디든 데려가 줄줄 알았어.

　서울지하철 5호선 신정역 3번 출구로 나오니 연두색 간판이 보였어. 여성전용고시원. 부모에게 손을 벌릴 수 없던 나는 보증금이 없는 고시원으로 향했어. 좁고 탁하고 갑갑한 공간에서 매일 무언가를 꿈꿨던 것 같아. 노트북 하나를 펼쳐들고, 무언가를 끼적거렸어. 책들을 사들이고, 너덜너덜하게 귀퉁이를 접고 밑줄을 그어가며 다 잘 될거라 여기면서도 질식할 듯한 공포와 악몽에 시달리기도 했어. 시간이 갈수록 지독히 '혼자'일 수밖에 없다는 어떤 예감 때문이었을까. 지독한 불안이 찾아왔어. 커다란 목소리가 내 귀에 울렸어. 넌 안 될 거야. 넌 아무것도 아니야. 넌 결코 어떤 것도 될 수 없어.

바깥세상의 통로가 되어줄 그 흔한 창 하나 없이 – 창 있는 방은 2만원이 추가되었으니까 – 환풍기 돌아가는 그 방안에서 자주 앓았어. 중앙난방으로 연결된 그 방은 기온 변화에 예민한 내게 자유를 허락하지 않았지. 더위 숨이 막힐 것 같아도 누군가 춥다면 모두가 똑같이 뜨거워져야 했어. 자주 바깥으로 나와 걷곤 했지만 가야할 곳은 아무 데도 없었지. 아니 사실 가야할 곳은 어디라도 있었지만 새롭고 낯선 길들이 무서웠어. 고독이라는 몸집 큰 괴물이 기분 나쁜 표정으로 나를 장악하기 시작했어. 그래, 인정하고 싶지 않았지만 난 그저 혼자인 것을 견딜 수 없어하는 아주 작은 꼬마아이에 불과했던 거야.

대학시절을 함께 보낸 선배는 이미 서울에 자리를 잡고 있었어. 우선은 그를 만나야겠다고 생각했지. 그렇지만 그 선배도 거의 10년간을 큰 작가 밑에서 꼭지글을 써가며 근근이 연명하고 있는 상태였어. 나는 어렵고 힘겹게 겨우 도움을 요청했고, 기다리라는 답변을 받았어. 작가연수원의 자리를 알아보고, 이력서를 쓰고, 흔한 인터넷 카페에 가입도 했어. 혼자인 것이 싫어 가입한 카페의 정모에 나가보기로 했어. 백수들을 위해 거리로 나가는 프로젝트에 관한 카페였지. 나는 그저 사람이 만나고 싶어서 그곳에 나갔고, 집에서 게임만 하는 이들과 별의별 것들을 다 해보았지. 라디오에 출현해서 인터뷰도 하고, 동대문 시장으로 나가서 물건도 팔았어. 외국인들에게 말을 걸어보기도 하고, 유명한 만두집에 가서 손으로 만두를 빚어보기도 했어.

그러던 어느 날, 그 카페에서 연계를 했는지 한 구성작가에게서 연락이 왔어. 작가가 꿈이라고 들었다고, 인터뷰를 할 수 있느냐고. 나는 별로 하고 싶지 않다고 말했어. 구성작가는 밤낮으로 전화를 걸어 나를 설득하기 시작했어. 혹시나 작가가 되는 데에 자신이 도움이 되면 돕겠다고, 잠시라도 시간을 내줄 수 없겠느냐고. 결국 나는 마음을 돌려 그녀를 주말에 만나기로 했어. 주말엔 예식장에서 손님에게 스티커를 붙이고, 테이블을 정리하는 아르바이트를 하고 있었어. 일이 마치는 저녁 7시쯤에 고시원 근처 커피숍에서 만나 간단한 촬영과 이야기를 나누기로 했지. 그런데 촬영하기로 한 당일, 구성작가가 아닌 다른 FD에게서 다시 연락이 왔고, 고시원을 촬영하면 안 되냐고 물었어. 나는 그러고 싶지 않다고 했고, 조금 뒤 구성작가의 싸늘하고 간략한 문자 한통이 도착했지. 인터뷰는 취소되었다고.

그래, 어쩌면 별일 아니었어. 그런데 그때 나는 구성작가가 되고 싶었어. 구체적으로 말하자면 라디오 작가가 되고 싶었지. 아름다운 것들을 들려주고 싶은 마음이 가득했어. 내가 느꼈던 아름다운 문장과 음악과 사람 그리고 생각들. 어쩌면 꿈같은 생각이었는지도 모르지. 그런데 이 일을 계기로 나는 철저하게 이용당한 느낌이 들었어. 쓰레기더미 속에서도 진주를 발견하는 마음으로 살고 싶었던 건데, 어쩌면 내가 쓰레기가 될지도 모른다는 두려움이 일었어. 내가 꿈꾸는 삶은 이런 게 아니었는데. 달디단 말로 사람을 끌어들인 뒤에, 자신의 방송 의도와 맞지 않다는 이유로 아무런 설명도 없이 단박에 끊어버리는 것. 무언가 시작을 해보기도 전에 벌써 회의감과 상처에 허덕이고 있었던 거야.

얼마 지나지 않아 돈도 점차 떨어지고 이대로는 안 되겠다 싶어 일자리를 구했어. 한남동 파리크라상 파견직. 여긴 빵 값이 유난히 비쌌기 때문에 '부'를 가진 이들이 많이 오는 편이었어. 유난히 연예인들이 자주 드나들었고, 그것이 신기하기도 우습기도 했어. 어디서나 어설펐던 나는 자주 갓 나온 빵을 떨어뜨렸고, 케이크를 긴 칼로 옮기다가 짜부라뜨리곤 했어. 쉬폰 케이크 같은 경우엔 너무 부드러워 길쭉한 칼로 바닥을 쓸듯이 퍼낼 때면 무척 조심스러웠는데, 긴장하다보니 엉망이 되기 일쑤였지. 그럴 때면 벼락같은 제빵사의 불호령.

한번은 소시지 바게트를 자르다가 두세 조각이 튕겨나가 바닥에 떨어진 거야. 매니저는 화를 내면서 다시 자르라고 했어. 새것을 가져와 또 썰고 있었는데, 이번에도 또 떨어뜨린 거야. 얼른 나는 매니저의 눈치를 봤어. 매니저는 그걸 보지 못했고, 손님은 그걸 보았지. 매니저에게 혼나는 게 두려워서 그냥 나머지 것들을 대충 싸서 손님에게 건네주었어. 손님의 분노 서린 표정이 두려울 정도로 생생하게 기억이 나. 그럴 때마다 이곳에 발 디디고 서 있는 자체가 수치스럽게 여겨졌어. 내가 하는 모든 일이 누군가에게 피해를 끼치고 있다는 생각, 아무짝에도 쓸모없는 암적인 존재라는 슬픔이 심장을 관통하고 지나갔어. 찌그러진 케이크가 쓰레기통에 바로 버려질 때면 더더욱.

그런데도 때때로 갓 구워진 빵 냄새가 풍겨져 올 때면 행복함을 느꼈어. 고소하고 달콤한 그 냄새. 빵 하나하나에 붙여진 이름을 외우고, 그것을 발음해 볼 때, 이토록 적합하고 아름다운 이름이 있다는 것이 신비롭게 느껴졌어. 일몰의 시간이 찾아오고 거리에 어둠이 내리기 시작할 때, 뜨거운 커피를 주문하는 사람들의 손짓과 입술을 볼 때면 이곳에 있다는 것이 축복처럼 여겨지기도 했고. 꼭 글을 쓰지 않아도, 무언가 되지 않아도 좋겠다는 생각을 했어. 케이크 한 상자를 손에 쥐고 나가는 사람들의 뒷모습을 볼 때면, 촛불처럼 화사한 밤을 보낼 알지 못할 누군가의 사랑스런 미소를 떠올려보곤 했어. 지문이나 먼지가 내려앉은 유리를 닦아낼 때면 무언가가 깨끗해질 때의 쾌감도 느껴졌어. 동시에 '참을 수 없는 존재의 가벼움'에 나오는 토마스가 의사를 관두고 유리창을 닦으며 행복해하던 것이 떠올라 피식 웃곤 했지.

다시 고시원으로 돌아와 홀로 밥을 먹거나 가져온 빵을 우적우적 씹어 먹을 때면 곁에 누군가 없다는 게 어마어마한 괴로움으로 다가왔어. 삶에 대한 열정이 사그라지고, 생기가 빠져나가니 글이라는 것도 하찮게만 여겨졌어. 고시원은 방음이 되지 않아 옆방의 소리가 가감 없이 들려왔는데, 특히 전화 통화하는 소리가 정말 크게 들렸어. 그들도 외롭구나, 여기기도 했고, 아, 더 이상 듣고 싶지 않다, 귀를 틀어막고 싶기도 했지. 멀리 떨어져 있는 화장실의 물 내려가는 소리, 지하에 있는 세탁기 돌아가는 소리. 무언지 모르게 탁탁 두드리는 소리. 새벽 내내 그 소리들은 불협화음처럼 뒤섞여 이어졌어.
 멍하니 누워 그 소리들을 듣는 새벽이면 눈에서 물이 흐르는 것이 내 것인지도 모른 채 무감각했어. 몸은 분명 무언가 느끼고 있었지만 감정이 없는 기계처럼 널브러져 있었지. 문득 그때 회사를 관둬야겠다고 결심했던 시간들이 떠올랐어. 그 부푼 열기들이 빠져나간 현재가 불행을 넘어 죽음처럼 여겨졌어. 상상과 현실은 완전히 달랐던 거야. 회사에서 느꼈던 부조리함, 분노들, 그것에 어쩔 줄 몰라 하며 발을 동동 구르던 내 모습이 그리워졌어. 아, '분노'라는 감정은 생에 대한 사랑이 있을 때만 가능하다는 걸 그때야 알게 되었지.
 고시원엔 돌파구를 찾기 위해 마련된 책들이 점점 쌓여갔고, 고시원 주인은 지하에 있는 방에 책들을 넣어두는 게 좋겠다고 했어. 책들을 그곳에 옮기고 싶지 않았지만 발 디딜 틈도 없는 한 평짜리 공간이니 어쩔 도리가 없잖아. 가끔은 집 앞 편의점에 가서 맥주를 사와 호사를 부려보기도 했어.
 한남동 파리크라상엔 언제나 일이 넘쳐났고, 직원은 부족했고, 나는 점점 스스로에 대한 한계가 느껴졌어. 특히 저녁때 한 솥 가득 행주를 삶는 일은 무척이나 고되었어. 그 일은 가장 최근에 들어온 아르바이트생에게 주어진 것이었는데, 반듯하게 입고 아르바이트를 하러 오던 청년은 늘 하루 만에 관두곤 했어. 나는 신이 나서 행주 삶는 것을 알려주었다가 — 드디어 행주 삶는 걸 끝낼 수 있겠구나 싶어서 — 다음 날이면 여지없이 소스들로 그득한 캄캄한 지하실 계단을 밟고 내려가 거대하게 뒤엉킨 행주를 삶고 있는 거지.
 가끔은 빵을 만드는 동갑친구가 오른손을 번쩍 들고 인사를 하곤 했어. 그때 무척 기뻤던 기억이 나. 그 친구는 파리에서 유학을 하고 돌아왔는데, 빵을 만들 때면 늘 콧노래를 불렀고, 유난히 내게 반갑게 인사를 해주었어. 행주를 삶고 있을 땐 옆에 와 소형 라이터로 불을 밝혀주기도 했고, 싱크대 물을 콸콸 틀어 머리를 감기도 했어. 밤새 새로운 빵을 연구하던 그 친구를 볼 때면, 그가 지닌 삶의 열정이 내게로 전해지는 것 같았어. 저녁때가 되어 빵을 마감하고 정리가 되면 모두가 한시 바삐 퇴근을 했는데, 그는 자주 지하실에 남아 내게 이런 저런 이야기를 해주곤 했어. 빵에 대한 사랑과 열정 그리고 한국에서 대우받지 못하는 현실, 꿈과 사랑 사이의 선택들에 대해서. 그는 결국 내가 그만두기도 전에 만나고 있던 여자에게 이별을 통보하고, 프랑스로 떠났어. 여자 친구와 왜 함께 떠나지 않느냐는 내 말에, 희미한 웃음만을 남긴 채.

 석 달을 겨우 버텼어. 몸에 탈이 나기 시작했어. 먹은 것을 다 토해내고 동시에 설사도 했지. 병원에 가니 위가 꼬였다고 했어. 겨우 걸어 나와 죽을 사들고 고시원으로 돌아왔어. 1분에 한 번씩 화장실에 갔어. 구토와 설사가 동시에 나올 때는 몸이 아니라 썩은 음식물 쓰레기통 같았어. 뭐가 그리 힘들었던 걸까. 무엇이든 혼자 해낼 수 있다고 믿었는데, 인간이란 존재는 왜 꼭 누군가를 필요로 하는 걸까. 일상을 나눌 누군가, 좋아하는 것들을 함께 할 누군가를.

 힘든 상황을 들키지 않으려고 가족의 연락을 피했어. 가족에게 돌아가지 않으려고 필사적으로 애를 썼어. 엄마에게 전화가 지독스레 왔고, 겨우 받은 통화에서 꿈자리가 뒤숭숭하다고 했어. 엄마도 많이 앓은 눈치였지. 자기합리화겠지만 그땐 그런 생각이 들었어. 가족보다 꿈이 더 중요하다고 믿었지만 이 순간에 내가 가족 곁에 없다면, 나도 엄마도 서로에게 죄를 짓는 게 아닐까. 지금 여기서 버티는 것 자체가 선택에 대한 억지스런 오기가 아닐까, 하고. 스스로에게 부끄러워지기 시작했어. 포기라는 단어를 쓰고 싶지 않았지만 처절하게 포기가 내게 다가왔어. 주변의 눈들이 무서웠지만 다시 부산으로 돌아갈 짐을 쌌어.

 그래, 그렇게 다시 부산으로 돌아왔지. 한동안 집밖으로 나가지 않고 멍하니 웅크리고 앉아있기만 했어. 엄마는 아무것도 묻지 않으셨어. 잘 왔다고만 했어. 며칠 후엔 폐지 모으는 할머니와 경쟁해서 겨우 얻어낸 박스 택배 10개가 도착했지. 허기가 부추긴 책들이었어. 서울에서 부친 택배들. 그것들을 하나씩 정리하고, 반 정도는 헌책방에 팔았어. 한때는 열망으로 가득했지만 이제는 식어버린 음식처럼 차갑고 딱딱한 동전들이 손바닥에 남겨졌지.

　얼마 뒤 부산에서 일자리를 구했고, 열정적이진 않지만 안정적인 생활을 해나갔어. 회사를 다니며 혼자 점심 식사를 할 때면 가끔 신정역 3번 출구 앞 고시원이 생각나곤 했어. 답답했지만 '꿈의 조각들을 품었던 장소와 시간들을. 차가운 아침 공기를 온몸에 가득 묻히고는 한남동 파리크라상 유리문을 열어젖혔던 그 순간들을.

　마지막 날, 급히 나오느라 그곳에 두고 왔던 검정색 운동화가 떠올랐어. 하얀 블라우스를 입고 그 위에 긴 검정 앞치마를 드레스처럼 두르고 두툼한 검정 운동화를 신었던 내 모습. 하얀 타일들을 조심스레 밟아 가며 손님들을 살피고 빵을 정리하고 테이블을 치웠던 그 발자국들. 가끔은 말이야. 그곳에 남고 싶었던 마음의 조각이 유령으로 변해서 그 검정 운동화를 신고 여기저기 내가 가보지 못한 곳을 어디선가 걸어 다니고 있을 것만 같은 착각이 들어. 떨어뜨린 소시지 바게트 몇 조각을 곱게 싸서 다 챙겨 주지 못한 그 손님에게 전해주는 상상도 하고 말이야. 그땐 많이 미안했다고 하면서.

　홍대 앞을 서성이다 맥주 몇 병을 담은 비닐봉지를 들고 고시원으로 돌아오던 어떤 밤이 있었고, 날짜 지난 티라미수 케이크 한 상자를 받아와 고시원에서 펑펑 울며 그걸 다 먹어버린 밤도 있었지. 약속 장소에 나오지 않은 친구를 원망하며 어딘지도 모를 거리를 미친 듯이 걷기도 했었어. 버스를 잘못 타는 바람에 걷고 걷고 또 걷다가 지쳐서 탄 택시에서, 기사 아저씨가 친구가 되어주겠다고 한 적도 있었지. 그렇게 안 돼 보였던 걸까? 참 이상하지. 그때는 죽고 싶을 만큼 견디기 힘든 곳이었는데, 계절의 공기가 바뀔 때마다 환절기에 찾아오는 재채기처럼 그곳이 일상에 다가오곤 해. 늦은 반항이었지만 그렇게 무작정 떠날 수 있었던 게 좋았었나봐. 괴롭고 힘들었지만 처음으로 가진 한 평짜리 내 세계였으니까. 좁은 벽에 좋아하는 사진과 엽서를 붙여 놓고 매일 바라볼 수 있었으니까. 외로웠지만 어디든 내가 선택해서 발을 내디딜 수 있었으니까.

서울로 가기 일주일 전에 예행연습 차원에서 가격이 싼 고시원을 중심으로 서울의 곳곳을 돌아다녔어. 고시를 준비하는 허름한 청년이 대부분일 줄 알았는데, 의외로 일용직으로 일하는 나이 많은 아저씨들이 수두룩했어. 어지럽게 놓여 있는 그들의 흙 묻은 안전화들. 김치 공짜. 라면 공짜. 공깃밥 공짜. 햇살이 들지 않는 컴컴한 방안에 널브러진 허름한 옷들.

나는 정말 자신 있었어, 그때만 해도. 그들과 섞이진 못해도, 처절하게 가난해지길 바랐어. 지옥 속에 있더라도, 나만은 지옥이 되지 않을 자신이 있었어. 어떠한 순간에도 쓰고 있길 바랐어. 그것이 구원이라 믿었어. 고시원을 나올 때, 나는 깨달았어. 나만이 지옥이 되어 있었다는 사실을. 나를 괴롭힌 건 고시원이란 장소, 좌절된 꿈 혹은 고독이란 실체가 아니라 나를 형성하고 있는 모든 세포와 뇌의 조각들이 지옥이 되어버렸다는 것이었어.

지옥이 되어버린 내가 아니었더라면 더 소중하게 가꿔졌을 '고시원'. 그래서 떠나보내지 못하는 추억의 장소가 되었나봐. 좋은 기억들을 만들 수도 있었을 짙은 아쉬움의 장소. 지독한 냄새를 뿜어대며 악한 기운과 부정으로 점철된 시간들을 부여했던 장소. 마음 한편 '그 시절의 앙금'이라는 이름을 부여하며 자리 잡은 장소. 6년이란 시간이 흐르고 나서야 마음으로 그곳에 환한 공기를 불어넣는 심정으로 이 편지를 쓰게 되다니.

스물 일곱 이전의 나는 '나'라는 걸림돌에 묶여 있었어. 그때는 그것이 나인 줄 몰랐지. 나 아닌 모든 것들이 나를 붙잡고 있다고 생각했었어. 그런데 모든 문제는 나 자신이었어. 딱딱하게 굳어 벗어나지 못하는 내 생각, 편견, 오해 들이었어. 다시 기차를 타고 돌아오는 길, 그 철길의 울림을 온몸으로 기억하자고 다짐했어. 왔던 곳으로, 원점으로 돌아가는 듯 보이지만 나는 이전과 다른 사람이 되었다고, 그러니 더 열렬히 살아보자고 마음으로 소리쳤어.

그 이후 메뚜기처럼 자주 회사를 옮겨 다녔어. 때때로 사람들이 신물이 난다고 말하면서도 계속해서 사람들을 찾아다녔지. 연극무대에 서서 다른 사람이 되어보기도 했고, 사회적 기업을 만들어보겠다고 수업을 듣고 팀을 이뤄 술을 마시고 토론을 하며 광분하기도 했어. 노인병원에 가서 처음 보는 남자 성기들을 무수히 보면서 아무렇지 않은 척 기저귀를 갈아보기도 했지. 정신병원에 가서 낯선 병원 사람들과 6개월 간 함께 생활하면서 그들에게 물들어가기도 했어. 날짜와 시간의 경계가 무감각해지는 순간 나도 그들과 다를 바 없는 정신이 병든 사람이라는 걸 알게 되기도 했고.

그 사이에 결혼도 했고, 아이도 낳았지. 세상에 다시없을 행복과 불행의 맛을 보고는 우울증에 시달리기도 했어. 부푼 배를 이끌고 '보육교사'가 되어 보겠다고 실습하러 간 어린이집에서 걸레질을 하며, 왜 이런 생고생을 하며 스스로를 괴롭히나 한탄도 했어. 짧은 영어실력을 가지고 있으면서도 '어린이 영어지도자'가 되어보겠다고 영어동화를 읽으며 자격증시험을 쳤고, 동화구연을 해보겠다고 사람들 앞에서 꼬부랑꼬부랑 목소리를 바꾸어가며 '강아지 똥'을 들려주기도 했어. 책을 좋아하는 사람들을 모아 문학에 대한 이야기를 나누기도 했고, 새로운 선생님을 만나 시를 배우기도 했어. 사람들을 만나는 모든 장소, 나를 만드는 모든 세계가 그 속에 다 있었어.

나는 여전히 부산에 있어. 그렇지만 무수한 장소에 있어. 그건 내가 머물렀던 장소마다 추억이 있기 때문이야. 집밖을 나서서 발을 이리저리 옮길 때마다 수많은 기억들이 그림자처럼 나를 따라오기 시작해. 좋은 사람들의 표정과 웃음이 떠올라. 더불어 계절이 바뀔 때마다, 공기의 냄새가 달라질 때마다 읽었던 책의 희미한 이미지들도 떠올라.

나는 언제나 어딘가에 머물고 있어. 앞으로도 그럴 거야. 나는 결코 나에게서 벗어날 수 없겠지만 나라는 장소에서 더 많은 경험들을 하고 싶어. 흔들리는 나무들 사이로 숨어 있는 광채들을 오롯이 느끼며 계절을 만끽하고 싶어. 바람이 불지 않는 날이면 홀로 춤추는 기분으로 나를 뒤흔들어 보고도 싶어.

마지막으로 내 인생의 신조가 되어버린 구절로 이 편지를 마무리 하고 싶어. 어떤 순간에도 잊고 싶지 않은 글귀야. 이탈로 칼비노의 '보이지 않는 도시들' 마지막 구절에 나오는 이 글을 읽고 느꼈던 전율을 늘 기억하고 싶어.

"살아 있는 사람들의 지옥은 미래의 어떤 것이 아니라 이미 이곳에 있는 것입니다. 우리는 날마다 지옥에서 살고 있고 함께 지옥을 만들어가고 있습니다. 지옥을 벗어날 수 있는 방법은 두 가지입니다. 그것은 바로, 지옥을 받아들이고 그 지옥이 더 이상 보이지 않을 정도로 그것의 일부분이 되는 것입니다. 두 번째 방법은 위험하고 주의를 기울이며 계속 배워나가야 하는 것입니다. 그것은 즉 지옥의 한가운데서 지옥 속에 살지 않는 사람과 지옥이 아닌 것을 찾아내려 하고 그것을 구별해 내어 지속시키고 그것들에게 공간을 부여하는 것입니다."

—이탈로 칼비노, 『보이지 않는 도시들』

가끔은 길을 잃고 싶어. 가끔은 울고 싶어져. 그렇지만 보르헤스의 말처럼 내가 기억하는 한 살아 있다는 걸 느낄 거고, 내가 망각하는 한 미치지 않을 거야. 나는 나와 함께라서 외로워도 외롭지 않아. 앞으로도 늘 이렇게 함께 하자. 안녕.

2015. 9.

김혜옥 몽상과 현실을 건너다니며 일상예술가를 꿈꾸는 사람입니다.

나의 문장 유랑기
—읽는 것에서 시작하여 쓰는 것으로 맺다

정현경

'그 순간에 써야 했을 문장'이 있다. 결국 좋아하게 될 사람과 눈을 처음 맞춘 순간이나 나를 전율하게 하는 강의를 듣는 순간 같은 순간들의 생생한 기록. 보통은 때를 놓쳐 '어땠다'는 문장에 여러 감정을 꾹꾹 눌러 담아버리고는 그 느낌의 극히 작은 일부만을 남겨놓는다. 그 느낌의 일부라고 하기에도 확신하지 못한다. 실은 경계하기도 했고 지루하기도 했던 순간들은 "전체적으로 좋았어."라는 뭉뚱그려놓은 감상에 푹 잠겨버린다. 그 순간의 느낌과는 완전히 다른, 어떤 새로운 순간을 만들어내기도 한다. 때문에, 분명히 내 것이었을 어떤 순간들은 영원히 누구의 것도 아닌 것이 되어버린다.

그 아까움을 아는 이들은 메모를 하고 일기를 쓴다. 내 순간을 내 것으로 간직하기 위함이다. 그런데 경험으로 봤을 때, 메모의 문장은 보기에 좋지 못했고 일기의 문장은 철저히 '밤의 문장'이었다. 순간의 정확한 느낌을 수첩에 메모할 수 있다면 참 좋겠지만 아무리 봐도 서툴고 추상적인 단어의 나열만이 나를 마주할 뿐이다. 일기장을 펼쳐 봐도 밤만 되면 규칙적으로 찾아오는 일기용 감성은 파란 하늘 아래의 느낌을 다 망각해버리고 나까지도 졸리게 만드는 문장을 기계처럼 찍어낼 뿐이다. 아, 나 자신을 갖는 것이 이렇게도 힘든 일이었던가?

이럴 때 독서는 유용한 수단이 된다. '읽는 것'은 단순히 보기에 수동적인 움직임—눈알을 왔다 갔다 하는 것이 전부인 것—으로 보이지만 꼭 그렇지만은 않다. 독서는, 아니 어떤 타인의 문장들은 때때로 나의 잃어버린 순간을 되돌려 준다. 어떤 문장들의 발견은 내 과거의 어떤 순간과 맞물려 나에게 공감이라는 선물을 준다. '그렇게 표현하지 못해서 잃어버리고 말았던 순간'을 다시 떠올리게 해주는 것이다. 이런 의미로 보면, 글을 쓰고 읽는 것은 순간을 간직하려는 노력이다. 다양한 순간들을 기록한 문장들이 있기에 우리는 나 자신을 되찾는 순간들을 책 속의 상황에서 뜻밖에 만나곤 한다.

이처럼 좋은 문장을 발견하고자 하는 일종의 소유욕이 나를 독서의 길로 유혹했다. 처음엔 공감할 수 있을만한 책들, 나와 연관이 있어 보일 것 같은 느낌의 책들만을 골라 읽기 시작했다. 그런데 새로운 책을 읽으면 읽을수록, 어떤 책을 읽어도 나와 연결시킬 부분이 아주 없지는 않다는 생각에 미쳤다. 책의 모든 부분이 공감되거나 재미있지는 않더라도 어떤 한 줄, 어떤 한 문장의 공감—때로는 책의 맥락과 배제된 채 단지 나의 해석에 의한 자의적인 공감—이 독서에 활기를 불어넣어 준 것이다. 내가 어떤 존재인지 설명해 줄 문장이 가득 머무르는 곳, 그곳은 딱 '어떤 특정한 책'이었다기보다는, 바로 책의 한 쪽, 한 쪽이었다. 어느 순간부터 책은 나에게 하나의 장소로서 존재하게 된 것이다.

책이 하나의 장소가 될 수 있다는 생각을 하고부터 눈에 띄게 바뀐 점은 독서량의 급증이었다. 낯선 느낌 앞에서 망설이는 시간이 짧아진 것이다. 책 속은 거대한 세계가 아니라 얼마든지 들렀다 나올 수 있는 한 장소에 지나지 않는다는 생각, 무엇보다 그 장소의 설계자는 신이 아니라 나와 비슷한 '사람'이라는 생각이 장르의 벽을 허물어 주었다. 말하자면 늘상 밝은 조명 아래만을 찾아다니던 나는 가끔은 낮은 채도의 조명이 있는 곳으로도 가보고, 심지어 그 매력에 눈을 뜨고는 아예 어둠으로 둘러싸인 곳도 가 보게 되었다. 또 인기가 좋아 많은 사람들이 웅성거리는 곳만 갈 줄 알았던 나는 이제 찾는 이가 별로 없어 공기가 썰렁한 곳에도 가 보게 되었다. 마치 여기저기 유유히 돌아다니는 유랑자처럼, 나는 문장이 있는 곳이면 기꺼이 그 문을 두들겨 보고는 했다.

  문장을 채집하며 지내는 유랑 생활에 익숙해져 있을 무렵, 나는 어떤 위기에 봉착한 적이 있다. 생각지도 못하게 한 장소의 설계자로부터 꾸지람을 들은 것이다. 지금까지 스쳐온 대부분의 설계자들은 나를 환영해 주었다. 이번에도 역시 나를 반겨줄 문장을 기대하며 문을 밀고 들어갔지만, 그 장소의 설계자는 나를 보더니 당장 이 멍청한 유랑 생활을 그만두라고 하는 것이 아닌가. 왠지 지쳐 보이고 어두운 안색을 가진 그는 나에게 이렇게 말했다. *"다독은 정신의 탄력성을 몽땅 잃게 하지. 오랫동안 용수철에 무거운 짐을 매달아 놓아두면 탄력성이 없어지는 것과 마찬가지로, 무턱대고 아무 것이나 닥치는 대로 읽는 것은 자신의 사상을 갖지 못하게 하는 방법이라 말할 수 있어."[1]

  순간의 감정을 기록하는 능력이 부족한 탓에 이 책과 저 책 사이의 유랑 생활이 나의 사상을 쌓을 수 있는 가장 그럴듯한 대안이라 생각해 왔었다. 지금껏 유랑 생활을 통해 수집한 문장들이 이만큼씩이나 쌓여 있고, 그 쌓음의 과정은 결코 무턱댄 시도가 아닌, 하나하나 나의 공감과 선택에 의한 것이라고 맞받아쳤다. 하지만 설계자는 조금의 표정 변화도 없이 단호하게 말했다. "우리들의 머리는 독서를 하고 있는 한, 실은 타인의 사상의 운동장에 불과해. 정신은 다른 사람의 사상의 압력을 끊임없이 받으면 탄력을 잃고 만다고."[2] 뭔가 시무룩해진 나는 그에게, 그러면 나처럼 순발력이 없고 어휘의 끈이 짧은 사람은 어떻게 나 자신을 지킬 수 있냐고 물었다. 그는 대답했다. "사색은 우리의 의지와는 관계없어. 책상 앞에 앉아 책을 읽는 일은 언제든지 할 수 있지만, 생각하는 일은 그렇지 못해. 사상은 임의로 불러낼 수 있는 것이 아니야. 올 때까지 기다려야만 해."[3]

---

1) A. Schopenhauer, 『쇼펜하우어 수상록』, 범우사, 17쪽.
2) 같은 책, 35쪽.

정현경 / 나의 문장 유랑기

습관은 성격이 된다고 했던가. 새로운 장소에 가는 것, 그 장소에서 새로운 사람과 새로운 상황을 문장으로 만나는 것, 그럼으로써 비로소 '나'에게 도달하는 것은 내가 살아오던 삶 그 자체였다. 그러고 보면 나는 빈 페이지에 내 생각을 옮겨 적는 것에는 늘 서툴렀던 것 같다. 평소 경직되어 있는 사고는 어떤 장소로 흘러들어가지 않으면 좀처럼 유연해지지 않았다. 내 삶의 방식이 잘못된 것일까. 그동안 이런저런 장소에서 유유자적해오던 날들이 파노라마처럼 지나갔다. 이제 장소에의 탐닉은 그만 두고 '내 방'으로 돌아가야 하는 걸까. 그럼에도 나는, 오래 밴 습관대로 그의 문장들을 품에 안은 채 그 장소를 도망치듯 빠져 나와 버렸다. 역시, 습관은 성격이 되는가 보다.

덕분에 나는 한동안 유랑을 쉬게 되었다. 자발적인 휴식은 아니고, 어딜 가도 자꾸 그의 말이 거슬렸기 때문이었다. 유랑을 멈추자 틈만 나면 내 시선을 잡아끌던 장소들의 간판 대신 내 방의 거울을 마주할 시간이 늘어났다. 어떤 생각도 할 줄 몰랐던 날이 다반사였고, 그때마다 "기다려야한다"는 그의 말을 되뇌었다. '이렇게 기다리고 있으면 무슨 생각이라도 찾아오겠지. 당장이라도 뛰어 나가고 싶지만 조금만 더 참아보자.', '그래, 어쩌면 나의 사상을 만든다는 것은 순발력과는 거리가 먼 것일지도 몰라. 당장 표현하고 설명할 수 없다는 이유로 생각하길 포기했던 건 아닐까. 지금 생각해보면 다른 사람의 생각을 찾는 것이 도피 같기도 하네.' 바깥 장소에서 찾았던 것만큼 명쾌한 단어와 세련된 표현은 아니지만 내 방에서도 어찌어찌 생각이 이어지기는 했다.

생각을 겨우겨우 이어가기는 했지만, 그 생각을 표현해내는 것은 더욱 쓰라렸다. 그동안 너무 쉽게 읽어 온 것이 아닌가 하는 생각도 들었다. 하루하루 다른 문장의 힘을 빌리지 않고 견디다 보니 유랑 생활에 대한 그리움은 점점 그 형태가 변모되어 선망과 두려움의 경계를 왔다 갔다 하는 지경에 이르렀다. 나도 내 방을 문장의 장소로 만들 수 있을까. 다른 사람들이 편안히 머물렀다 갈 수 있는 그런 안락한 장소라면 좋겠다. 아니면 강렬한 인상을 줄 수 있는

---

3) 같은 책, 24쪽.

그런 신비로운 장소도 멋질 것 같다. 사람들에게 실질적인 도움을 줄 수 있는 유익한 장소는, 스트레스를 날려줄 수 있는 우스꽝스러운 장소는 또 어떤가.

조금 상기된 나는 우선 방을 찬찬히 둘러보는 것에서 시작했다. 텅 비어 있을 줄 알았던 내 방에도 그동안의 유랑 생활에서 가져온 흔적들이 꽤 많았다. 모처럼 그 흔적이 배인 문장들을 되새길 시간을 가질 수 있었다. 줄곧 방 안에만 있었다면 영원히 만나지 못했을 문장들이라 생각하니 아찔하기도 했다. 책 속에서 만났던 문장에는 내가 잃어버렸던 순간들을 찾아주는 것 이상의 힘이 있었다. 오히려 나를 잠시 잊고 타인을 향해 조명을 비춰주기도 했으며, 그것은 곧 함께 살아가는 길에 대한 고민으로 이어지기도 했다. 다시 말해 '나' 이외의 대상을 응시할 줄 알아야 한다는 것을 배웠다. 공존의 배움을 유랑을 멈추고 혼자 있을 때 얻었다는 점에서는 역설적이기도 하다.

그는 '타인의 사상 운동장'에 있는 것은 시간 낭비라고 했지만, 적어도 나에겐 인식의 범주를 넓혀주었다는 점에서 독서는 유용하다고 믿는다. 그의 독서지론 역시 내가 유랑을 떠나 그의 장소에 방문했기에 접할 수 있었던 인식 아닌가. 독서를 향해 다소 날을 세운 시각을 갖고 있는 것으로 보였지만, 한편으로는 다른 장소가 아닌 바로 나 자신 안에 아직 발견되지 못한 중요한 진리가 분명히 있다는 것을 일깨워줬다는 점에서 사려 깊다는 생각까지 들었다. "우리들의 정신 속에 불타고 있는 사상과 책에서 읽은 남의 사상을 비교한다는 것은 마치 봄에 만발한 꽃과, 화석이 되어 버린 태고의 꽃을 비교하는 것과 같아."4) 관점에 따라 과격할 수 있는 문장이지만, 그만큼 '나'만이 할 수 있는 생각, '나'이기에 할 수 있는 생각이 있다는 것을 가르쳐 준 문장이기도 하다.

그의 문장을 믿어보기로 한 나는 뭐든 끄적거려 보기 시작했다. 나라고 설계자가 되지 말란 법은 없다는 생각으로. 여전히 나의 문장은 멋스럽지 못하고 서투르기 짝이 없다. 허나, 가끔은 다른 어떤 멋스러운 문장보다 더 정확하다는 느낌을 받을 때가 있다. 그러고 보니 유랑 중에 만났던 또 다른

---

4) 같은 책, 18쪽.

설계자는 글쓰기의 근원적인 욕망 중 하나는 정확해지고 싶다는 욕망이라 했다. 그가 말하는 '정확해지고 싶다는 욕망' 이란 '문법적으로 틀린 데가 없는 문장이 아니라, 말하고자 하는 바의 본질에 가장 가까이 접근하는 데 성공했기 때문에 다른 문장으로 대체될 수 없는 문장'을 쓰고자 하는 욕망을 말한다.5) 정확한 문장을 쓰기 위해서는 나의 서툰 메모와 부끄러운 일기도 계속되어야 할 것이다. 불규칙하더라도 지속하는 것. 그 힘을 믿어보기로 했다.

그렇다고 바깥 장소를 돌아다니는 것을 그만둘 생각은 없다. 아직 다른 장소에 가지 않고서는 사색을 이어나갈 줄을 모르겠다. '기다려야한다' 는 말만 믿기에는 또 참을성이 부족하다. 흥미로운 장소들이 바깥에 가득한데 방 안에만 콕 박혀 있는 것은 너무 억울하기도 하다. 다만, 이제는 유랑자가 아닌 여행자가 되기로 마음을 고쳐먹어 본다. 그저 정처 없이 떠도는 것이 유랑이라면, 가슴 한편에 돌아갈 방을 남겨놓는 것이 여행이다. 타인의 장소들을 방문하는 것에 그치지 않고, 한 번씩은 나의 장소로 돌아와 그 흔적들을 나의 문장에 녹여보리라 다짐한다. 읽고 쓰는 행위의 리듬이 내 삶을 이끌어 줄 것을 믿는다. 그리하여 이제 그만 유랑기를 접고, 새로운 여행기를 시작하려 한다.

정현경 동아대학교 신문방송학과 재학 중. 2015년 백년서평 강물상 수상.

---

5) 신형철, 『정확한 사랑의 실험』, 문학동네, 27쪽.

집이 필요해

박송화

생각해보면, 이 모든 문제의 원인은 '집'입니다. 내 집이 없기에 밤늦게 놀다 들어오면, 죄지은 것 마냥 슬금슬금 기어들어가야 하고, 신나게 기타를 치며 노래 부르는 것도 가족의 눈치를 봐야 합니다. 친구들을 데려와서 파스타를 만들어 먹는 것도 힘들고, 연인을 불러 시간을 보내는 건 상상도 못합니다.

부모님과 한집에서 생활한 지 거의 서른 해가 다 되어 갑니다. 물론, 종종 혼자 사는 것을 꿈꿉니다. 부모님과 살면서 어디 독립을 꿈꾸지 않은 이들이 얼마나 되겠어요. 나이는 들어가고, 생활 패턴은 달라지는데, 부모님은 자식에 대한 사랑이라는 이유로 이것저것 관심을 보이지만, 정작 자식은 간섭으로밖에 여기지 않습니다. 사소한 일로 다툼이 잦아질 때면, 독립에 대한 충동이 불뚝불뚝 일어납니다.

그래도 아직 부모님과 같이 살 수밖에 없습니다. 혼자 산다면 가족과 함께 사는 것보다 더 많은 것을 감수해야 하기 때문입니다. 물가에 비해 터무니없는 월급으로 집세며, 각종 세금, 교통비를 혼자서 감당하기가 힘듭니다. 그리고 반찬이야, 청소야, 세탁이야 이런 건 다 어쩐단 말입니까. 퇴근 후 집에 오면 저녁 8시를 넘기기 태반인데, 그때부터 집안일을 하는 건 상상조차 싫습니다.

그러니, 이 모든 이유(어쩌면 핑계에 가까운 이유) 때문에 독립은 끊임없이 유보되는 중입니다.

그러다 집을 갖고 싶다는 결정적인 이유가 생겼습니다. 모텔에 걸려 있는 싸구려 액자. 그것이 나를 참을 수 없게 만들었습니다. 검은색 플라스틱 테두리에 에펠탑이 정면으로 찍혀 있는 흑백 사진의 액자였습니다. 누가 찍었는지, 어떤 의도로 찍었는지 모르는 에펠탑 사진. 카페나 식당에서 흔히 볼 수 있는, 그것이 에펠탑이라는 기호밖에 던져주지 않는 단순한 사진이었지요. 거기에는 추억이나 개성을 드러내는 어떠한 요소도 들어 있지 않습니다. 그저 사진은 복제되어 이곳저곳의 허전한 벽을 가려주는 역할만 할 뿐입니다.

그리고 한눈에 봐도 조잡한 검은색 플라스틱 액자가 에펠탑을 감싸고 있습니다. 다이소 인테리어 코너에 가면 진열된 무수한 액자 중 하나입니다. 누군가 그 액자를 샀다면 분명 사진을 빼고, 다른 사진, 이를테면 가족, 애완견, 특별히 아끼는 풍경을 담은 사진을 넣었겠지요. 누가 에펠탑 사진이 들어 있는 액자를 집에 그대로 둡니까.

그 녀석은 분명하게 말해 줍니다. 이곳은 내밀한 척 하지만, 멀티플렉스 영화관만큼이나 공적인 곳이고, 너는 그냥 몇 시간 보내다 가는 수많은 손님 중 하나에 불과해. 그러니 할 일이 끝났으면 얼른 나가는 게 어때? 에펠탑은 그렇게 나를 조롱하는 것 같았습니다. 밀란 쿤데라의 소설 제목인『참을 수 없는 존재의 가벼움』처럼 내 존재의 가벼움이 도저히 참을 수 없어서 누워 있는 친구를 쿡쿡 찔러 얼른 나가자고 했지요. 이곳에 더욱 머물러 있다간 나도 저 에펠탑처럼 변해버릴 것 같았습니다.

이후로 그곳에 가는 게 꺼려지기 시작했습니다. 이십 대 초반의 대학생도 아니고, 나이도 먹을 만큼 먹었는데, 여전히 그곳을 들어갈 때면 주위를 두리번거리며 들어가곤 합니다. 아무도 신경 쓰지 않고, 아무도 이상하게 생각하지 않지만, 에펠탑이 마음에 걸렸습니다. 그 녀석이 나를 계속 놀리는 것 같아 즐거운 시간을 보내다가도 이내 우울해졌습니다.

왜 하필 모텔에서 에펠탑을 발견하게 된 걸까요. 그건 언제나 주위에 있었는데 말이죠. 어쩌면 모텔에서 내가 집이 없다는 걸 가장 크게 느꼈기 때문입니다. 카페에서 커피를 마신다고 서러움을 느끼는 사람은 없을 겁니다. 하지만 섹스는 커피를 마시는 일보다 좀 더 복잡합니다. 다른 행위보다도 근원적이고, 비밀스럽습니다. 동물과 달리 인간은 아무 곳에서나 관계를 가지지 않지요. 무엇보다 그들에게 필요한 건 둘만의 장소입니다. 그런데 그곳이 자신의 취향과 기호가 반영된 곳이 아닌 프렌차이즈 식당과 같다고 생각해 보세요. 에펠탑 사진이 들어간 액자에서 느꼈던 것은 그런 가벼움과 어색함이 뒤섞인 감정이었습니다.

내 방이라면 절대로 걸지 않았을 액자가 떡하니 걸려 있고, 칙칙한 색깔의 두툼한 부직포 커튼은 당장이라도 떼어 버리고 싶게 생겼습니다. 아무런 역사도 발견할 수 없는 곳에서 가장 내밀한 행동을 해야 한다는 게 참을 수 없었습니다. 그때 처음으로 가정家庭을 가져야겠다는 결심을 했습니다.

사전에서 가정을 찾아보면 첫 번째로 '한 가족이 생활하는 집'이라는 설명이 나옵니다. 두 번째로, '가까운 혈연관계에 있는 사람들의 생활 공동체'라는 뜻이 뒤따릅니다. 당연한 논리지만 이것만 봐도 공동체가 성립하기 위해서는 우선 거주할 장소가 먼저 존재해야 합니다. 나와 친구가 에펠탑에서, 더 정확히 말해 이, 참을 수 없는 가벼움과 어색함에서 벗어나 좀 더 단단한 삶을 가꾸기 위해서는 집이 필요한 것이었습니다.

그 이후 우리는 부적이나 집에 대해 이야기하는 횟수가 늘어났습니다. 어떻게 자금을 마련하고, 어떤 집에서 살 것인지, 어떻게 내부를 꾸밀 것인지에 대한 게 주된 내용이었지요. 우리가 도출한 결론은, 처음에는 돈이 없으니까 월세로 시작할 것. 누구나 그렇듯 계속 돈을 모아서 전세로 옮기거나 집을 산다? 그러면 대출을 받아야 할 테고 대출금의 덫에 걸려 허덕인다. 라고 마무리될 것 같아 자금 문제는 정확한 언급을 피하고 있습니다.

대신, 어떤 집에서 살지에 대한 합의가 맞아떨어지더군요. 아파트에서는 살지 않을 것, 그리고 티브이가 거실을 차지하는 구조에서 탈피할 것입니다. 개성도, 사는 방식도 다른데 사장이건, 직원이건, 잘 살건, 못 살건 모두가 비슷비슷한 집 구조 속에서 사는 건 분명 이상합니다. 게다가 집주인은 분명 사람인데, 거실 티브이가 주인 행세를 하는 건 우스꽝스러운 일입니다. 저녁이나 명절이면 티브이 주위로 모여 앉아 있는 풍경은 싫어하는 광경 중 하나입니다. 그러니 우리의 생활 방식에 맞는, 사람이 중심이 되는 구조가 필요합니다.

라는 결론에 도달하자, 한 가지 문제점에 봉착했습니다. 그러기 위해서는 '우리 집'이어야 합니다. 애써 피하고 싶은 자금 문제가 여기서 연결되더군요. 전/월세에 살면서 집 구조를 나에게 맞춘다? 못질 하나 제대로 못 하는데, 가당키나 한가요. 겨우 벌어먹고 사는 젊은이에게 결국, '내 집'은 하나의 판타지입니다.

2000년대 들어 전국 평균 주택 보급률이 100%가 넘었다고 합니다. 통계상으론 '한 가구에 한 집'이 살아야 하는데, 아이러니하게도 '내 집'에 사는 비율은 53.6%(국토교통부, '2014년 주거 실태 조사')로 70년대 71.7%에 비해 뚝 떨어졌다고 합니다.[1] 그만큼 누군가는 필요 이상으로 많은 집을 소유하고 있고, 이곳저곳 이사 다니는 도시 난민들이 늘어났다는 방증입니다. 나와 공동체의 토대가 되어야 할 집이 재산의 가치밖에 지니지 않게 되자, 삶의 뿌리마저 흔들리는 처지에 놓이게 되었습니다.

싸구려 액자에서 발견한 가벼움과 어색함이 뒤섞인 감정은 이런 거대한 상황에서 나왔습니다. 거주하지 않는 자는 상시 이동으로 인해 가벼워지고, 자신의 장소가 아닌 곳에서 어색함을 느낄 수밖에 없습니다. 이런 상황이 반복된다면, 쿨한 노마드Nomad가 아니라 그저 난민에 불과합니다.

나에게 필요한 건, 캐슬이니, 엠파이어니 하는 우습기 짝이 없는 이름을 가진, 요란한 아파트 대신, 사는 사람의 개성이 담뿍 담긴 '집'이면 됩니다. 지리학자 에드워드 렐프는 『장소와 장소상실』에서 이렇게 말합니다. '인간답다

---

[1] ≪프레시안≫ "삼둥이 귀엽지만 '송일국 집'만 보면 분통이…", (정초원), 2015.9.8.

는 것은 의미 있는 장소로 가득한 세상에서 산다는 것이다. 인간답다는 말은 곧 자신의 장소를 가지고 있으며 잘 알고 있다는 뜻이다.'2) 집이 생긴다면 작고 볼품없더라도, 애정을 가지고 꾸밀 겁니다. 소품 하나에도 의미와 역사를 담아 놓고 싶습니다. 의미가 사라지는 세상에서 할 수 있는 손쉬운 투쟁입니다. 언제 내 집을 가질지 모르고, 언젠가는 이사를 떠날지라도, 대충 살고 싶지 않습니다. 끊임없이 의미를 부여하고, 소중하게 생각한다면 어디가 되었든, 그곳은 분명 '나의 집'입니다. 또한, 모든 게 가볍고, 똑같이 변하는 세상에서 장소를 지키는 방법이기도 합니다. 그래서 나는 나의 가정家庭이 기대됩니다.

박송화 밥벌이와 공부, 글쓰기 사이에서 외줄타기 중이다.

---

2) 에드워드 렐프(김덕현, 김현주, 심승희 옮김), 2005, 『장소와 장소상실』, 25쪽, 논형.

잔디 위의 차들

최예슬

1.

거북아 거북아 수로부인을 내어라.
남의 아내를 빼앗은 죄 얼마나 크냐.
네 만약 어기어 내놓지 않으면
그물을 넣어 잡아 구워 먹으리

—「해가海歌」전문

'해가'는 신라 성덕왕 때의 가요로 빼앗아 간 수로 부인을 되돌려 달라고 요구하며 불렀던 주술적인 가요이다. 신라 시대 때 불렸던 이 가요가 2015년에 '학교야 학교야 운동장을 내어라'라며 불리고 있다.

이번 연도에 대학교를 졸업하게 되는 나는 마지막 가을 학기를 앞두고 설렘 반, 걱정 반 마음을 안고 개강을 했다. 셔틀버스를 타고 학교를 올라가는 동안 나는 생각지도 못한 당황스러운 풍경을 접했다. 여름 방학을 기점으로 학교 운동장이 주차장으로 변모해 버린 것이다. 운동장 녹색 잔디 위에는 하얀 페인트로 주차선, 차량진입로를 표시한 주차장으로 되어있었다. 총면적이 5,400㎡이나 되는 새로운 주차장. 새롭게 변한 운동장의 모습은 흡사

호화로운 중고차 시장을 보는 듯한 느낌이었다.

2.

　중앙 운동장은 동아대학교 학생들에게는 의미 있는 장소이다. 축구, 럭비, 조깅 등 학생들이 마음껏 뛰어다니며 운동하는 곳이며, 각 단대의 체육행사가 열릴 뿐만 아니라 가을이 되면 축제가 벌어져 열광적으로 공연을 즐기는 곳이다. 그리고 영화 '마이 블랙 미니 드레스'에서도 등장하듯 몇 년간의 대학생활을 마무리 지으며, 다들 추억을 남기기 위해 학사모를 쓰고 졸업 사진을 찍는 곳이다. 운동장 한쪽에 자리 잡은 벤치는 운동장에서 공을 차는 학생들을 보면서 잠시나마 휴식을 취하고, 친구들과 도시락도 먹고 수다를 떨기도 하는 곳이다. 동아대학교 학생이라면 각자 운동장에 깃든 추억 하나쯤은 가지고 있을 것이다. 그렇기에 개강 전주만 해도 멀쩡하였던 운동장이 하루아침에 주차장으로 탈바꿈해 버린 것은 학생들의 분노를 살 수밖에 없었다.
　그중에서도 운동장을 가장 많이 이용하는 체대생들의 불만이 클 수밖에 없다. 그래서 SNS에 이런 상황을 올려 큰 화제를 만들었던 것도 체대 출신의 졸업인으로 알려졌다. 이것을 필두로 체대인들은 자신들의 의견을 피력하며 시위활동을 벌였다.
　개강 후 달라진 운동장 모습에 많은 학생의 반감을 사자, 이에 의식한 듯 개강 첫날 SNS를 통해 학교는 견해를 밝혔다. 중앙운동장이 중앙도서관 및 여러 단과대학 건물과 인접하여 각종 행사로 인한 소음으로 캠퍼스 면학 분위기 조성에 부정적인 영향을 끼쳐 왔다는 것이다. 이와 관련해서 학교는 중앙 운동장을 이전하고 해당 위치에 학생편의시설, 교육시설 등을 갖춘 '학생 플라자'와 중앙 광장을 조성하기로 한 것이다. 그러고는 기존 중앙 운동장에서 약 100m 떨어진 곳에 같은 규모의 대체 운동장을 개방하였다. '학생 플라자'

착공 전까지 운동장을 임시 주차장으로 사용할 계획이며, 학교는 같은 규모의 인조잔디 운동장을 새로 조성했기 때문에 기존 운동장을 주차장으로 사용해도 문제가 없다는 입장을 내보이고 있다.

그러나 기존의 운동장과 같은 규모로 만들었다는 말과 달리 새 운동장은 훨씬 작게 만들어져 있었다. 또한, 8월 29일부터 새로운 운동장을 쓸 수 있다고 들었으나, 며칠이 되어도 운동장을 쓰지 못하여 대회 출전을 앞둔 학생들의 원성을 샀다. 새 운동장을 완전히 완성된 후에 기존의 운동장을 주차장으로 만들었어야 했다며 불평을 털어놓았다. 그뿐만 아니라 그렇지 않아도 학교가 경사 높은 곳에 있어 등교하는 것도 힘든데 운동장을 이용하기 위해 학교 맨 위까지 올라가야 한다며 마치 그 길이 등산코스와도 같다고 말하기도 했다. 운동장을 자주 이용하는 체대는 학교 정문 쪽에 있기에 높은 곳에 있는 새 운동장에 대한 접근성이 어려울뿐만 아니라, 앞으로 체육대회나 학교축제 등이 새 운동장에서 열리게 되면 학생들의 행사 참여가 불편할 것이라며 우려의 목소리를 털어놓기도 했다.

학생들의 반대 목소리가 큼에도 불구하고 학교가 중앙 운동장을 주차장으로 활용하는 이유로 내세운 명분은 2015년부터 구덕 캠퍼스에 있던 예술대학이 승학 캠퍼스로 이전함에 따라 교수, 강사, 교직원, 학생의 증가로 인한 주차 공간 부족, 교내 순환도로 이면 주차 문제, 보행자 안전 확보 등이다.

승학 캠퍼스는 구덕 캠퍼스에 있던 예술대학이 이전해오기 전부터 주차난에 시달리고 있었다. 기존의 승학 캠퍼스 주차장은 낙동 주차장, 승학 주차장, 운동장 주변 주차장 이렇게 세 곳으로 700여 대의 차들이 주차할 수 있다. 그러나 주차공간에 비해 지나치게 많은 정기주차권이 발급되는데, 정기주차권은 약 2천500여 대에 발급되는 것으로 알려졌다. 이렇게 부족한 주차 공간에 정기주차권 남용과 외부 차량의 주차까지 더해지다 보니 불법주차와 이중주차 모습이 곳곳에 볼 수 있었다. 불법주차와 이중주차를 해결하기 위해 경비원이 매번 주차 단속을 하며 불법주차 차량에 스티커를 붙이는 제재를 가하고 있다.

하지만 강제성이 있는 것이 아니므로 실효성이 없다.[1]

그렇지 않아도 좁은 도로에 차량이 곳곳에 주차되어 있다 보니 학교 통행에 불편함도 있으며, 내려오는 차들과 부딪힐 수 있는 등 사고의 위험이 도사리고 있다. 더불어 주차난으로 인해 교수들은 주차할 공간을 찾아 헤맨다고 강의 시간보다 늦게 오시는 경우가 종종 발생하기도 한다.

이러한 사정에 예술대학이 승학 캠퍼스로 이전하게 되면서 주차난에 대한 문제가 더 심해질 것이다. 그렇기에 학교 측은 운동장을 주차장으로 쓰겠다고 하였다. 그러나 2016년까지 운동장을 임시 주차장으로 사용하겠다고 하였는데, 2016년 이후 학생플라자로 탈바꿈한 뒤에는 주차난을 어떻게 해결할 것인지도 문제이다. 주차난이 발생하게 된 근본적인 원인을 해결하려고 해야지 무턱대고 운동장을 주차장으로 만들어서 해결하려는 것은 이해가 가지 않는다.

또한, 대다수 학생이 대중교통을 이용하여 등하교하므로 학생 수의 증가로 주차공간이 부족해질 것이라고 보는 것은 어렵지 않나, 라고 생각한다. 학교에서 말하듯 학생들도 차를 많이 끌고 온다면, 오히려 셔틀버스 대수를 늘려서 통학을 수월하게 만들어야 한다. 더불어 먼저 차 주인의 시간대 및 사용 요일 등을 조사하여 정기주차권을 발급해주어서 주차권 남발을 자제하여야 한다. 불법주차와 이중주차를 학교에서 엄중히 제재하는 것도 운동장을 주차장으로 만드는 것보다 먼저 시행되었어야 한다고 생각된다.

그러나 모두가 중앙운동장 부지 개발 계획에 반대하는 것은 아니다. 앞에서도 언급하였듯이 도서관을 이용하는 사람들은 체육대회나 각종 행사가 열릴 때마다 시끄럽다고 느끼기에 운동장을 옮기는 것을 찬성하고 있다. 도서관보다 더 떨어진 건물에서도 소리가 정말 크게 들리는데 중앙운동장 바로 뒤에 있는 도서관에서는 그보다 더할 것이다. 그러므로 찬성하는 이들의 고충을 이해하지 못하는 것은 아니다.

하지만 학교운동장을 맨 위로 보낸다고 해서 과연 소음이 줄어들지에 대해서

---

[1] 캠퍼스까지 파고든 주차전쟁, 동아대학교 다우미디어센터, 2010년 5월 3일.

는 의문이다. 체육대회와 각종 행사에서 이제까지 과도하게 볼륨을 크게 틀어놓는 경우가 많았는데, 이를 제재하여 볼륨조절만 잘한다면 충분히 소음문제는 해결될 것이라고 본다. 또한, 일 년에 몇 번 열리지 않는 행사로 인해 학업에 지장이 생긴다고 하여 운동장을 바꾸는 이유로 내세우는 것은 이해하기 어렵다. 오히려 공사 소음이 크면 컸지 몇 없는 행사 때문에 기존 운동장을 개발한다는 것도 주차장으로 만드는 것도 말이 안 된다고 본다.

그렇지만 이미 2013년도에 중앙운동장 부지 개발에 대한 결정이 이루어진 일이기에 되돌릴 수 없다는 것은 안다. 그런데도 이렇게 화가 나는 것은 재학생의 의견을 반영하지 않고, 학교 쪽에서 일방적으로 운동장을 임시주차장으로 사용하도록 결정한 것이다.

이제는 운동장 주위의 관중석과 벤치에 앉아있는 사람들을 많이 보기 어렵다. 운동장을 마음껏 누리던 학생들의 활기 넘치는 모습, 잔디를 볼 수 있는 것이 아니라 꽉꽉 찬 차들이 보이기에 잠시나마 휴식을 취하려 앉은 학생들에게 답답한 마음만 줄 뿐이다.

3.

최근 안타깝게도 우리 학교뿐만 아니라 다른 학교에서도 이와 비슷한 일들이 벌어지고 있다. 연세대 신촌캠퍼스의 실외 농구장은 신축되는 아트홀 때문에 철거됐다. 농구장에서 발생하는 소음 때문에 악기 조율이나 연습에 방해된다는 이유다. 고려대는 공학관 신축을 위해 테니스장을 현장사무실로 전용했고 서강대는 실외 농구장 자리에 새 건물을 짓고 있다. 중앙대나 서울대에서도 비슷한 일들이 있었다. 캠퍼스에선 더는 드넓은 곳을 보기가 점점 어려워지고 있다.

정윤수 씨는 우리 대학뿐만 아니라 다른 대학에서도 벌어지는 이러한 사태에 대해 사설을 써서 교내 학생들에게 많은 호응을 받으며 여기저기 링크되었다. 그중에서 가장 기억에 남는 단락이 있다. '대학과 그 공간은 국공립이나 사립을 막론하고 사회적 공공성의 장소다. 특정 분야나 인물의 소유가 아니라 대학 구성원, 나아가 인근 주민들까지 함께 활용해야 하며 그렇게 하라고 일정하게 지원도 나오는 장소다. 학생이나 주민들에게 선심 쓰는 곳이 아니라 원래 학생과 주민들의 공유 공간으로 기능하는 곳이 대학이다. 학생들이 공부도 하고 운동도 하며 주민들이 산책하고 학자들이 사색할 때, 캠퍼스는 진실로 아름답다.'[2)]

현재 학생 대표들이 참석한 캠퍼스 조성 위원회를 통해 세부 계획에 관한 의견 수렴 과정이 남아 있는 상황이라고 총학생회는 전달했다. 동아대학교 학생들의 모임 '동아유감'은 지난 9월 22일 운동장에서 잃어버린 동아인의 권리를 찾기 위해 운동장 원상복구 운동을 펼치고, 기자회견을 열었다. 그리고 학교의 운동장 용도 변경에 관하여 항의하며, 학생 2,028명의 서명을 받아 대학본부에 전달했다고 한다. 이에, 학교에서도 집행부가 교체되면서 운동장 개발 계획이 전달이 안 된 것 같다 하며, 임시주차장으로 사용하는 것은 미리 학생회와 협의하지 않음을 사과했다. 계속해서 학생회는 임시 주차장 사용에 대한 학생들의 의견을 수렴하여 이 상황이 발전적인 방향으로 해결될 수 있도록 노력하겠다는 견해를 밝혔다.

> 신라 성덕왕 때 순정공이 강릉 태수로 부임하는 도중, 바닷가의 한 정자에서 점심을 먹을 때 돌연 용이 나타나 순정공의 아내 수로부인을 끌고 바닷속으로 들어가 버렸다. 공이 어찌할 바를 모를 때 한 노인이 지나다가 말하기를 "옛 말에 뭇사람의 입길은 쇠도 녹인다 하였으니, 용인들 어찌 여러 사람을 두려워하지 않겠소. 모름지기 경내의 백성을 모아 노래를 지어 부르며 지팡이로 언덕을 치면 부인을 찾을 것이오"라고 하였다. 공이 「해가」를 지어 뭇사람과 더불어 외치며 언덕을 지팡이로 치니 과연 용은 부인을 받고 나타났다 한다.[3)]

---

2) 운동장 파괴의 비극, 한겨레 신문, 2015년 9월 7일.
3) 미리내공방, 『이야기 삼국유사』, 정민미디어, 2006, 참고.

최근 우리 학교는 운동장 사건뿐만 아니라 수영장 폐쇄, 무용학과 폐지, 축구부해체사건, 정치외교학과 통폐합, 예대 체대 통폐합 등의 문제를 앓고 있다. 이런 사건들 역시 이번 임시주차장 사건과 크게 다를 바 없다고 본다. 학교의 주인은 학생들이다. 엄연히 등록금을 내고 다니기에 우리에게는 충분한 권한이 있다. 하지만 항상 학교는 학생들에게 일방적인 통보를 할 뿐이다. 그러나 용인들 어찌 여러 사람을 무서워하지 않겠냐고 말하듯 우리 역시 모두의 권익을 잃어버렸을 때 지속적인 관심을 가지고 지켜본다면 우리의 수로부인을 찾을 수 있을 것이다.

최예슬 동아대학교 국어국문학에 재학 중이다. 4학년 졸업반으로 마지막 학기를 앞두고 걱정이 이만저만 아니다. 이번에 글을 쓰는 것이 세 번째이며, 여전히 글쓰기가 어렵다는 것을 느끼고 있다.

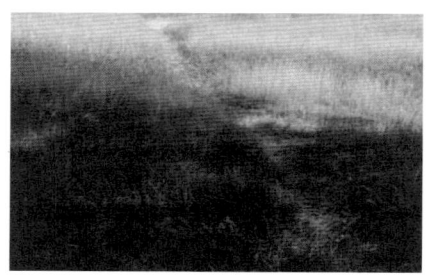

공유지에 오신 것을 환영합니다

전중근

공유지에 오신 것을 환영합니다. 이곳은 그동안 사람들에게 너무 오래 잊혀진 동네랍니다. 주변으로 지나다니던 사람들은 많았지만, 골목 안까지 들어온 사람은 거의 없었죠. 역사적으로 유서가 깊은 곳임을 것을 안다면, 많은 것이 새롭게 보일 겁니다. 요즘 젊은 사람들은 전통마을 구석구석 다니면서 사진 찍기를 좋아한다죠. 여기는 전통마을 이상의 역사성과 비쥬얼, 스토리가 기다리고 있습니다. 먼저 저 소개를 드릴 것 같으면, 여기 온지 얼마 안 된 초짜 커머너Commoner 지망생 전중근입니다. 사실 저도 여기 오기 전까지는 공유지가 어째서 그리 중요한 지 잘 몰랐답니다. 공유지는 모두를 위한 자원이고 함께 나누어야 하는 것인 만큼 잘 지키고 보존해야 한다 이 정도로만 이해를 했죠. 아직 충분히 잘 모르기는 합니다만, 마칠 때까지 최선을 다해 모시겠습니다. 오늘 전하고자 하는 말은 공유지는 우리의 미래를 새롭게 열어갈 아이디어라는 것이다. 사람과 지구를 존중하는 새로운 시스템을 만들어나가는 데 기여할 것이다 이런 메시지가 전달됐으면 합니다. 너무 앞서나가는 게 아니냐고요. 전혀 그렇지 않습니다. 저와 함께 오늘 공유지를 둘러보시면 왜 그런지 이해가 될 겁니다.

우리가 공유하는 모든 것, 공유지Commons

자, 그러면 가까이 가서 공유지의 정체가 뭔지 알아봅시다. 공유지Commons는 말 그대로 공유한다는 의미를 가진 단어입니다. 공유재라고도 표현하기도 합니다. 우리가 늘 해왔던 말인데도, 친숙한 단어가 아닙니다. 왜냐하면 이 단어의 바탕이 되는 공유지Commons의 삶이 자본주의에 의해 파괴돼, 그 단어에 해당하는 현실을 찾기가 어려워진 탓이죠. 그러니 그 뜻을 온전히 전달할 적절한 말이 없다는 겁니다. 커먼즈Commons라는 단어에는 여러 뜻이 있기 때문에 '공유지'라는 한 단어로만 번역하기는 무리입니다. 오늘 저도 공유지 또는 공유재, 공유, 커먼즈 등으로 적절하게 섞어 표현하도록 하겠습니다. 공유지는 대체로 땅이나 장소를 말합니다. 사실 옛날 우리 조상들이 별 생각없이 땔감하고, 소 먹일 꼴을 베고, 그물을 드리우고, 나무에서 감을 따던 모든 곳이 사실상 공유지인 것이었죠.

공공장소가 대표적인 공유지입니다. 공공장소는 사람들이 서로 만나, 대화하고, 어울리기 위한 곳이고, 앉고 보고, 쉬고, 놀고, 산책할 수 있는 곳입니다. 또한 남자와 여자가 데이트할 수도 있고, 먹고, 마시고, 햇볕 쬐는 편안한 장소이기도 합니다. 공공장소가 가진 힘을 보여주는 사례를 딱 하나만 들겠습니다. 바로셀로나 사례입니다. 한때 쇠퇴하는 산업도시로 여겨졌던 바로셀로나는 이제 유럽에서도 파리나 로마 못지않은 멋진 도시로 관광객들한테 인기가 좋습니다. 바로셀로나 중심부에 있는 라스 람블라스Las Ramblas는 차량 통행을 금지하는 등의 도시재생 이후로 사람이 많이 모여드는 지역이 되었다는데요, 그 지역에 와서 시간을 보내는 사람들이라는 의미의 새로운 스페인어 람블리스타ramblistas라는 단어까지 생겨날 정도가 되었다고 하네요. 바르셀로나는 프랑코 독재정권 이후 민주주의의 회복을 축하하고 정치적 억압의 상흔을 씻고자, 도시 곳곳에 광장과 공공장소를 많이 만들어 냈습니다. 이처럼 새로이 조성한 공공장소들은 오래된 건물들과 잘 들어맞아 방문객이 보기에 마치 수백 년이나 된 것처럼 착각하는 경우가 많다고 합니다.

공공장소와 관련해, 빼놓을 수 없는 한 분을 소개하고 넘어가겠습니다. 콜롬비아 보고타 시장을 역임했던 엔리케 페날로자라는 분입니다. 시장 임기 당시 일부 부유층과 자동차 소유자들이 공유지의 거의 전부를 사용하는 등의 문제가 있었죠. 엔리케 페날로자는 도시 공유지 확보를 위해 정의의 단칼을 휘둘렀죠. 5차선 도로를 3차선으로 줄이고, 보행자 도로와 광장을 더 넓히자, 쓰레기 투기와 범죄가 확 줄어들었습니다. 엔리케 페날로자는 "민주주의 사회가 해야 하는 최소한의 일은 사람들에게 훌륭한 공공장소를 제공하는 것입니다. 공공장소는 하찮은 것이 아닙니다. 그것은 병원이나 학교만큼 중요합니다. 또한 소속감을 만들어 냅니다. 이것이 다른 유형의 사회를 만들어 냅니다. 모든 소득 구간의 사람들이 공공장소에서 만나는 사회가 보다 통합된 사회이며 사회적으로 더욱 건강합니다."[1]라는 말을 했답니다. 엔리케 페날로페는 도시 공유지가 시민들의 삶을 풍족하게 만들 수 있다는 것을 잘 아는 사람이었습니다.

다시 처음으로 돌아가, 공유지가 무엇인지 살펴보겠습니다. 공유지는 오랫동안 우리 곁에 있었던, 우리 모두가 함께 나눌 수 있는 것을 말합니다. 그런 점에서 공공장소나 광장 같은 것만이 공유지가 아닙니다. 물, 공기, 방송전파와 같은 자연의 산물일 수도 있고, 인터넷, 공원, 문화예술, 의료서비스, 언어, 오픈소스, 춤 스텝처럼 사람들의 창의적인 산물일 수도 있습니다. 공유지를 만날 수 있는 곳은 다음과 같이 다양합니다. 한번 열거해 볼까요. 공기와 물, 인터넷, 공원, 도서관, 차도와 인도, 우리의 DNA, 혈액은행, 무료급식소, 12단계 프로그램(중독자들의 회복을 돕는 프로그램), 박물관, 비영리단체, 춤 스텝과 유행, 사회보장제도, 기상청, 경찰의 보호와 여타 필수 서비스, 낚시, 사냥, 방송전파(라디오, TV, 휴대전화), 크리스마스, 할러윈, 유월절, 라마단, 참회 화요일 그 외 모든 전통 명절들, 카드놀이, 돌 차기, 놀이와 축구, 생물 다양성, 납세자 기금의료, 과학연구, 위키피디아, 로빈후드, 아테

---

[1] 제이 월재스퍼, 박현주 옮김, 『우리가 공유하는 모든 것』, 검둥소, 2013, 239-246쪽.

나, 인어공주, 스시, 피자, 타말레와 가족 조리법, 점프 슛, 기모노, 부기 공식, 하임리히 응급법, 공교육, 대중교통과 여타 공적 서비스, 리눅스 등의 오픈 소스 소프트웨어, 재담, 우화, 속어, 기담, 대양, 남극대륙, 우주공간 등2)

모든 것이 공유지였을 때

공유지를 이야기할 때 빼놓을 수 없는 것은 오랫동안 사람들의 생활터전으로서 그 역할을 했다는 겁니다. 18세기 잉글랜드의 예를 들어보겠습니다. 그 당시 공유지라면 자연환경을 말하는 것이겠죠. 사람들은 시장에 의지하지 않아도 생계수단 대부분을 공유지에서 확보할 수 있었습니다. 들판은 대체로 개방돼 있었고, 농부, 어린이, 여성들이 커머닝commoning을 통해 삶을 유지할 수 있었습니다. 나무가 중요한 역할을 하던 시대인 터라, 숲 공유지는 삶을 지탱하는 기반이었습니다. 숲은 난방과 조명, 건축자재, 신발, 쟁기손잡이 등 다양한 재료가 될 수 있는 나무를 제공해줬고요, 자급농업의 토대를 제공해준 에너지원의 보고이자 '민중의 안전망'이 되었죠. 또한 사유화되지 않은 황지는 사회적 보장으로도 역할을 했습니다. 황지는 방목권이 없는 사람들을 커머너commoner로 만들었고, 유용한 산물을 제공해주었으며, 다른 커머너들과 교류할 수 있는 수단을 줬습니다. 즉 황지를 거점으로 한 커머너들의 교류 네트워크가 형성된 것입니다. 말하자면 공유지는 민중들의 삶터인 셈이었죠.3)

부산 역시 마찬가지였습니다. 오래 전 한반도 동남해안 지역(지금의 부산)에도 사람들이 살았습니다. 당시는 모든 것이 공유지였죠. 그때 사람들은 도처에 널린 공유지를 돌아다니기만 해도 먹고 살 수 있었죠. 바다에 나가 고기잡이를

---

2) 『The State of The Commons』, Tomales Bay Institute, 참고하여 정리.
3) 피터 라인보우, 『마그나카르타 선언』, 갈무리, 2012, 73-76쪽을 참고로 요약 정리.

하거나, 들판에서 먹을만한 과일과 식물을 따다 먹기도 했겠죠. 산에 가서는 토끼와 꿩 사냥을 하기도 했을 겁니다. 공유지가 있으니 먹고 사는 데엔 지장이 없었을 겁니다.

여기서부터 사유지, 출입 금지

이제 그 많던 공유지들이 어떻게 해서 사라지게 되었는지 살펴 볼 차례입니다. 십만년 전 농업이 시작되었습니다. 이와 더불어 사람들은 정착하게 되고 사유재산이 등장하게 됩니다. 사유재산이 많이 늘어났지만, 여전히 많은 땅은 공유지로 남아 있었습니다. 로마시대만 해도 강물, 해안선, 야생동물, 공기는 공동의 재산으로, 모두가 이용할 수 있는 자원으로 명시했습니다. 중세에 이르러서는 왕과 영주가 간혹 강과 숲, 야생동물에 대한 권리를 주장했습니다만, 그런 권리 주장에 대해 지탄하는 소리가 적지 않았습니다. 중세 유럽 농촌에는 개인들의 토지 소유 관념이 미약했습니다. 농토 대부분은 장원이나 마을 공유지로, 주민들은 관습에 따라 그 땅에 경작하거나 가축을 풀어놓을 권리를 누렸습니다. 집 바로 옆 텃밭 정도가 개인 소유지로 인식할 정도였죠. 근대에 들어와 비로소 토지의 소유권이 확립됩니다. 땅에 대한 소유권을 확립한 것은 사적 소유가 전면적으로 확산되는 기반이 되었습니다.

영국에서는 많은 지주들이 인구 감소로 인한 노동력 부족 때문에 전통적인 곡물 농업에서 목양 농업으로 전환하게 됩니다. 양을 기르는 것이 노동력을 줄이고, 이득은 더 많이 내기 때문이었죠. 양털 수요가 급증하자, 양털 가격이 폭등하게 됩니다. 그러자 대지주들은 양을 키울 땅을 확보하기 위해, 농사를 짓던 땅에 울타리를 치고 농민들이 경작권을 가지고 있던 공유지까지 약탈하면서 농민들을 내쫓습니다. 이러한 과정을 두고 '인클로저Enclosure'라고 합니다. 이를 두고, 그 시대를 살았던 문학가 토마스 모어가 "양이 사람을 잡아먹는다"고

비유한 말은 잘 알려져 있죠. 그리하여 수많은 농민들은 생존수단을 갑작스럽게 박탈당합니다. 인클로저는 1700년대 말까지 300년 동안 폭발적으로 진행되면서 수많은 농민들은 자기 노동력을 자본가에게 판매해야만 먹고 살아가는 무일푼 무산자로 만들어버렸습니다. 이처럼 인클로저는 바로 빼앗는 것이고, 공동체에 속한 공유재를 사유화하고 상품화하는 것입니다.

하지만 아이러니하게도 인클로저는 민주주의와 자유주의 세계에서 불가침의 권리로, 기본적인 권리로 인정받을 수 있게 되었습니다. 사유재산은 이제 경제체제를 뒷받침하는 기초가 되었습니다. 국가가 주도하여 점탈지에 대한 절대적 소유권을 인정받게 되었습니다. 개인은 땅 같은 자원을 배타적으로 소유하고 여기서 이익을 취하는 것을 당연하게 여기게 되었습니다. 여러분도 간혹 어딜 가다가 '사유지 무단 출입 금지' 경고문이 붙어 있는 것을 볼 경우가 있을 겁니다. 그럴 때 여러분은 어떻게 생각하시나요? 보통 약간 기분이 나쁘긴 하지만, 남의 재산을 침범해서는 안되기 때문에 돌아갈 수밖에 없다고 생각하나요?

도시 공유지의 수난 시대

문제는 이 인클로저가 먼 옛날 일로 끝난 것이 아니라, 요즘에도 빈번히 일어난다는 사실입니다. 가만히 내버려 두면 도시라는 공유재 자체는 훼손되고 저절로 변질되어 갑니다. 또 여러분이 사는 도시 부산의 공유재를 놓고 한번 봅시다. 근대화가 진행될수록 부산의 도시 공유지가 점점 줄어들었습니다. 들판에는 집들이 들어서 사유지가 되었고, 냇가에는 공장이 들어서 물을 더럽혔습니다. 도로가 넓어지면서 차들이 내뿜는 매연으로 하늘이 뿌옇게 되었습니다.

세월이 흘러 80년대 중반이 되었습니다. 서면에 위치한 구 부산상고 부지가 매각되었습니다. 부산상고는 당감동으로 옮겨가고 롯데가 그 땅을 차지한 것입니다. 매각 이전에 폐교되었던 부전초등학교가 바로 옆에 있었는데, 집이 근처에 있었던 터라, 운동장에서 놀던 기억이 새롭습니다. 기업에 매각하는 것 말고는 다른 방법은 없었을까요? 번화가에 위치해 있어서 도심공원이나 광장이 되었더라면 부산의 자랑거리가 되었을 것입니다. 30년이 지난 지금까지도 아쉽습니다. 90년대 후반 옛 부산시청사 부지도 롯데에 매각되었습니다. 옛 부산시청사 건물은 일제 때 지어진 건물이고, 주변 경관이 수려한데다 친수공간이어서 더욱 아쉽습니다. 이처럼 부산은 개발에 필요한 재원이 부족하다는 이유로 공유지를 사유지로 마구 팔아넘기고 있습니다.

해안 매립은 또 어떻습니까? 해운대와 마린시티, 센텀시티와 연결되는 부산의 대부분 해안에서 매립을 하고 있습니다. 매립 비용은 시민의 혈세로 부담하게 하고 사업비를 충당하기 위해서는 민간에다 팔 수밖에 없다고 했습니다. 공유지를 팔아넘기는 대신 희생되는 것은 아름다운 해안의 스카이라인과 부산 시민들의 경관조망권입니다. 해안선도 공유수면도 스카이라인도 모두 시민들의 공유지입니다. 이 공유재가 일부 사람들의 무리한 돈벌이와 사익추구에 의해 파괴되고 빼앗긴 것입니다. 부산의 몇십 년 사이 있었던 개발사업들이 대부분 이런 과정을 거친 것이었죠. 센텀시티, 마린시티, 용호만 매립, 해운대관광리조트, 수영만 요트경기장, 동부산관광단지, 북항, 에코델타시티 등 수없이 많은 사업들이 공유재를 팔아넘기는 것이었습니다. 이러한 도시 공유재의 파괴에 대해 미국의 유명한 지리학자 데이비드 하비는 따끔하게 지적한 바 있습니다. "도시는 살아가는 수많은 사람들이 공동으로 만들어 낸 공유재이므로, 공유재는 원칙적으로 누구에게나 개방되어야 하는데, 자본은 이러한 도시공간을 사유화하고 전유하려 하고 있다"[4]고 말하고 있습니다.

---

[4] 데이비드 하비, 『반란의 도시』, 에이도스, 2014, 146쪽.

공유재 없이 상품으로 해결하면 그만일까

공유지가 사라지면 그것으로 끝나는 게 아니었습니다. 자연환경은 이윤추구를 위한 기업들의 자원이 되었고, 기업은 자연을 소비자의 욕구를 충족시키는 재화와 용역으로 변질시켰습니다. 공유지가 상실되면서 사람들의 생존을 위한 권리도 빼앗기고, 지역사회에서의 시민들의 자율성도 심각하게 손상됐습니다. 개인들은 독립적인 개체가 아니라 기업이 생산하는 상품들에 의존해야 하는 경제적 인간으로 변질되었습니다.

과거 자연환경을 대상으로 했던 인클로저와 사유화는 이제 그 무대를 옮겨 더 넓은 곳에서 마음놓고 활개치고 있습니다. 이제 토지 등의 공유지에만 손을 대는 것이 아닙니다. 대기, 물, 산림, 해양 등의 자연환경이나 도로, 상수도, 공공교통수단, 전력, 통신시설 등의 사회인프라와 교육, 의료, 금융 등 온갖 곳에서 공유재가 사유화되고 있을 뿐 아니라, 공유지에 대한 시민의 권리도 박탈하고 있습니다. 이처럼 공유지가 사라지면서, 토지와 자연은 사람들이 소유하는 상품으로 변질되었고, 이를 둘러싼 관계들은 상품관계로 재조직되었습니다. 공동체가 공동으로 갖고 있었던 좋은 것들은 상실되는 반면에 맑은 하늘과 깨끗한 공기, 자유롭게 드나들 수 있는 자연환경은 사라지고 있습니다. 시간이 갈수록 공유재는 줄어들고 있으며, 어떤 것은 사유재로 둔갑해 팔리기까지 합니다. 병에 든 생수, 사립학교, 사설 경호원, 헬스클럽은 그중 몇 가지 사례에 불과합니다.

그런데도 대부분의 사람들은 공유지가 사유화되어도 크게 신경쓰지 않는 듯 합니다. 천혜의 자연환경이 파괴되고, 도심의 학교가 폐교되고, 해안매립을 매립해 기업에 넘겨줘도, 스카이라인마저 사유화해도 별 문제가 아니라고 생각합니다.

『공유지의 비극』과 『공유의 비극을 넘어』

자, 이제 그 유명한 공유지의 비극을 둘러싼 이야기 순서입니다. 『공유지의 비극』을 발표한 가렛 하딘은 논술시험 때문에 우리나라 고등학생들에게도 많이 알려진 인물입니다. 하딘은 『공유지의 비극』에서 개인주의적 사리사욕은 결국 공동체 전체를 파국으로 몰고 간다는 것을 다음과 같이 언급했습니다. 한 목초지가 모두에게 개방되어 있다 칩시다. 즉 그 목초지는 공유지입니다. 소를 치는 사람들은 거기서 저마다 가능한한 많은 소를 키우려고 할 것입니다. 공유지에 내재하는 이러한 논리는 결국 비극을 낳게 될 것이라는 겁니다. 왜냐하면 소를 치는 사람들이 합리적인 사람들이라면, 최대한의 이익을 추구할 것이기 때문입니다. 이렇게 되면 목초지는 초과 이용하게 되어 결국 황무지로 변하게 된다는 겁니다. 여기까지는 많이 들어본 이야기죠. 이것을 하딘은 공유지의 비극tragedy of commons라 불렀습니다. 그래서 이 비극을 해소하기 위해서는 사적 소유를 도입해야 해결된다는 논리로 귀결됩니다. 결과적으로 이 담론은 신자유주의자들의 사유화 정책의 강력한 이론적 논거가 되었습니다. 그러나 문제는 이에 대한 논의에서 하딘 자신뿐 아니라, 이에 동의하는 많은 사람들 역시, 공유지에 방목한 소의 사적 소유로 인해, 문제가 발생한다는 사실을 제대로 이해하지 못했다는 것입니다.

그러다 2009년 엘리너 오스트롬의 노벨 경제학상 수상으로 이 논의에 획기적인 전환점이 마련됩니다. 오스트롬이 쓴 『공유의 비극을 넘어』는 지난 몇십 년째 이어져온 공유지를 둘러싼 논란에 종지부를 찍었습니다. 공유재의 비극을 피하기 위해 지금까지 나온 처방은 크게 두 가지였습니다. 중앙정부가 강력한 통제를 하거나 아니면 사유재산권을 설정해 시장에 맡기자는 것입니다. 그동안 학자들은 공유재의 비극 때문에 환경문제는 자발적 협동으로 해결할 수 없기 때문에 강제력을 행사하는 정부의 역할을 강화해야 한다거나, 공유재의 비극을 피하기 위해서는 사유재산권 체제를 확립해, 공유체제를 종식시켜야 한다고 상반된 주장을 펴왔습니다. 여기에 대해 오스트롬은 이러한 이분법 대신에 시민들의 실질적인 참여가 중요하다는 것을 강조하는 방향에서 해법을 찾았습니다. 평생에 걸쳐 사람들간의 협동을 어떻게 자발적으로 이끌어낼 것인가는 주제에 매달린 끝에, 정교한 조업 규칙을 만들어 어장을 관리하는 터키의 어촌, 방목장을 함께 쓰는 스위스의 목장지대, 농사용 관개시설을 공유하는 스페인과 필리핀의 마을 등 천 년의 세월 동안 공유자원을 잘 관리해 온 공동체들을 수십 년간 연구해, 공유의 비극 이론이 오류임을 입증했습니다.

오스트롬은 공유자원은 사용자들이 자치적으로 정한 정교한 규칙을 통한 해결이 유리하다고 봤습니다. 이를 위해 스위스의 한 마을에서 진행한 현장조사를 중요한 사례로 들고 있습니다. 그곳의 농부들은 사유지에서 농작물을 재배하기도 하지만, 소를 방목하기 위해서는 공동 목초지를 공유했습니다. 오스트롬은 실제로 방목이 지나치게 이루어지는 문제가 거의 발생하지 않는다는 것을 밝혔습니다. 그것은 겨울에 목초지가 감당할 수 있는 숫자보다 더 많은 소를 방목해서는 안된다는 공동의 합의가 마을주민들 사이에 있기 때문에 가능한 것이었습니다. 다시 생각해보면 한사람보다 여러 사람이 머리를 맞대고 고민하면 더 나은 방법이 나오는 게 당연한 것이겠죠.

오스트롬은 공유지를 보호하고 관리하는 8가지 조건을 다음과 같이 꼽고 있습니다. 1) 명확하게 정의된 경계 2) 사용 및 제공 규칙의 현지 조건과의 부합성 3) 집합적 선택 장치 4) 감시활동 5) 점증적 제재 조치 6) 갈등 해결 장치 7) 최소한의 자치 조직권 보장 8) 중층의 정합적 사용단위[5] 등입니다.

지금까지 오스트롬 이야기를 길게 말씀드린 이유는 공유지에 관한 한 오래된 숙제를 해결했기 때문입니다. 공유지 관리원칙을 국가나 시장에서 찾기보다는 시민들의 자발적인 해법을 우선시하는 태도는 자랑스럽지 않나요.

---

[5] 자세한 내용은 엘리너 오스트롬, 『공유의 비극을 넘어』, RHK, 2010, 170-192쪽 참조.

커머너 같이 하실 분 어디 없나요

공유지에서 오신 여러분. 아직은 부족합니다만, 오늘 말씀드릴 수 있는 기회를 주셔서 고맙습니다. 기왕이면 짧막한 이야기 한마디만 더 하겠습니다. 그동안 공유재의 약탈과 사유화가 진행되면서 우리는 많은 것을 잃어버렸다고 봅니다. 4대강사업으로 깨끗한 낙동강 물을 더 이상 보기 힘들게 되었습니다. 앞으로 볼 수 있을까요? 어릴 때 봤던 청명한 하늘, 쓰레기가 없는 깨끗한 거리, 집 앞뒤 아파트에 가려진 금정산 능선을 더 이상 볼 수 있을까요? 잃어버린 것은 공유지뿐 아닙니다. 공유지를 기반으로 삶을 영위하던 민초들의 커머닝 Commoning도 있습니다. 생존과 직결되기에 많은 이해당사자가 커뮤니티를 만들어 상호 의견을 나누고 조정하면서 지속 가능하도록 대대로 관리해오던 아름답고 민주적인 관행은 더 이상 찾아볼 수 없죠. 시장경제와 상품사회가 발달하면서 어느덧 우리로부터 떠나게 된 것이겠죠. 아마도 많은 사람들이 전통사회의 정겹고 지속 가능했던 마을과 나눔을 추억으로 간직하고 있으니까, 마을만들기나 협동조합운동을 하려는지도 모르겠습니다.

자, 그렇다면 이처럼 공유지가 사유화된 도시공간을 어떻게 되찾을 것인가? 공유지를 어떻게 복원하고, 공유에 기초한 사회를 어떻게 만들어나갈 것인가? 시장경제와 상품에 의존하지 않고도 생존과 자립을 어떻게 이룰 것인가? 많은 고민이 필요한 상황 아닐까요. 그런 점에서 많은 커머너가 필요하다고 생각합니다. 여러분은 어떻게 생각하십니까?

어디 이런 사람 없나요?

- 돈과 권력에 휘둘리지 않고도 시장 바깥에서 삶의 기쁨을 찾으려는 사람.
- 사회를 새로이 조직하는 원리를 연구·보급하고, 대안적인 생활양식을 실천하려는 사람.
- 터무니없는 개발사업이 전개되면, 시민들의 항의운동을 기꺼이 조직하려는 사람.

- 지역사회에서 지역문제를 갖고 토론그룹이나 학습모임을 조직하려는 사람.
- 지역사회를 풍요롭게 하기 위해 문화예술 등 창의적인 프로젝트를 준비하려는 사람.
- 우리 아이들에게 공유지를 향유하거나, 지키기 위해 노력하는 솔선수범하려는 사람.
- 가능한 한 환경을 위해 자전거를 타거나 걷거나 대중교통을 이용하려는 사람.
- 잠시 스쳐 지나가는 사람들에게도 인사하고 미소를 보내려는 사람.
- 내가 버리지 않은 쓰레기도 주우려 하는 사람.
- 몰래 꽃을 심고 도망가는 게릴라 가드너와 같은 사람.

용어풀이 몇가지
- 공유재Commons : 우리 모두가 공유하는 것으로 공평하게 사용해야 하고, 미래세대를 위해서도 유지되어야 하는 자연 또는 사회의 창조물이기도 한 것들.
- 공유지의 비극Tradegy of Commons : 소 키우는 사람들이 공유지에 소를 무리하게 많이 집어넣으면, 결국 공유지가 오염되고 황폐해지면서 더 이상 소를 키울 수 없게 된다는 뜻.
- 공유에 기초한 사회Commons based Society : 그러한 사회의 경제, 정치, 문화 그리고 지역사회의 삶이 가지각색의 다양한 공유를 장려하는 것을 중심에 둔 사회.
- 공유에 기초한 해법Commons based Solution : 사람들이 자원들을 협력적으로 그리고 지속 가능하게 관리할 수 있도록 해줌으로써 문제점들을 개선하는 독특한 쇄신책과 정책들.
- 공유자Commoner : 어떤 특정한 공유재를 사용하는 사람들, 특히 공유재를

재생하고 회복시키는 데 참여하는 사람.

- 커머닝Commoning : 공유하는 자원들을 관리하고 공유재를 회복시키는 과정에서 공유자들이 활용하는 사회적 실천들을 나타내는 동사.

전중근 부산분권혁신운동본부 정책위원 등의 시민사회 활동에 참여하고 있으며, 자유로운 개인들에 의한 어소시에이션형 사회경제 시스템을 꿈꾸고 있음.

인도단편선

김태훈

1.

알람을 잘못 맞춰 이른 새벽에 깨었다. 창 앞에 서서 밖을 보니 비가 내리고 있었다. 물을 한 모금 마시고 다시 누웠다. 금세 잠이 들었다. 깨어 보니 비가 그쳤다. 카메라를 메고 밖으로 나섰다. 골목의 바닥에는 물기가 없었고, 공기는 습했다. 해가 아직 뜨지 않았다. 먼 곳에서부터 여명이 번졌다. 시간이 지나자 보랏빛이 강 건너 숲에서 피어오른 안개들에 스몄다. 높은 하늘의 색이 파랬다.

사내가 손가락으로 브이(V)자를 그리며 빙긋 웃었다. 내가 적선하면, 그걸로 사두가 행복해지고, 나는 내 업을 덜게 될 것이라며 두 손가락을 까딱거렸다. 나는 빙긋 웃고 몸을 돌려 사두의 옆에 앉았다. 갠지스는 점차로 더워질 것이었다. 그 전에 숙소로 돌아갈 계획이었다. 돌아가는 길에 시장에 들러 짜이 한 잔과 버터 빵을 먹어야겠다고 생각했다. 잘 익은 과일이 있으면 몇 개 집어가도 좋겠다 싶었다. 해가 높아지자 개들이 그늘을 찾아 몸을 숙였다. 잠이 든 개들은 조용했다. 바라나시의 개들은 하나같이 마르고, 볼품없었다.

피부병에 걸린 개들이 태반이었다. 자리에서 일어나 사두의 사진을 몇 장 찍었다. 강을 등진 사두는 역광이었다. 그는 멋진 그의 머리 모양만큼이나 멋진 미소를 지었다. 사두에게 인사하고 화장터로 향했다.

화장터의 한 구석에 앉아 담배를 태웠다. 바람이 강을 향해 불었다. 검은 연기가 피어올랐다. 기억나는 건 비장함뿐인 엔도 슈사쿠의 『침묵』을 생각했다. 가트의 맞은편으로 모래톱이 희었다. 사두 하나가 빨래를 널고 있었다. 사막과도 같은 그곳을 넘어서면 녹지였고, 드문드문 민가가 있었다. 우기에는 저 모래톱이 모두 물 아래 잠길 것이었다. 강 건너 그곳에는 조랑말을 타고 오가는 소년들이 호객을 했다. 처음 강 저편에 갔다 돌아오는 길에 조랑말을 탔었다. 소년이 고삐를 쥐었고, 나는 낙마를 걱정하면서도, 고개를 들고 먼 곳을 보았다. 그날 저녁, 허벅지며 허리가 뻐근했다.

힌두교도들은 바라나시의 화장터에서 장례를 치르면, 더 이상 윤회하지 않는다고 믿었다. 영원한 소멸은 재산의 많고 적음이나, 장작의 많고 적음과는 별개의 것이었다. 까닭에 바라나시의 좁은 골목길로 매일같이 상여가 오갔다. 오물과 주검으로 기름이 낀 갠지스에 사람들이 몸을 담갔다. 그곳은 성소였고, 죽음을 기다리는 생의 마지막 대합실이었다.

가트를 따라 돌아오는 길에 풍경이 다양했다. 누워 쉬는 이들, 장사하는 이들, 빨래하는 이들, 그리고 그들을 구경하는 이방인들과 이방인을 구경하는 그곳의 사람들.

시장에 들러 버터빵과 짜이를 먹었다. 잘 익은 파파야를 하나 샀다. 돌아오는 길목, 숙소 근처의 골목에 사람들이 줄을 지어 앉아 있었다. 무슨 일인가 물으니, 아이들의 눈에 액막이용 문신을 하는 날이라 했다. 그러고 보니 저마다 아이들을 안고 있었다. 한 해에 채 열흘도 되지 않는 날이라 했다. 나름 진귀한 풍경이었다. 숙소로 들어가 라제쉬에게 파파야를 맡겼다. 파파야는 냉장고로 향했다. 선풍기 아래 누워, 뱅글뱅글 도는 선풍기의 살들을 보고 있자니 저절로 눈이 감겼다. 선잠을 잤다. 일어나 차가운 파파야를 잘라 먹었다.

2.

한국이면 아직 쌀쌀한 3월. 바라나시의 한낮은 여름이나 다름없었다. 화장터로 장례 행렬이 오갔고, 장작 실은 보트가 갠지스를 가로질렀다. 순례자들과 관광객들을 싣고 갠지스 강을 유람하는 수많은 보트들과, 그 보트들의 노를 잡고 새벽부터 해질녘까지 갠지스 강을 오가는, 보트맨들의 도시 바라나시. 그날은 바라나시에서 가장 빠른 보트를 가리는 시합 날이었다.

보트맨들은 다섯 명씩 한 조를 이뤄 경기를 치렀다. 키를 잡고 전방을 살피는 한 명을 제외한 나머지 넷이 노를 저어 배를 밀었다. 우승팀에는 상금과 보트조합장으로 임명될 기회가 주어진다고 했다. 가트는 구경꾼들로 붐볐다.

세 번의 플라잉 끝에 시합이 시작됐다. 나는 바블루의 가족과 보트를 타고 경기를 구경했다. 바블루는 전년도 우승팀의 주장이었다. 파인더 너머로 사진을 찍었다. 엎치락뒤치락하던 선두 두 팀의 경기는 제법 흥미로웠다. 사람들이 소리를 쳤고, 선수들이 온몸의 근육을 쥐어짜듯 노를 저었다. 승부는 경기 종반에 결정됐다. 젊고, 기세 좋던 한 팀의 막판 스퍼트가 첫 번째로 물살을 갈랐다.

바블루의 표정이 어두웠다. 그가 손에 쥔 핫핑크 케이스의 아이폰이 눈에 띄었다. 고개를 돌리자, 축제 분위기로 웃는 이들의 뒤로 화장터의 불길이 일었다.

3.

옥상에 올라 담배를 태웠다. 옥상 출입구 위의 물탱크에 원숭이 한 마리가 앉아 하늘을 보고 있었다. 옅고, 또 넓게 흩뿌려진 구름의 틈으로 비치는 하늘빛이 파랬다. 고개를 돌려 갠지스 강을 바라보았다. 해가 구름의 틈으로 빛나고 있었고, 강물 위로 그 빛이 반사되었다. 강의 저편에서부터 이편으로 길게 이어진 빛은 금빛의 다리 같았다. 보트들이 그 빛의 다리를 건넜다. 그때마다 물결 위의 사금이 부서지고, 다시 한 대로 엉겨들었다. 모터보트 한 대가 강물 위로 비행운처럼 긴 궤적을 그렸다. 건물 사이로 까마귀가 날아와 목이 쉰 울음을 울고 강가로 날아갔다.

짜이 한 잔을 마시고 오토릭샤에 올랐다. 고돌리야를 빠져나온 오토릭샤가 막힘없이 길을 열었다. 흙먼지가 뒤섞인 바람이 밀려들었다. 목에 쓴 버프를 당겨 코와 입을 막았다.

사르나트에 도착하고 얼마 지나지 않아 비가 내렸다. 새들이 날개를 퍼덕이며 날아갔다. 먼지 낀 바닥의 냄새가 비에 번졌다. 멀리서 천둥소리가 들렸다. 바라나시로 돌아오는 길에 비가 그쳤다.

가트에 나와 보니 바람이 잘았다. 쓰레기 태우는 연기가 날렸고, 강 건너 사막엔 모래바람이 일어섰다. 물소 떼가 물가로 밀려들었고, 그 너머의 초목들이 모래바람의 틈으로 누웠다. 그리고 그 너머의, 너머로 그림자가 남았다. 높이 뭉친 구름들이 동쪽으로 밀려났다. 구름이 빠르게 흘렀고, 제비 떼가 바람의 틈새를 넘나들었다.

바블루가 보트에 고인 물을 퍼내고 있었다. 조금 전에 청소를 했다며, 조금만 기다리라고 말했다. 본래 무엇을 담고 있었는지 알 수 없는 플라스틱 용기를 바가지 삼아 보트 바닥에 고인 물을 길었다. 지는 해가 구름에 가렸다. 밝은 빛부터 검푸른 색으로 빛이 사위었다. 모터를 끈 보트가 물살에 흔들렸다. 드물게 노 젓는 소리가 삐걱댔다.

4.

바라나시 외곽의 카시 역에 밤마실을 갔다. 노숙자들, 이른 열차를 기다리는 사람들. 그리고 하루를 마치고, 차를 마시며 수다 떠는 이들로 북적였다. 노점의 화롯불에서 연기가 피어올랐고, 소들은 인파 속을 느릿느릿 가로지르며 누울 자리를 찾았다. 마차에 매인 말들이 입에 재갈을 물고 조용히 울었다. 몇몇이 말을 걸었고, 나는 그들의 사진을 찍어주었다. 돌아오는 길에 경관 하나가 릭샤에 무임승차하더니, 제 목적지에 다다르자 유쾌한 표정으로 손을 흔들며 퇴장했다.

5.

"'사막 요새에서의 식사'라는 구절만으로도 훌륭한 문장이 아닐까"라고 말했던 선배를 생각하며 이 글을 씁니다.

자이살메르로 향하는 열차의 창으로 사막을 보았습니다. 제게 사막은 불모와 무관심의 땅이었습니다. 내버려둘 것과, 개선할 수 있는 것들을 걸러 남은 게 사막이었습니다. 대체 얼마나 오랜 시간이 지나야 저런 풍경이 될 수 있을까요. 며칠 동안 감지 못한 머리채처럼 엉긴 덤불과, 제 몸을 헐겁게 해 물줄기를 빨아 당겨 잎을 틔운 관목들. 높이 솟아 짧고, 짙은 그림자를 만들어내는 태양. 그리고 달리는 열차의 곁을 바싹 붙어 지나가는 무더운 바람까지, 저마다의 자리에서 풍화하는 그 모습은, 그야말로 시간의 세례라 할 만 했습니다. 저는 몇 번이고 눈을 깜박이며 그 모습을 새겨두었습니다. 열차의 좁은 창으로 보았던 그것들이, 이곳 자이살메르에 도착한 이후 오갔던 여느 사막이나, 그 어떤 풍경보다도 더 인상적인 풍경이었다면, 이상한 일일까요.

이곳의 더위는 절망적이기까지 합니다. 차양을 친 숙소의 옥상조차도 마찬가지였습니다. 사막의 평등함이란 뜨거운 햇빛과 건조한 바람, 그리고 바람 속에 뒤엉킨 먼지들일 겁니다. 며칠 뒤면 유랑민을 찍은 사진과, 좀 더 검어진 피부와, 피로들을 싸들고, 집으로 돌아와 기진맥진하겠지요. 그 전에 몇 가지 요리를 배워둘까 합니다. 이곳의 염소 카레는 기억할 만한 가치가 있습니다.

사막 요새의 변두리에서 머물다 갑니다. 건강하세요. 그리고 즐거운 시간이 되길 진심으로 기원합니다.

6.

숙소를 나서며, 간밤에 열어두었던 창을 닫았다. 한 달은 족히 쌓여야 할 먼지가, 이곳에서는 한 나절이면 창가를 뒤덮었다.

사막에 비가 내렸다. 먹구름이 쪼개지는 틈으로 햇빛이 희게 번졌다. 사막의 빛깔과 명암이 훤히 드러났다. 빛으로 감췄던 사막의 색이 사뭇 이채로웠다. 빗물이 스민 사암의 색이 짙었고, 아라비아고무나무의 잎이 번들거렸다. 겉을 닦고, 기름칠한 듯한 윤기였다. 사막이 점차로 비에 젖었다. 관목이 바람에 크게 휘었다. 흙먼지와 모래가 장막을 펼쳤다. 구름의 음영이 검푸른 빛의 층계를 이루었다. 그을음 같은 모래바람이 그 층계에 올랐다. 덤불들이 사막 저편으로 빠르게 굴러갔다. 노랫소리가 들렸다. 유랑민의 노래가 사막의 먼지와 바람 속에 울려 퍼졌다.

인도의 새해. 저녁이 되기까지 사람들이 금식했고, 저녁이 되면 만찬을 즐기며 한 해를 축원했다. 사막의 저편에서 이편으로 바람이 불어왔다. 숙소로 돌아와 복도 끝의 자리에 앉았다. 잠잠해진 하늘과, 골목을 비추는 가로등을 보며 안심했다.

7.

옥상에서 바라본 밤의 갠지스. 강 건너 사막이 흰 포말 같고, 그 너머 검은 숲과, 그 너머의 불빛들을 보고있자니, 동해의 오징어잡이 선단이 떠올랐다. 그날 밤 갠지스에는 바람이 불지 않았다. 강의 겉이 거울 같았다.

가로등 비친 가트가 노랬다. 강물이 녹색으로 깊었다. 노 젓는 소리와 개 짖는 소리. 바블루의 보트가 강의 한가운데로 나갔다. 이물이 길을 냈고, 고물로 흐트러졌다. 흐트러진 강이 다시 모이고, 머물렀다. 낯선 밤이었다. 바블루가 노를 끌어올려 보트에 실었다. 우리는 보트에 드러누웠다.

표류하는 보트가 어느 한 방향으로 밀리는 듯싶었다. 보트는 알아채기 어려울 만큼 천천히 움직였다. 달이 밝았다. 멀리 개 짖는 소리가 들렸다. 숨소리가 신경 쓰일 만큼 조용했다. 이대로 가면, 핑크 돌고래를 만날 수도 있을까 싶었다. 이곳과 멀지 않은 곳에 그들이 산다고 했다. 눈을 감고 상상했다. 녹색의 물에서 천천히 솟아오르는, 핑크색 돌고래의 매끈한 등허리를. 돌고래에게 줄 군것질거리라도 있다면 좋겠다 싶었다.

담배를 한 대 꺼내어 물고 불을 붙였다. 몇 모금을 빨아 불을 키웠다. 불기가 번진 담배 끝이 타닥거렸다. 조그만 불꽃이 펑펑거리며 터지기도 했다. 이곳의 담배는 독하고, 조악했다. 익숙한 브랜드의 담배들도 마찬가지였다. 이질감이 느껴지는 것이, 마냥 현지화의 산물만은 아닐 거라 싶었다. 몇 모금인가 연기를 내쉬자, 어디선가 부글대는 소리가 들렸다. 일어나 주위를 둘러보았다. 무언가 물 위로 솟아 있었다. 검고, 번들거리는 그것의 주위로 파문이 일었다. 그것은 소의 시체였다. 가스가 찬 몸뚱이가 여기저기 부풀어 있었다. 검은 소였다.

고요한 갠지스 위에 나와 바블루가 탄 보트와 검은 소의 시체가 둥둥 떠다녔다. 소의 시신은 강 건너 모래톱에 쌓여 새와 들개들의 먹이가 되거나, 치워질 것이었다.

술을 마시고 싶었지만, 보트에도 숙소에도 술은 없었다. 담배를 끄고 다시 누웠다. 멀리서 개들의 울음이 잇따르고, 보트가 삐걱거렸다.

김태훈 제1회 백년서평 바다상 수상. 부산문화재단에서 근무했고, 현재 정당부설 정책연구소에 근무 중이다.

제4부

너는 여행자의 집이니

김수우

장소는 주인이 없다

　장소는 한 마디로 '곳'이다. '곳'은 특정한 본래적인 자리이며 만유가 존재하는 좌표이며 흩어졌다 모이고 모이며 흩어지는 점들이다. 공간Space이 '빈' 일정한 간격을 지닌 수학적 크기라면 장소Place는 결코 비어있을 수 없는 존재와 관계가 있다. 존재론적 사건이 이루어지거나 발생한 '곳'엔 시공을 뛰어넘는 무한 에너지들이 중첩되어 있다. 공간이 유용한 기능적 크기라면 장소는 무용지용의 비밀이 숨쉬는 곳이다. 공간이 보이는 데라면 장소는 보이지 않는 힘이 작동한다.

　모든 존재는 공간 이전에 장소를 가진다. 장소라는 좌표는 어떤 역할, 어떤 입장, 어떤 위치, 어떤 본분, 어떤 근거, 어떤 기회와도 통한다. 집과 몸, 땅, 나, 너 등은 분명한 근원적인 장소이다. 꿈, 돈, 노래 등도 하나의 장소가 된다. 장소는 분명한 존재의 자리를 보여주면서 동시에 은폐의 역할도 한다. 때문에 무수한 겹층으로 구성된 장소는 기원에 대한 질문으로 술렁인다. 고향이나 옛집이, 오래 전 사용하던 우물터나 빨랫돌은 이미 그 자체로 보이지 않는 세계를 품고 있는 것이다. 장소는 인간의 질서와 자연의 질서가 융합된 것이고, 우리가 세계를 직접적으로 경험하는 의미 깊은 중심이다.[1] 『장소와 장소상실』에서 에드워드 랠프는 생활세계가 직접 경험되는 장소는 개인과 공동체 정체성의 중요한 원천이며 인간 실존의 심오한 중심임을 강조한다. 이 집, 이 도시, 이 나라, 이 지구라고 할 때 우리는 누구인가.

그러면 장소의 주인은 누구인가. 장소에선 어떤 일이 일어나는가. 장소의 가치는 무엇인가. 장소는 어떻게 선택되는가. 장소가 가진 온도란 무엇을 말하는가. 이러한 질문은 장소와 장소성을 다시 고뇌하게 한다. 장소를 소유하게 되는 순간 우리는 장소를 잃어버리게 된다. 장소는 주인이 없다. 공간만이 주인이 있다. 내가 주인이라고 생각하는 순간 내 집은 공간에 불과하다. 내 집이 나라는 주체에 의해 작동한다면 그건 공간일 뿐인 것이다. 내 집이 장소일 때 나는 근원적인 존재로 존재하지만 내 집이 공간일 때 나는 그 도구에 불과하게 된다. 내 집이 공간인지 장소인지는 나의 인문적 선택에 달려 있는 것이다. 내 집을 공간이 아니라 근원적인 장소로 살리는 방식으로 '환대'가 있다. 집 밖의 타자를 내 집에 맞아들임, 이것이 '환대hospitality'이다.

내 집, 내 몸, 내 자아, 내 돈, 내 꿈, 내 공부, 내 기술 등은 타자를 환대할 수 있는 장소의 능력이 있는가. 이 의문은 장소란 생명의 온도로써 측정될 수 있는가 하는 고민이다. 동시에 이 말은 추억과 예지로 가득한 장소란 결국 타자와의 관계로써 설정된다는 말이다. 타자를 환대할 수 없는 그곳은 장소성을 잃어버린 도구적이고 기능적인 공간에 불과하다. 집이 내 집일 뿐 환대하는 역할을 잃어버린다면 집은 이미 장소가 아니라 공간으로 작동하게 된다. 그러므로 장소는 나의 소유, 우리의 테두리가 아닌 것이다. 그래서 내 집, 내 울타리라는 개념을 벗어나야 한다.

내가 무언가를 소유하는 순간, '타자'와의 관계는 끊기고 자신은 테두리 안에 매몰된다. 레비나스는 이를 죽은 삶이라고 설명한다. 이에 유일한 소통은

---

[1] 『장소와 장소상실』, 에드워드 랠프, 논형. 287쪽.

'응답'하는 것이라는 게 레비나스의 철학이다. 레비나스는 철학의 '제1의 과제'는 '존재'가 아니고 '윤리'라고 말한다. 타자의 호소에 응답하라는 것이다. 레비나스는 '태양 아래 나의 자리Pascal'에 대해 묻는다. 이 자리는 내가 있음으로 해서 다른 사람이 밀려난 자리이다. 그래서 우리는 '내가 존재할 권리가 있는가'라고 물어야 한다. 어떤 방식으로든 '내 자리'란 일종의 '찬탈'이다. 이것은 진정한 존재의 방식이 아니며, '존재성을 넘어서야 한다는 것이 레비나스의 사유이다. 이 지점이 그가 하이데거와 분리되는 지점이기도 하다. 존재 이전에 자신의 장소를 두려워하고, 소외된 타자를 공경, 관계하는 방향으로 나가야 한다는 말이다.

따라서 환대는 주인의 태도나 의식을 문제삼게 된다. 나를 주장하면서 이방인을 환대할 수 있을까. 레비나스는 '거주'라는 개념을 통해 장소와 환대의 철학을 펼친다. "구체적으로 거주는 객관적인 세계 속에 자리 잡는 것이 아니라, 객관적인 세계가 나의 거주와 관련해서 자리 잡는다."는 그의 견해는 환대의 이유를 잘 설명한다. 모든 환대에는 장소가 있다. 아니, 장소에 환대가 있는 것일까. 이는 인류의 미래에 그대로 적용된다. 환대란 결국 맞이하는 행위, 나의 자리를 내어주는 행위이다. 내가 앉았던 자리, 내 체온의 자리를 흔쾌히 내어주는 것은 세계와 자신의 존재를 정확히 이해하는 사유에서 비롯된다. 환대는 장소성의 가장 중요한 특징이고, 장소는 희망이 된다.

사회가 폭력화되는 많은 위기 속에 다양한 분야가 초격차로 불안하다. 이주노동자와 다문화주의를 어떻게 바라보아야 할까. 지금 전세계에 대두되고 있는 난민의 문제를 어떻게 생각해야 할까. 남북분단과 긴장관계, 비정규직과 청년실업, 폭력과 빈곤문제, 홈리스 및 독거노인, 소외와 격차. 그안에서 고통을 당하는 외로운 자들이 모두 우리를 찾아오는 나그네들이다. 환대의 삶을 살아야 하는 건 강력한 시대의 요청이다. '환대'라는 개념 뒤에는 근대적 이성과 소비적 사회에 대한 반성이 있다. 이러한 환대의 윤리는 인문 메시지 그 자체다.

약하고 부족한 타자는 곧 나의 기준일 수밖에 없다. 레비나스는 더 적극적으로 타자가 '호소'한다면 여기에 '응답'해야 한다고 말한다. '타자'는 '호소'하고 '명령'한다. 레비나스는 '호소에 대한 응답response'은 곧 '책임responsibility'에 관계 지었다. 만약 '타자'가 약자의 얼굴로 호소해 온다면 우리는 거기에 응답해야할 '무한한 책임'의 주체가 되어야 한다는 것이다.

환대의 밥상

'환대'야말로 삶의 근본적인 자세이며 미래적 가치이다. 환대hospitality란 말은 그리스어로 호스페스hospes에서 왔는데, 이 말은 '손님' 또는 '주인'을 뜻하는 말로 손님이나 주인 또는 낯선 이방인을 너그럽게 대하는 것을 말한다. 환대는 타자중심의 접대, 낯설고 생소한 사람들을 지극정성으로 섬기고 대접하는 것이 다. 심지어 자신에게 적의를 띤 원수 같은 사람조차도 가족처럼 맞이하는 것을 일컫는다. 생소하고 낯선 이들에게 따뜻한 밥상을 차리는 환대는 우리 고대 문화에도 있었다.

고대 이스라엘과 중동 유목민의 환대문화는 생존의 기술이었다. 당시 여행할 시 쉼터가 거의 없었다. 그렇기에 다른 사람들을 대접하는 일은 자신이 여행하게 될 때 똑같이 대접받는다는 뜻이 될 수 있다. 이렇게 환대는 고대 세계를 떠받드는 기본 개념이었다. 특히 사십 년 광야에서 떠돌던 이스라엘은 나그네나 홀로된 여인이나 고아들을 대접할 것을 계약법에 넣어 엄격한 규범으로 지켰다. 이는 나중에 애굽에서 나그네 되었던 일을 항상 기억하고 살라는 것이 유대의 율법이 된다. 친구든 원수든, 손님이라면 극진히 대접하였고 심지어 그들의 가축도 돌보아 주었다.

고대 이스라엘이나 중동의 문화에서 '음식은 환대의 표현'이며 환대는 음식과 신앙이 만나는 접점이 되었다. 낯선 손님을 대접하는 아브라함과 사라의 밥상은 환대의 전형이다. 아브라함의 모습은 첫째 멀리 낯선 사람들을 대접하려는 마음으로 보는 행동, 만나기 위해 달려가는 행동, 존경을 표하는 행동, 초대하는 행동, 자신의 자리에서 쉬게 하는 행동, 음식을 대접하며 섬기는 행동으로 나타난다. 그리하여 그들은 신을 대접한 것이었다. 예수가 보여준 환대에의 초대는 이 지구를 장소화한다. "수고하고 무거운 짐진 자들아, 다 내게로 오라. 내가 너희를 쉬게 하리라." 이런 것이 환대인 것이다.

고대엔 세계 도처에 환대의 문화가 넘쳐났다. 케냐에서는 부족들마다 손님을 환대하는 고유의 방식을 갖고 있다. 특히 키쿠유 부족은 아무 예고 없이 찾아오는 손님에게도 음식을 대접하고, 손님 역시 당연하게 여긴다. 대접하지 않는 주인과 사양하는 손님은 모두 무례하다고 여겨졌다. 그들에게 '배고픔은 시빗거리가 되지 않는다.' 속담이 있는 것처럼 말이다.

아프리카 내륙의 니제르란 나라의 우다베 부족에게도 "음보당가쿠"라는 환대의 밥상문화가 있다. 자신을 찾아오는 사람은 누구든지 따뜻하고도 융숭하게 대접하는 전통이다. 우다베 부족은 이 음보탕가쿠를 자신들이 가진 유일하면서도 진정한 자산이라고 말한다. 우다베 부족은 손님이 오면 자리를 깔아준다. 마실 물과 음식을 주고 춥지 않도록 불을 피워준다. 별로 좋아하는 손님이 아니더라도 神이라도 되는 것처럼 극진히 환대한다. '손님은 신이다'라는 속담이 우다베에 있을 정도이다. 이런 생각으로 전혀 낯선 사람들조차도 환대하는 것은 높은 윤리성을 바탕으로 한 공동체였기 때문이다.

남미의 페루에 있는 안데스 산 속에서 살아가고 있는 케추아 부족은 그들은 전통적으로 공동 생산하고 공동 분배하는 방식으로 살아왔다. '카우사이 후뉴이'라는 전통이 있는데 이는 '음식을 서로 모아서 한 가난한 한 살림을 피게 하자' 라는 취지가 담긴 마을 잔치이다. "오늘 이것은 당신 것입니다. 내일은 내 것이 될 지도 모릅니다."라는 속담은 나눔을 통한 공동체의 연대를 잘 보여준다. 이러한 나눔의 환대는 불교나 이슬람 등의 종교에도 잘 나타나 있다.

장소는 환대라는 행위를 통해 새로운 계기를 맞이하게 된다. 익숙함과 편안함의 리듬이 깨어지면서 손님은 자기중심적인 삶을 여지없이 무너뜨린다. 그렇다면 안락한 나의 세계를 열고 낯선 자를 받아들여야 하는 이유가 있는가. 내 자리를 낯선 자에게 내놓고 환대의 밥상을 차려야 할 이유는 어디에 있는가. 그 이유는 레비나스가 말한대로 그 낯선 자가 헐벗은 자로 내게 찾아오기 때문이다. 가난한 자가 나에게 호소하고 명령을 내리는 존재로 다가오기 때문이다.

환대의 장소 반댓말을 무엇일까. 그건 권력의 장소, 소비의 장소이다. 물질, 기술, 이성, 개발, 남성, 내 자아 등 소유적이며 소비적이며 자본적인 세계는 다 환대의 반댓말이 될 수 있다. 반면에 환대의 장소 유의어는 탱자꽃의 장소, 열목어가 노는 여울목의 장소, 타자의 장소, 존재의 장소, 여성성의 장소, 글쓰기의 장소 등이다. 여기서 글쓰기는 자신 속의 타자를 확인하는 장소로서의 글쓰기를 말한다. 이처럼 환대는 이 시대 모든 타자에게 억압을 가져오는 모든 폭력의 반대어이다.

오늘도 지나가는 낯선 나그네들

환대는 어느 좌표에 소용돌이를 만드는 일이다. 여기서 장소는 장소성을 얻고 그 파문은 우주 전역으로 번져간다. 환대의 실천은 내가 환대받은 기억에서 오는 파장이다. 그리하여 '환대', 즉 '기꺼이 받아들이'는 행위만이 인류에게 미래의 절실한 표징이 된다. 한 장소에서 무조건적인 환대의 정신을 살리는 것은 이 문명에서 분명 별과 같은 하나의 이상이다. 이상이 이상인 이유는 그 실천이 현상으로 나타나기 어려운 까닭이다. 그러나 별이 아름다운 것처럼 이상은 아름다운 신념으로 끊임없이 언급되고 제시되어야 한다. 그때 우주적인 변화의 에너지가 작동하기 때문이다.

너는 여행자의 집이다.
하루도 빠짐없이
낯선 이들이 드나드는 여행자의 집.
즐거움, 우울함, 비열함,
순간의 깨달음이
기다리지 않는 손님처럼 찾아온다.
그 모두를 반갑게 맞이하라.

그들이 집 안을 쑥대밭으로 만들고
아끼는 가구를 모두 없애는
슬픔의 무리일지라도
정성을 다해 환대하라.

새로운 기쁨을 가져다주기 위해
집 안을 깨끗이 비우는 것인지도 모른다.

어두운 생각, 날카로운 적의,
비겁한 속임수가 오더라도
문 밖까지 나가 웃으며 맞이하라.
귀한 손님처럼 안으로 모셔라.
누가 찾아오든 고개 숙여 감사하라.

문을 두드리는 낯선 사람은
너의 앞길을 밝혀주기 위해 찾아온
미래에서 온 안내자이다.

―「여행자의 집」, 잘랄 앗 딘 루미

    13세기 이슬람 신비주의자였던 루미의 이 시편은 환대의 방식을 잘 보여주고 있다. 문을 두드리는 그 누군가가 '미래에서 온 안내자'라는 사유는 삶 전체, 우주 전체를 타자의 방식으로 수용하는 행위 자체이다. 그 이방인은 '나의 앞길을 밝혀주기 위해 찾아온 타자인 것이다. 어둠과 슬픔과 비겁한 속임수까지 귀한 손님일 수 있다. 이러한 환대의 입장들은 주인의 로고스적 폭력을 무장해제시킨다.

칸트는 환대를 '상호적 관계'로 설명한다. 칸트의 환대는 상호적인 관계이다. 누군가 내 집에 오면 '환대'하듯이 나도 남의 집에 가면 '환대'받을 권리가 있다는 말이다. 이러한 '조건적 환대'로는 삶에 비전이 없다는 것이 레비나스의 생각이다. 레비나스는 '무조건적 환대'가 더 근본적임을 강조한다. 마치 부모와 자식 관계 같다는 것이다.

레비나스는 '타자'의 우선성을 중요시한다. 우리가 '타자'에 근거해 있는 것이지 '타자'가 우리 삶에 종속되어 있는 것은 아니라는 것이다. '타자'는 '동일자'의 틀에 잘 안 들어오는, 내 뜻대로 할 수 없는 대상이다. 하지만 타자를 환대해야 하는 이유는 분명하다. 내가 태어났을 때 이 세계가 나를 받아주었기 때문이라는 것이다. 데리다 또한 해체주의 철학을 펼치면서 '환대'라는 개념을 적극적으로 내세운다. 형이상학의 배타적인 원리가 해체된 이후 중요한 것은 다른 타자들과 어떤 관계를 맺느냐, 어떻게 타자들을 절대적으로 환대할 수 있느냐 하는 문제라는 말이다.

레비나스와 마찬가지로 그는 집 주인 역시 처음부터 자신의 거주지에서는 손님이었다는 사실을 기억해야만 함을 지적한다. 이미 집이 먼저 나를 환대했으므로 누군가를 환대하는 것은 무조건적이다. 사실 나는 이미 맞아들여진 자인 것이다. 타자를 맞아들이는 일은 당연할 수밖에 없다. 데리다는 환대는 묻지 않는 것에서부터 시작한다고 강조한다. 물으면서 환대하겠다는 건 조건적인 양태에 불과하다.

무조건적 환대란 아무런 제재나 계약 없이 무조건적으로 개방하여 이방인들에게조차 조건 없이 접대하며 받아들이는 것을 의미한다. 그러므로 절대적 환대는 주인 입장이 아닌 손님 또는 낯선 이방인 입장에서 환대하는 것이며, 갑작스러운 방문에 대한 환대이다. 진정한 환대란 이름 없는 미지의 타자에게도 줄 것, 그에게 장소를 줄 것, 그를 오게 내버려 둘 것, 그러면서도 그에게 상호성을 요구하지도 말고, 이름조차도 묻지 않는 것임을 내세운다.

이처럼 환대의 정신은 인문운동의 극점이다. 문학이라는 이름을 내걸고 백년어서원이 퇴락한 동광동에 장소를 확보한지 7년째이다. 백년어서원이 환대의 장소가 되고자 노력해왔다. 그래서 북카페 형식을 취하였고, 다양한 층과 다양한 만남들이 자연스럽게 서로를 환대할 수 있는 분위기를 만들어왔다. 그래서 불특정 다수의 시민들이 다양한 방식으로 지나갔다. 조건이 아니라 무조건적인 환대를 서로 배우고자 했다. 하지만 쉬운 일은 아니었고, 하지만 여전히 모험처럼 시도하는 중이다.

백년어서원이 7년 동안 한 일은 장소의 확보였다. 중요한 것은 장소가 있고, 우리는 여기서 응답해야 한다는 것이다. 장소란 우리가 타자에게 응답하는 곳이다. 우리가 끊임없이 경험하는 장소상실은 '잃어버린 환대'에 다름 아니다. 우리는 이미 문명에게서 환대받지 못하고 있으며, 우리 또한 환대를 가르치지 못하는 게 현실이 아닐까. 여기서 일어나는 단절을 존재를 존재자를 다 쇠퇴하게 한다. 이를 극복하는 일은 끊임없이 거슬러 오르는 길뿐이다. 삶은 끊임없이 부유浮遊하지만 어떤 호소에 귀를 기울이는 일만이 모든 불화를 견디게 한다. 호소를 들을 수 있을 때만 내 안과 밖의 타자에게 응답할 수 있다. 그 응답은 환대의 밥상을 차리는 일에 우리를 일으켜세울 것이다.

우리는 모두 장소를 생성해내는 장소이다. 나는, 내 자아는, 우리는, 돈은, 꿈은, 도시는, 동광동은, 몸은, 책은 다 여행자의 집인 것이다.

김수우 1995년 《시와시학》 등단. 인문학은 타자를 위한 부지런함에 있다고 믿는다.

장소는 시간의 함수다

구영기

장소場所는 시간의 함수函數다. 그리고 '나'라는 변수變數가 관여한다. 지금 이 시간 이 장소는 살아있는 장소다. 또한 내게 있어 내일의 이 장소는 살아 있을 수도 있고 또 숨이 빠져나간 회색 환영幻影일 수도 있다. 마치 내 육신에서 영혼이 빠져 나가면 각종 단백질과 지방 등으로 구성된 거대 화합물에 지나지 않듯. 그러나 다른 누군가에 의해 살아있는 장소로 재단장 될 것이다. 삶은 흐른다.

장소와 장소를 연결하고 또 스스로 장소이기도 한, 길 역시 살아 움직인다. 자꾸 나다니면 없던 길이 새로 나고 안 다니면 있던 길도 없어진다. 그러니까 길은 독불장군으로 존재하는 게 아니라 엮여 살아있는 유기체다. 없어진 길을 굳이 되살리려 하는 것도 부질없는 일이다. 왜냐하면 길은 누적된 문화의 결과이기 때문이다. 옛날에는 사람이 걸어 다녀서 절로 길이 났는데 오늘날엔 걸어가라고 일부러 길을 만든다. 그건 억지 길이다.

통영統營 상사당, 야트막한 둔덕 위 작은 마을에서 억울한 삶을 살아야만 했던 꽃다운 엄마와 나의 유아기幼兒期. 나의 내면과 감수성이 발현되고 굳어진 장소. 전기도 들어오지 않는 두 칸 초가집 부엌 아궁이 앞에 쪼그려 앉은 채 잔가지를 모아 불을 때고 있는 엄마가 거기 있다. 엄마의 앞가슴과 얼굴을 아궁이 불빛이 일렁일렁 쉴 새 없이 핥고 있는데, 토닥토닥 불이 튀는 소리를 제除하면 적막만 남는 정지. 늘 엄마는 거기 그렇게 있다.

작은 방에는 엿장수 부부가 살고 있었다. 밤이면 노부부가 서로 발을 맞대고 손바닥에 침을 퉤퉤 뱉어가며 엿을 잡아 당겼다. 당기고 당기다 보면 수수깡보다 더 굵은, 하얀 엿이 만들어졌다. 아침이면 엿장수 할배는 엿판을 어깨에 걸고 팔러 나갔다. 절그렁 절그렁 소리를 내는 커다란 가위를 들고. 언제나 저녁 해질 때쯤이면 집으로 돌아왔다. 나를 보면 팔고 남은 엿을 몇 개 집어줬다. 주인집 아들이라고. 그 엿은 꿀맛이었다. 어젯밤 손바닥에 침 발라가며 만든 엿이었다는 기억도 엎어버릴 만큼.

집 앞에 난 어떤 풀은 집어 당기면 손바닥을 베었다. 비탈길을 오르다 미끄러져 엉겁결에 움켜쥐면 여지없이 손을 베었다. 풀 이름은 지금도 모른다. 그러나 하도 베여서 그 풀 생김새는 잊어버리지 않는다. 정신없이 뛰어 놀다가도 해질녘이면 언덕에 서 있었다. 엿장수 할배를 기다리며.

어릴 적 내달리던 둔덕과 밭고랑, 둠벙, 또랑, 그 일렁이는 강물이 눈에 어른거린다. 어쩌다 지나는 시골 길에서 차창을 통해 들어오는 거름냄새를 맡게 되면 도시에서 자란 아이들은 코를 싸잡으며 인상을 쓰겠지만, 나는 그 냄새가 더없이 정겹다. 잘 숙성된 거름 냄새는 짙은 흙냄새, 청국장 냄새처럼 중독성이 있다. 이건 마치 엄마 품에서 맡던 냄새처럼 먼 과거의 시간으로 거슬러 올라가 뽀얀 상념 속에 나를 내려놓는다.

해지는 줄도 모르고 신나게 뛰어 놀다 어둑해져서야 집으로 돌아오는 고샅길, 타닥타닥 아궁이 속에서 이글이글 솔가리 타는 소리와 연기, 그리고 매캐한 냄새, 된장국 냄새, 보리밥 익는 냄새에 배고픔은 한계를 넘고, 평온한 저녁이 어둠 속으로 저물어가는 그 행복감을 나는 잊지 못한다. 철이 없었고 또 그만큼 행복했던 시절이 있었다.

언젠가는 꼭 그 장소를 찾아가고 싶었다. 내 유아기가 유물처럼 파묻혀 있는 그곳. 마을을 다 짚었으나 허리가 기역자로 꺾인 노모老母도 또 나도 그 장소를 집어내지 못 했다. 우리는 언덕에 서서 아련한 추억을 되씹을 뿐이었다. 시간이 배제된 장소는 더 이상 장소로서 존재하지 않는다.

동광동 산삐알, 판잣집들이 닥지닥지 들어서 있던 곳. 세상 모든 재료가 다 집이 될 수 있었던 장소. 온갖 기발한 형태의 건축이 도면 한 장 없이 창조되던 마을. 다양한 군상群像들이 수시로 출몰했다. 껌을 팔러 몰려다니는 아이들, 지게꾼, 부두 노동자, 자갈치 생선장수, 국제시장 가자미식해食醢 장수 등등. 집 전체가 멋진 새어머니 소유였지만 유일한 나의 장소는 책상 밑이었다. 내 영혼이 따뜻하게 쉴 수 있는 곳. 나를 더 없이 포근하게 감싸주던 공간이었지만 시간과 함께 떠나버렸다.

용두산 공원 밑 중앙 성당. 유치원 수업을 마치고 뛰어 나오는데 알록달록 예쁜 달걀을 수녀님들이 나눠주고 있었다. 지금도 줄 서는 걸 싫어 하지만 너무 갖고 싶어 길게 늘어진 줄 끝에 섰다. 한참 기다려 내 차례가 되었을 때 수녀님께서 물었다. "세례 받았니?", "아뇨?" 난 정직하게 답한 대가로 부활절 계란을 받지 못했다. 그 이후 난 종교가 없다. 얼마 전 그 성당을 지나치게 되었지만 부활절 계란을 얻기 위해 줄을 서 있던 소년은 없었다.

신창동 아파트로 이사를 가면서 기르던 개를 데려갈 수 없어 새 주인에게 집과 함께 넘겨버렸다. 서른 개가 넘는 계단 밑에서 내 발자국 소리를 분간하고 대문을 긁어대던 누렁이였지만 어쩔 수 없다고 했다. 문득 문득 생각이 났다. 6개월쯤 지났을까 개가 보고 싶어 도저히 못 견딜 것 같아 초등학교 1학년 수업을 마친 뒤 새어머니한테 야단맞을 각오를 하고 옛집을 찾아갔다. 채 계단 밑에도 못 미쳐 누렁이가 대문을 긁어대며 짖는 소리를 듣고 울음이 터져버렸다. 나를 기다리고 있었다. 닫힌 대문 밑으로 손을 넣어 누렁이 발을 붙잡고 한참을 퍼질러 앉아 울었다. 누가 나를 기다리고 있었다.

그날 새어머니한테 맞으면서 한 번 더 울었다. 아마 그날은 저녁밥을 못 얻어먹었을 거다. 그리고 다시는 그 개를 보지 못 했다. 그 계단도 우리를 가로막고 있었던 대문도, 그리고 우리를 더 이상 만날 수 없게 만든 매질도 또 우리의 사랑도 다 사라져버렸다. 시간과 함께, 모든 것은 더 이상 내 곁에 머무르지 않는다.

용두산 공원. 당시 부산에 적籍을 둔 선남선녀 치고 용두산 공원을 거치지 않고 결혼한 사람은 아마 없으리라. 해가 천천히 넘어가고 저녁 어스름이 공원에 장막을 두르면 나무에 기대어 밀담을 나누는 연인戀人들의 천국이었다. 나무 한 그루에 한 쌍씩, 빈 나무가 없었다. 왜 꼭 나무 밑에 기대앉아 뭘 하는지, 어떻게 비어있는 나무를 일일이 찾아내는지 어린 생각으로는 짐작할 수 없었다. (지금도 좌석번호가 찍혀있는 극장 좌석도 잘 못 찾는다.) 그 나무 한 그루 한 그루, 날마다 바뀌는 연인들의 밀담을 엿들으며 얼마나 우스워 했을까. 사랑은 막상 당사자에겐 너무 심각하지만 제3자에겐 유치한 법이다. 그러면서 굵은 나무만 남았고 그 아름다운 밀약密約의 장소는 사라져버렸다.

우리가 선한 눈길로 바라보는 동물은 일단 다리 네 개까지이다. 그보다 더 많으면 징그럽다는 생각이 들면서 바로 소름이 돋는다. 초등학교 시절 그 즐거운 소풍날, 소나무 밑 그늘에서 점심이라도 먹을작시면 김밥 도시락 위에 송충이가 툭툭 떨어졌다. 목덜미에 떨어진 송충이가 등짝을 타고 기어드는 느낌을 한 번이라도 경험해 본 사람이라면 그와 더불어 살아야 한다는 걸 납득할 수 있는가. 중학교 때는 종종 수업 대신에 산에 송충이를 잡으러 다녔다. 거짓말 조금 보태 소나무마다 송충이 반 솔잎 반이었다. 나무젓가락으로 담으면 금세 한 봉지가 찼다. 반나절 잡은 송충이가 작은 무덤을 이뤘고 석유를 끼얹고 불을 질렀다. 이글거리는 불덩이 속에서 송충이들이 꿈틀댔고 비릿한 냄새가 났다. 교장선생님께서는 이 송충이가 우리 산 소나무를 모두 결딴낼 거라 했다. 그 송충이들은 다 어디로 갔을까.

난, 그야말로 맹탕 범생이었다. 청소년 출입금지구역이니 가지마라는 말에 아예 가 볼 생각조차 하지 않았다. 왜 가서는 안 되는가 알아보기라도 해야 하지 않는가. 고등학교 입학시험에서 떨어졌고, 무슨 고등학교 아니면 진학할 생각일랑 아예 접으라는 아버지 말씀이 곧 법이었다. 필기시험은 젖혀두고 체력장에서 만점을 받지 못하면 그 고등학교는 어림없었다.

그래서 내가 한 재수란 고작 수류탄 멀리 던지기, 턱걸이, 윗몸굽히기 연습이었다. 나는 몸 구조가 앞으로 굽히는 건 안 되어도 뒤로 젖히는 건 남 보다 더 잘 할 수 있었다. 하지만 앞으로 굽혀지는 정도를 평가하는 시험에 반항해서는 이 나라 체제 안의 학업을 계속한다는 게 불가능했다. 두어 달 애쓴 보람으로 턱걸이를 예닐곱 개, 손가락 두어 마디까지 몸을 굽힐 수 있게 되었을 때쯤 해서 추첨으로 입시를 대신한다는 발표를 들었다. 기가 찼다.

다 집어치우고 신문에 실린 하루치 기보만큼 바둑알을 놓았다. 그 많은 칸 가운데 하필 그곳에 돌을 놓은 고수의 뜻을 하루 종일 생각했다. 노자를 읽었고, 장자, 성서를 완독했고 존 스타인벡의 분노의 포도를 곱씹어가며 읽었다. 달리 할 일이 없었다.

당시 존 스타인벡은 적어도 나에겐 신이었다. 어떻게 한 문장이 책 반쪽 이상 되도록 글을 쓸 수 있을까. 어떻게 내 가슴이 이리 먹먹하도록 이야기를 지어낼 수 있을까. 이걸 또 이런 매끈한 문장으로 번역해 낸 사람이 있다는 게 경이驚異였다. 이 책들이 나를 미치게 만들었고 오늘의 나를 만들었지만 그 감동의 장소는 시간과 함께 남아있지 않다.

화석연료의 과다한 사용으로 말미암아 기상이변, 지구온난화 등 많은 문제가 빚어지고 있다. 이러한 현상에 대해 우리 스스로 책임을 져야 하고 또 책임 있는 행동으로 나서야 한다. 녹색으로 칠한 녹색운동이 아니라 지구 생태계의 조화로움을 위해 스스로 책임지는 겸손한 삶을 실천해야 한다. 이런 뜻에서 자전거를 타기로 했다. 내가 의도하는 자전거 타기는 생활에서의 에너지 절약이자 화석연료 마수魔手로부터의 자유를 의미한다.

그러므로 내가 말하는 자전거는 레저나 스포츠 장비가 아니다. 강변길을 달리기 위해 굳이 자동차에 자전거를 싣고 가서 즐기는 일은 에너지를 곱으로 소비하는 삶이다. 건강을 위해 운동 삼아 자전거를 탄다는 것은 귀중한 에너지를 애먼 데다 낭비하는 일이라고 생각한다.

    남산동 시절, 방이 여러 개여서 자전거를 방 안에 들여 둘 수 있었다. 자전거를 타고 온천천을 따라 출퇴근을 하고, 천천히 달리면 땅 끝 어디에도 갈 수 있다는 생각이 나를 자유롭게 했다. 누군가는 자전거를 쇠로 만든 천사의 날개라 했다. 그런 행복도 산복도로로 이사 오면서 중단됐다. 영원한 것은 없다.

    난데없이 누군가가 나이가 몇 살이냐고 물어오면 순간 당황해 조금 망설이다가 그냥 몇 년생, 무슨 띠라고 답하고 만다. 이 나이라는 게 해마다 바뀌는 탓에 그걸 일일이 기억한다는 게 쉽지 않다. 그래도 과거에는 일일이 헤아려 기억해두곤 했지만, 요즘 같이 정신없이 일에 쫓겨 다니다 보면 언제 한 해가 지났는지, 더군다나 올해가 몇 년 무슨 해인지 흐릿할 때도 있는 판에 나이까지 챙겨둔다는 건 내겐 정말 버거운 일이다.

    갓난 아들을 품에 안고 어르던 때가 엊그제 같은데 벌써 그 녀석이 자라 손자를 낳았으니 이제 이 장소를 떠나야 할 때가 가까웠다. 내가 지구地球라는 별에 무슨 밀명密命을 띠고 왔는지 아직도 알지 못한다. 그런 만큼 과연 그 미션mission을 수행했는지 아님 아직 미완未完인지 모른다. 그러나 돌아 갈 때는 다가오고 있다. 내가 돌아가면 나를 기억해 주는 사람들의 마음에 남아 있다가 그들도 떠나면 그뿐, 아무 것도 없이 사라질 것이다. 아니 남기려는 노력 자체가 부질없는 일이다. 장소는 나와 시간의 함수다.

구영기 환경생태공학 전공. 나름 생태계 보전을 위한 활동을 쭉 해 왔으나 남아있는 게 없음. 사람으로 사는 일을 늘 고민하고 있음. 요즘 '마을 만들기' 사업에 힘을 쏟고 있지만 이것도 별 진척이 없음. 사)생명그물 대표. 사)부산광역시 마을공동체민간협의체 이사장.

글자가 놓이는 자리

박근수

　문장이 바로 서야 국정이 흔들리지 않는다. 선비가 누워서 글을 읽는다는 것은 말이 안 된다. 선비가 낄낄대며 소품체를 읽는 것은 방정맞다. 난전을 허용하며 상인독점권을 폐지한 신해통공을 발표한 이듬해 문체반정을 반포하며 아슬아슬하긴 하나 이제 정권을 장악한 정조의 일갈이었다. 김조순은 충실히 반성문을 정조체로 써서 안동김씨 세도정치의 길을 열었고, 이옥은 충실히 소품체를 고수하여 충군형을 받고 충청도 청양으로 경상도 합천으로 내몰렸다. 김조순은 김씨 가문의 만세영광을 열었고, 이옥 집안은 폐족이 되었다. 200여 년이 지난 지금 김조순 글은 읽는 이를 만날 수 없고, 이옥의 글은 실시학사 고전문학연구회의 인고의 노력 끝에 5권 완역본으로 한반도 문학사에 큰 흔적을 남겼다.
　세계 최고의 기행문이라는 『열하일기』도, 정치적 혼란의 희생양으로 흑산도로 귀양가 쓴 『자산어보』도, 그 실체가 기이한 선비의 기철학의 절정론인 『기학』도 남았다. 도서관에 가서 문집, 전집을 살펴보면 선비들의 호를 딴 어마 어마한 분량의 글 모음집이 언젠가는 읽히고 말리라는 고집을 드러내듯 가득하다. 볼펜은 고사하고 연필도 없고 지우개도 없는 그 시절을 생각하면 그 기록의 고집은 아련하다. 휴대용 연적, 작은 벼루, 작은 붓, 거친 종이를 꼬깃꼬깃 접어서 다니며 산이 보이면 산을 적고, 강이 보이면 강을 적고, 나무가 울면 나무를 적고, 생물을 만나면 생물을 글로 살려 적었다. 험한 금강산을 오르면서도 고스란히 기억하며 적고, 연경을 지나면서 술을 그렇게 마시고도 처음 본 코끼리를 생생하게 적고, 절간에 모신 수천 가지 모양의 보살을 그린 탱화를 적고, 나루터에서 짐을 내리는 동안에도 적고, 어부에게 들은 바다 생물의 습성을 적고, 자귀나무를 보고 합환목이라 하며 적고, 조선조 여인의 울분함을 적고 또 적었다. 다시 말하지만 워드 프로세서 같은 편안하기 그지없는 도구의 도움 없이 때묻은 붓으로 꾸깃한 종이를 모서리까지 아껴가며 적었다.

 종이가 모자라 벽지 같은 종이를 뜯어 읽고 읽어 닳고 닳은 논어, 맹자에 덧대가며 좋은 글을 옮겨 적었다. 의사소통의 절실함은 시공간을 초월하는 호모 사피엔스의 숙명이 조선조 선비들의 피에도 여전히 흘러 한양으로 먼 길 떠나는 큰 아들 편에 부쳐 수원에 사는 삼촌 안부를 묻는 서신을 전한다. 돌아오는데 한달 걸리는지라 어떤 내용인지 기억하기 힘들다. 둘째 아들을 불러 큰 아들이 들고 간 편지의 복사본을 베껴 적도록 한다. 한달 만에 큰 아들이 들고 온 삼촌의 답장을 보며 작은 아들이 베껴 놓은 보낸 서신과 비교하며 재답장을 작성하는 사이 이 선비의 문집은 차곡차곡 양을 더해간다. 그 아비가 죽으면 아들들은 삼촌, 고모부, 스승들을 찾아 다니며 아비의 생전 주고 받은 편지와 시詩, 부賦 · 기記 · 논論 · 변辨 · 책策 · 전傳 등 전통적 글은 물론, 문여文餘 · 이언俚諺 · 희곡과 같은 실험적인 장르에 이르기까지 다양한 글을 모아 문집을 만든다. 『남명집』 『연암집』 『이옥문집』이 탄생하는 순간이다.

 중세 수도원. 프란체스코파의 노승은 필사본으로 가득한 수도원의 도서관에서 라틴어로 쓰여진 아리스토텔레스, 파르메니데스를 읽는다. 누구 하나 표창장 주는 이 없어도 골방에 틀어박혀 아롱거리는 촛불을 조명으로 꾸역꾸역 몸으로 번역하며 작업해 나간 필사본이다. 파피루스에 쓰인 이집트 문자도 사전없이 번역하고 양피지에 쓰인 코린토 고어도 번역하며 100여 년에 걸친 중세 번역 혁명을 이루었다. 르네상스는 회화로 찬란하게 빛나지만 지식 혁명이 인프라를 구축하고 있었기에 가능하다. 필사본이기에 특히 여호아의 말이 담긴 성경은 함부로 나돌아다니면 안되므로 양장본으로 한땀 한땀 엮어서 고이 모셔 둔 책이다. 오직 왕이 허가한 수도원에서 신성하게 모셔진다. 웃음이 끼어들 공간이 생기면 성스러움이 사라지기에 '비극'은 전시되지만 '희극'은 비밀리에 수도사들의 지적 유흥의 동반자로 유통된다. 수도원장 호르헤는 이를 참을 수 없기에 '희극'에 독을 발라 수도원 연쇄살인사건을 음모한다. 음모가 밝혀질 찰라 대화재로 '희극'은 영원히 소실된다. 그래도 다른 책은 남았다. 생각이 서는 자리에는 글자가 놓인다. 말과 글이 없이는 생각이 설 수 없기 때문이며 생각을 기록하지 않고는 못 배기는 호모 사피엔스는 서양도 악착같다. 미친 듯이 글을 쓰지 않으면 살수 없었던 맑스와 프로이트, 몽테뉴를 낳았다. 마르크스는 미쳤다. 그는 틈만 나면 글을 썼다. 오쇼 라즈니시가 평한 맑스를 보면 섬뜩하다.

    그러나 수천만의 사람을 지배했으니 어떤 면에서 이 책은 위대하다고 할 수 있다. 전 세계의 절반이 공산주의자며, 나머지 절반에 대해서도 아니라고 확신 할 수 없다. 공산주의자가 아닌 사람들도 마음 깊은 곳에선 공산주의의 어떤 점이 좋다는 것을 인정한다. 공산주의에 좋은 점은 하나도 없다. 그것은 위대한 꿈을 빙자한 인간 착취일 뿐이다. 칼 맑스는 전혀 경제학자가 아니라 몽상가였다. 꿈꾸는 자, 시인이었다. 그것도 3류시인이었다. 그는 훌륭한 작가도 되지 못했다. 아무도 『자본론』을 읽지 않는다. 나는 많은 유명한 공산주의 운동가들을 만나 보았지만 그들에게 "자본론을 읽어 보았는가?" 라고 물어 볼 때마다 모두 시선을 피하고 얼버무렸다. 그들은 말했다. "앞의 몇 페이지만 읽었을 뿐이다. 우린 지금 할 일이 너무 많기 때문에 그 두꺼운 책을 다 읽을 시간이 없다." 수천 페이지에 달하지만 모두 잡동사니일 뿐, 전혀 논리적이거나 합리적이지 않다. 마치 미친 자의 글 같다. 칼 맑스는 자신의 머리 속에 떠오르는 것은 무조건 써 내려갔다. 수천 권의 책들로 둘러싸인 대영도서관에 앉아서 계속 써나갔다. 날마다 도서관 문이 닫히는 시간에 마지못해 끌려나가는 것이 그의 일과였다. 직원들이 강제로 그를 끌어내야 했다. 그렇지 않으면 밤새도록 그는 책상에 앉아 있었을 것이며 혼이 나서 쫓겨 난 적도 있었다. 이제 그 사람이 신적인 존재가 되었다. 여기 신성한 것과는 거리가 먼 삼위일체가 있다. 칼 맑스와 프리드리히 엥겔스, 그리고 레닌이 그들이다. 이 세 인물은 지구의 수천만 인구에게 신적인 존재가 되었다. 하나의 재난이 아닐 수 없다.
—오쇼 라즈니쉬, 『내가 사랑한 책들』 중에서

오쇼 영감은 맑스에 칼을 들이대며 그만하라고 협박하지만 맑스는 절대로 펜을 놓지 않을 것이다. 글을 종이에 남긴다는 행위는 말릴 수 없다. 당장 연필과 종이가 없으면 머리 속에 남긴다. 한 인권운동가가 감옥에 가서 억울한 재판 과정을 낱낱이 기억하리라는 사명감으로 집중하며 재판과정을 새겼다. 옥살이를 마치자 마자 엄청난 양의 재판 결과를 쏟아내며 역사에 남겼다. 인간이 만든 최상의 사치품은 종이와 펜이다. 생각을 담는 그릇이다. 문자와 기록이 없는 민족을 무시하려는 의도는 없으나 문자와 기록이 없는 민족은 일부 오지에서 정글의 법칙으로만 살고 있다. 종이라는 장소에 펜이라는 도구로 생각을 담아두지 않으면 나의 영속성을 보장할 수 있는 유일한 기회를 잃어버리는 인간의 숙명이다. 인도라는 문명권처럼 암송으로 영속성을 대물림 하는 문화도 있다. 이 또한 대단하다. 하지만 나에게는 티베트 산맥과 사막을 넘나들며 인도어와 중국어의 천 년에 걸친 불경 대번역 작업이 더 대단하다. 역사적 우연과 필연의 교차선이 얽히면서 그 번역서들이 영국과 프랑스 박물관에 보관되었고, 왕오천축국전이 신라승려에 의한 저작이라는 사실도 일본 학자들에 의해 밝혀진 사실도 눈물겹다.

〈외규장각의궤〉의 프랑스 국립도서관 안치문제는 기록을 소중히 여기는 민족의 승리다. 강화도에서 훔쳐간 프랑스 군인들의 짓거리는 더럽지만 고속철도 개통을 미끼로 하고서도 받아내지 못한 민족은 더 한심하다. 이를 모실 수 있는 자격이 있는 민족이 가지고 있는 것이 인류사적으로 좀 더 안전해 보이기도 한다. 국보 1호도 태워먹는 민족에게 의궤가 의미가 있었을지는 의문이다. 기록을 사랑하고 그 역사를 보관하는데 미치지 않고서는 절대 다시 찾을 수 없을 지 모른다. 뭐 별로 아까워하는 분위기도 전혀 조성되지 않고 있다.

글이 놓이는 자리에 사람이 놓인다. 사람들의 마음이 배치되는 만큼 글들이 자리잡는다. 사람들의 다양함과 문화 수준의 다양함이 인정되는 자리에서 새로운 생각이 나오고 글자로 종이 위에 놓는다. 조선왕조실록만 있었다면 조선의 역사는 평면이다. 매천 황현의 일기 같은 역사책도 함께 있기에 입체가 된다. 〈매천야록〉같은 책이 없었다면 왕조편찬 사관만 남았을 터이다. 〈난중일기〉가 없었다면 "임진년 조일전쟁보고서"만 남았을 것이다.

글자가 서는 자리는 누가 뭐라 해도 다양한 개인들이 다양한 입장에서 시대를 대변하고 역사를 분석한다. 일본 '후소샤' 역사교과서의 우익스러움에 분개하던 시절이 있었다. 일본에서 2015년 검정을 통과한 일본 중학교 사회과 교과서 총 18종이다. 후소샤는 그 중 하나다. 역사란 말을 교과서에 가져가면 그 결과물은 한심할 것이 당연한 태생적 한계가 있다. 그래도 18종 교과서를 인정하는 사회는 생각에 대한 18종에 대한 인정이다. 교육부는 2015년 10월 12일 중학교 '역사'와 고등학교 '한국사' 교과서 발행체계를 국정으로 바꾸는 것을 뼈대로 하는 '중·고등학교 교과용도서 국·검·인정 구분(안)'을 행정예고했다. 아버지에 대한 불손한 말이 많은 '역사'교과서를 용서할 수 없었던 대통령은 다음날 미국으로 갔다. 우리 중고등학생들의 역사에 대한 창은 '하나'가 되었다. 글자가 놓이는 자리도 한정돼 버리면 생각은 한정돼 버린다. 답답한 마음에 존경하는 분과 선문답놀이를 한다. 문, 이장폐천以掌蔽天? 답, 자승자박自繩自縛! 역사가 흉내라도 내서 날짜를 적어둔다. 글자만은 이 종이 위에 남으리라는 생각.

박근수 공학전공. 문사철 곁전공. 소주 안주는 고등어구이.

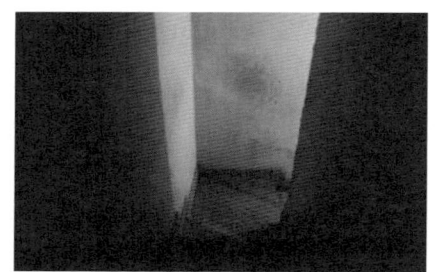

네가 쌓인 자리

김송은

오늘 영도

내가 있는 곳에서 어딘가를 가려면 항상 건너는 다리가 있다. 그 익숙한 다리를 건너 오래된 친구를 만나러 가는 길이 부쩍 낯설어 졌다. 대학을 가면서 그들은 내가 머무는 곳을 떠났다. 그들이 머물기도 했던 곳을 떠나 한 명은 울산으로 한 명은 포항으로 갔다. 얼마간 함께 있다가도 그들은 또 나와 같은 곳이 아닌 각자의 길로 갔다.

돌아오는 길에 익숙한 다리를 건너며 저쯤에 있을 나의 첫 번째 초등학교를 떠올렸다. 영도 대평동에서 영도 봉래동으로 이사를 가면서 떠났던 학교였다. 전학이 가기 싫어 새벽부터 꾸역꾸역 길을 걸어 얼마간 그렇게 학교에 다니다가 결국 코피를 쏟고서야 전학 간 학교로 발을 돌렸다. 어차피 같은 영도 안이었는 데도 그때는 다 두고 나만 가는 것 같았는데, 이렇게 친구를 만나고 돌아오는 밤이면 다 가고 나만 돌아오는 것 같아 퍽 쓸쓸했다. 떠나는 것만큼 돌아오는 것도 쓸쓸한 일이란 걸 체감했다. 그대로이지 않아서일까.

영도에 태어나, 집안 사정으로 잠시 다른 곳에 살았던 삼 년을 제외하고 나는 늘 영도에 머물렀다. 그러니 이십여 년을 영도에서 보냈다. 그 시간 동안 영도도 변했으나 자란 것인지는 잘 모르겠다. 대평동에서 자갈치까지 운행하던 작은 배는 더 이상 운행이 되지 않고 멈춰 섰다. 그리고 나는 버스에 몸을 실은 채로 자주 도개된 영도다리 앞에 멈춰 선다. '우리나라 유일한 도개교'라는 수식어가 무색할 만큼 도개 시간은 잊어버리기 일쑤다.

영도대교와 부산대교는 조금 더 화려해졌고 남항대교에 이어 최근 부산항대교까지 생겨나면서 도로도 더 넓어졌다. 그렇게 오랫동안 풍경처럼 있던 육교는 한순간 시야에서 사라졌다. 허물어진 육교는 도로 면적의 일부로서 생을 이어가고 있는 것인지. 그렇게도 존재하는 것일지. 육교였던 횡단보도를 건너며 명복을 빌 듯 육교를 떠올린다. 나에겐 아직 횡단보도를 건너는 일이라기보단 낮아진 육교를 건너는 일에 가깝다.

영도를 에워싸던 1)희망버스가 지나간 지 오래다. 이제 새로운 다리 위는 막힘이 없어 보이고, 반짝이는 대교들 뒤로 고공 크레인의 빈 소리만 어두운 적막을 깨운다. 불안의 목소리들이 사그라든지 한참이지만 잠잠한 밤이 더 두렵다. 듣지 못할 사이 떠나 갈 것들이 많을까봐 그렇다. 빈 크레인이 더 무거워 보인다.

변한 것들이 있다. 초등학생 때부터 아팠던 친구가 작년에 세상을 떠났다. 아직 초등학생인 채로 말이다. 그 보다 일찍 외할아버지가 돌아가셨다. 생전에 뱃일을 하셨던 할아버지의 마지막 길은 영도를 잠시 들렀다 나가는 것으로 끝이 났다. 나의 영도할아버지께서 영도다리를 건너가셨다. 외할머니께서는 몇 년 전 양산으로 이사를 가셨지만 나는 아직도 영도할머니라 부른다. 오래도록 그렇게 부르고 싶다. 기억할 것들이 많다.

---

1) 2010 한진중공업 파업사태 당시 크레인에서 고공시위를 벌였던 김진숙 민주노총 부산본부 지도위원과 조합원들을 응원하기 위해 운행된 버스

철조망길

　영도에 들어서서 우리 집에 도달하려면 꼭 거쳐야 하는 골목길이 있다. 윗길, 아랫길이 있는데 윗길은 뒷문과 연결되어 있어 짧고 아랫길은 길다. 윗길로 가면 우리 집은 일 층이고 아랫길로 가야 삼층이다. 기분에 따라 그때 그때 골라 가지만 주로 삼층집을 택한다. 오래 걸을 수 있기 때문이다. 십 년 전만 해도 여기서 길을 잃을 수도 있겠다고 생각할 정도로 길었던 골목인데, 지금은 짧은 길을 대신해 걸어도 짧다.
　아랫길 옆엔 철조망이 쳐져 있어서 철조망길이라고도 부른다. 그 길로 들어서면 철조망 뒤로 관리되지 않은 풀들이 어수선하게 피어나 있다. 그 아래 언제 뜯겼는지 모를 조그만 구멍은 길고양이들의 피신처다. 다 티 나게 숨어도 모른척해 주는 맛이 있다.
　우리 집을 거쳐 집으로 가는 친구와 함께 골목을 걸을 땐 누가 먼저랄 것 없이 어느 지점에서 인사를 주고받는다. 그리고 집으로 올라와 내려다보면 그 자리는 이내 친구의 자리가 된다. 아래를 내려다보는 일은 익숙하다. 집에서 내려다보는 골목길은 누가 오는지 혹은 누가 골목을 돌아나가는지 보이는 구조다. 어린 시절, 부모님께서 일을 끝내고 밤늦게 귀가하시던 길을 내려다보곤 했다. 그 시간을 지나 이젠 골목에 들어서는 나를 부모님이 내려다보신다. 언니는 고등학교를 졸업하자마자 이 골목을 돌아나가 서울로 갔다. 부모님의 시선이 내려앉는 곳엔 언니가 없지만 언니가 떠나간 골목임을 안다. 그렇게 골목 아래를 내려다보고 있으면 어느 한 자리는 꼭 누군가의 자리다.
　내가 기억하는 자리가 있다. 유독 깜깜했던 밤이었다. 무서워서 골목에서부터 뛰었는데 내 발소리에 놀라 먹이를 놓친 고양이와 마주쳤다. 오며가며 봤던 고양이였는데, 미안한 마음에 먹을 걸 챙겨줬더니 그후로 자주 우리 집엘 왔다. 아빠는 별 고민 없이 고양이를 해피라 부르셨다. 집에서 골목 쪽으로 해피야, 라고 부르면 골목 어느 틈엔가 나타나 우리 집을 올려다보던 해피. 나는 해피가 머물던 자리를 안다. 영도할아버지가 돌아가셔서 며칠 집을 비운 이후로 해피는 더 이상 보이지 않았다. 유독 길고양이가 많은 동네라 아빠는 보이는 고양이마다 해피야, 불러보셨지만 그 자리에 머무는 고양이는 없었다. 많은 고양이들이 오랜 시간 골목을 지나다녔다. 그 사이 해피의 자리에도 발자국이 쌓였겠다.

빨간 벽돌 삼층집

골목을 따라가다 보면 우리 집이 보인다. 영도 안에서도 봉래동, 그 안에서도 십삼 년째 살고 있는 빨간 벽돌 삼층집. 우리 집의 또 다른 이름이다. 다리가 지어지고 도로를 넓히면서 우리 집을 두고 뒤편엔 고층 아파트들이 생겨났다. 빨간 벽돌 삼층집이라는 이름이 있을 리 없는, 특색 없이 좋아 보이는 아파트들이다. 그에 비해 우리 집은 여름엔 덥고 겨울엔 추운, 살기에 아주 고생스러운 빨간 벽돌 삼층집이다.

처음 이 집에 들어섰을 때가 열 살이었다. 그 땐 집이 넓고 천장이 높아 혼자 있기엔 무서웠는데 지금은 혼자 있기에 어느 정도 괜찮은 집인 걸 안다. 집은 그 사이 조금씩 변해갔다. 일층에 있던 샤시문은 언제 없어졌는지도 모르는 사이 없어졌다. 그곳으로 사람들이 지나다녀 애를 먹었다. 열려있는 문은 들어가고 싶게 만드는 건지 난데없이 개방형이 되어버린 집에 대문 잠금장치마저 고장이 났다. 새 것을 달았는데 그것마저 문제가 생겨 열쇠가 다 돌아가지 않는다. 잘 조절해야 하는 탓에 우리 집 문은 우리 가족만이 잠글 수 있다.

욕실은 처음에 비해 넓어졌다. 원래 있었지만 무용지물이었던 욕조를 떼어내고 그곳에 타일을 덮었다. 욕조가 사라진 만큼 욕실은 더 넓어졌지만 내가 욕실을 이용하는 반경은 욕조가 있던 때와 달라진 게 없다. 욕조 속에 있던 짐이 그대로 욕조가 없어진 타일 위로 올려져 있다. 욕조가 없어진 자리지만 빈자리가 아닌 것 같아 발을 들이기가 어색하다.

　벽에는 여기저기 모기를 잡은 흔적들이 있었다. 어떤 여름날의 모기였는지 잘 기억나지 않았다. 벽에는 십삼 년 동안의 여름이, 그 여름날의 모기의 잔해가 수도 없이 새겨져 있을 것이다. 내가 이 집에 없었던 여름날부터 쌓이고 또 쌓여 지금이 될 때까지.

　그 벽지 위로 곰팡이가 퍼져나갔다. 작년 겨울에 추워서 켰던 가스난로가 화근이었다. 결국 뜯어 낸 벽지 뒤로 지나온 시간을 마주했다. 금이 간 곳이 여럿이었다. 비 올 때마다 물이 새는 곳에 시선을 두느라 안으로 새는 건 몰랐다. 그 벽을 두고 엄마와 아빠만이 해묵은 가구처럼 놓여 계셨다. 금이 간 틈으로 무엇이든 새 나갔을까봐 조금 섭섭했다. 십삼 년이 지나고 마주한 벽의 속살에 엄마 아빠는 다시 새 옷을 입히신다. 그 속으로 막 지나간 여름을 포함해서 몇 해의 여름날의 흔적도 녹아들 것이다. 이제 또 새 옷 입은 벽 위로 켜켜이 날들이 쌓여갈 것이다. 바닥에는 벌써 한 해 전부터 함께하는 반려견의 영역표시 위로 계절이 지나가고 있다.

　그 어느 곳이든 시간 앞에 견고한 곳은 없다. 존재하는 것은 그 자체로만 기억되지 않고 그 존재의 지난 시간들을 생각하게 한다. 이미 지나버린 날들, 그래서 시간이 흘렀다는 것은 그만큼 상실된 것들이 많아졌다는 얘기가 되기도 한다. 영도에서의 이십 년 동안 내가 기억하는 것은 이미 상실된 시간이다. 얻은 것 보다 잃은 것을 기억하는 이유는 누군가의 자리를 기억하는 일이기 때문이다. 많은 것들이 바뀌었고 또 떠나갔다. 그렇게 시간이 흘러갔다.

　골목은 언제나 집으로 '향하는' 길이었다. 골목을 나가더라도 결국엔 돌아와야 할, 그래서 집으로 향해 가야 할 곳 말이다. 하지만 지나온 시간 동안 골목은 돌아오는 길만이 아닌 떠나는 길도 되었다. 결국엔 돌아와야 한다고 생각했던 골목에서 빈자리를 내려다보는 일은 시간이 지날수록 더 잦아질 일이기도 하다. 그렇게 내려다보는 골목은 내가 기억하는 누군가의 자리로서 나에게 존재한다.

  집은 시간들을 고스란히 묵히고 있었다. 처음 이 집에 발을 들여놓을 때와 비교해서 집은 꼭 나이가 든 것처럼 작아졌다. 우연인지, 십삼 년째가 되어 그 시간과 마주했다. 하필 내가 빈자리들을 유독 느끼기 시작한 요즘이다. 집 안 여기저기, 나의 시간과 우리 가족의 시간이 녹아있다. 그 사이 언니는 서울로 갔고, 십년 째에 접어들며 정든 가구들을 떠나보냈다. 익숙한 가구들이 비어 있는 자리엔 꼭 그만큼의 먼지가 지나온 시간들을 말해준다. 상실된 것들은 그것으로 없어지는 게 아니라 먼지처럼 쌓인다. 쌓이고 쌓여 우리 집이 된 것처럼.

  함께한 기억은 이야기가 되고, 쌓여서 지금의 존재가 된다. 책상에 혼자 앉아 글을 쓸 때는 딱 그만큼 안에서 나는 외롭지만, 누군가의 자리를 기억하는 곳에서는 덜 외롭다. 그건 함께 했던 기억 때문이다. 영도, 골목길, 우리 집은 그렇게 나를 존재하게 하는 곳이다.

  나도 언젠가 이곳을 떠날 수 있고, 생각보다 빨리 그 시기가 올 지도 모른다. 시간이 지나면서 내가 떠나보냈던 것처럼 나의 상실을 감내할 이들도 있을 것이다. 그렇게 나 역시 쌓여서 존재하게 되길. 누군가가 기억하는 나의 자리 위로 그 다음 날들이 쌓여가는 때를 생각해본다. 지금 내가 기억하는 곳에 오래 전부터 풍경이었던 이들을 생각해보는 것과 닮아있는 일이다.

김송은 글 쓰는 게 무섭지만 좋기도 한, 그래서 계속 쓰게 되는, 졸업 앞둔 대학생입니다.

사물과 장소, 그리고 특별하다는 것

주명珠冥

오사카성(大阪城)과도 맞바꾸지 않는다는 천하명물(天下名物), '기자에몬 오이도(喜左衛門大井戸)'이다. 높이 8.8cm의 자그만 찻잔이다. 그래도 찻잔으로는 다소 큰 편이기에 '오이도(大井戸)'라 불린다. 이보다 좀 작은 것은 '고이도(小井戸)', 푸른 빛깔을 띠는 것은 '아오이도(靑井戸)'라 한다.

일본의 전통 다완에는 크게 세 종류가 있다고 한다. 중국의 다완, 조선의 다완, 그리고 일본 내에서 만들어진 다완이다. 그 가운데 제일로 치는 것이 조선 다완이다. 조선 다완은 '운학(雲鶴)', '고모가이(熊川)', '고키(吳器)', '도토야(魚屋)', '긴카이(金海)' 등 종류가 다양한데 그 중에서도 '이도(井戸)' 다완을 가장 최고로 친다. 이 '이도'라는 말은 한국에서 도자를 굽는 지역의 지명地名에서 나왔다는 설이 있으나 아직 명확히 밝혀진 바는 없다.

그런데 그냥 보아서 평범하기 그지없는 이 찻잔이 어찌하여 천하의 명물이 된 것일까. 16세기 초 조선에서 만들어진 이 다완은 오사카 상인이었던 다케다 기자에몬(竹田喜左衛門)이라는 사람이 소유하고 있었다. 그러다 17세기 초 혼다 다다요시(本多忠義)에게 헌납된다. 그래서 '혼다 오이도'라고도 불리는데, 이것이 1634년 다도의 대가 나카무라 소에츄(中村宗雪)의 손에 넘어간다. 그러다 1751년 도시에시게(塘氏家茂)의 소유가 되었다가 1755년 무렵 다완 수집에 열성이었던 마츄다이라 푸마이(雪州不昧) 공의 손에 들어가게 된다. 푸마이 공은 이 다완을 열렬히 사랑하였다 하는데, 그는 1818년 임종에 이르러 아들 게탄(月潭)에게 천하의 명물이니 오래도록 소중히 보관하라는 유훈을 남겼다.

그러나 이 다완에는 불길한 소문이 따라다니고 있었다. 이 다완을 소유하는 사람은 종기에 걸린다는 것이다. 이 다완을 소유하였던 한 호사가는 집안이 기울어 교토 유곽에서 마차를 몰면서도 이 다완만은 절대 내다팔지 않았다 하는데 그는 종기에 걸려 고생하다 죽고 말았다. 푸마이 공 또한 이 다완을 소유한 뒤로 두 번의 종기를 앓았다. 부인과 아들이 다완을 팔 것을 종용하였지만 푸마이 공은 결코 팔지 않았다. 푸마이 공이 죽은 후 그의 아들 게탄도 종기를 앓게 되자, 가족들이 이 다완을 1818년 교토(京都) 다이도쿠지(大德寺)의 분원(分院)인 고호안(孤蓬庵)에 기증하였고 지금에 이른다.

수백 년 동안 여러 사람의 손을 거쳐 온 하나의 찻잔. 너무도 평범하게 생긴 찻잔이 그토록 특별해진 이유는 오랜 세월 그것을 열렬히 사랑하고 목숨보다 아끼며 소중히 해 온 이들이 있었기 때문일 것이다. 그 애틋하고 지극한 마음들이 '기자에몬 오이도(喜左衛門 大井戶)'가 뿜어내는 미美의 비밀이다.

언제 읽어도 아름다운 글, 앙트완 드 생텍쥐베리(Antoine De Saint Exupery)의 『어린 왕자』에 나오는 장미 이야기와 여우 이야기가 떠오른다. 어린 왕자가 사는 작은 별에는 꽃잎이 한 겹인 작고 소박한 꽃들이 피어있었다. 그러던 어느 날 씨앗 하나가 날아와 싹을 틔우고 꽃봉오리를 맺었다. 꽃망울이 터지자 이전의 꽃들과 달리 화려하고도 우아했다. 어린 왕자가 감탄하며 꽃에게 아름답다고 말하자, 꽃은 당연한 듯 받아들이면서 매일 식사를 챙겨달라고 말한다. 또 기침을 하면서 바람막이를 만들어 달라고도 하고, 위험할 수 있으니 유리덮개를 씌워달라고도 한다. 어린 왕자는 당황하면서도 꽃이 시키는 대로 하였지만, 꽃이 허영심과 까다로운 성품을 가졌다고 생각하며 마음의 상처를 입는다.

어린 왕자는 자신의 별을 떠나 여러 별을 다니다 지구라는 별에 왔을 때, 자신의 별에 있었던 꽃과 너무도 닮은 꽃들이 수 천 송이나 피어있는 것을 보고 놀란다. 그리고 그 꽃의 이름이 '장미'라는 것도 알게 된다. 그러면서 그는 자신의 별에 있을 한 송이 장미를 떠올린다. 어린 왕자는 우연히 만나게 된 여우를 통하여 자신과 장미와의 관계를 다시 생각하게 된다.

〈"너는 누구니? 참 예쁘게 생겼구나."
"난 여우라고 해."
어린 왕자가 말했다.
"이리 와서 나랑 놀자. 난 지금 몹시 슬퍼…."
여우가 말했다.
"난 너랑 같이 놀 수 없어. 나는 길들지 않았거든."
"아, 그래 미안해."
어린 왕자는 잠시 생각에 잠겼다가 문득 궁금해져 물었다.
"그런데 말이야. '<u>길들인다</u>'라는 게 뭐야?"
(중략)
"이제는 많이 잊힌, '<u>관계를 맺는다</u>'는 뜻이야."
"관계를 맺는다고?"
"그래. 지금 너는 나에게 수많은 아이와 다름없는 작은 소년에 지나지 않아. 난 네가 필요하지 않고 물론 너도 내가 필요하지 않지. 나도 너에게 수많은 여우 중 하나에 지나지 않으니까. <u>하지만 네가 나를 길들인다면 우리는 서로 필요한 존재가 되는 거야. 나한테 너라는 존재는 세상에 하나밖에 없는 사람이 되는 거고, 너한테 나는 세상에 하나밖에 없는 여우가 되는 거니까.</u>"

어린 왕자는 고개를 끄덕였다.
"이제 무슨 말인지 조금 이해가 돼. 나에게는 꽃 한 송이가 있는데… <u>난 그 꽃에게 길든 것 같아.</u>"〉

언뜻 보아 구분하기조차 힘든 비슷비슷하게 생긴 장미들이 수없이 많이 피어있지만 내가 물을 주고 말을 건네고 그의 말을 들어주고 애정과 관심을 쏟은 장미는 나에게 오로지 유일하며 특별한 장미가 아닐 수 없다.

"그 꽃이 하는 말을 귀담아 듣지 말았어야 했어요. 꽃이 뭐라고 하든지 신경 쓰지 말고 그냥 바라보고 향기만 맡으면 되는 거였어요. 그 꽃은 내 별을 향긋한 향기로 가득 채웠지만, 나는 그 향기를 즐기지 못했어요. (중략) 그때는 아무것도 이해하지 못했어요. 꽃의 말이 아닌 행동을 보고 판단했어야 했는데… 그 꽃은 나에게 향기를 주고 마음을 환하게 해 주었어요. 떠나지 말았어야 했는데… 단순한 거짓말 뒤에 숨긴 연약한 마음을 알았어야 했어요. 꽃이 얼마나 모순된 존재인지… 그때 난 너무 어려서 꽃을 진정으로 사랑하지 못했어요."

어린 왕자는 이런 고백을 남기고 다시 자신의 별로 돌아간다. 서로에게 길들며 관계를 맺는다는 것. 그것은 타자를 내 안으로 받아들이는 일이다. 타자와 관계 맺는 일은 황홀이고 전율이면서 동시에 상처와 고통을 수반하기도 한다. 어린 왕자가 말하였듯 우리는 '모순된 존재'이기 때문이다. 겉으로 보여지는 것만이 아닌 타자의 내면 깊은 곳까지 이해하게 될 때, '나 자신'이란 걸 조금 내려놓고 타자에게 다가갈 때, 진정한 관계맺기는 시작된다. 아무튼 인간은 홀로는 살아갈 수 없고 사람, 자연, 이 우주 삼라만상과 더불어 살아갈 수밖에 없다. 그 속에서 진정한 관계맺기를 통하여 어떤 타자는 내게 특별한 의미를 지니게 된다.

1991년도 ≪한국일보≫ 신춘문예 당선작인 박형준 시인의 「가구의 힘」이라는 시이다.

얼마 전에 졸부가 된 사람이 있다
그 사람은 나의 외삼촌이다
나는 그 집에 여러 번 초대받았지만
그때마다 이유를 만들어 한 번도 가지 않았다
어머니는 방마다 사각 브라운관 TV들이 한 대씩 놓여 있는 것이
여간 부러운 게 아닌지 다녀오신 얘기를 하며
시장에서 사온 고구마순을 뚝뚝 끊어 벗겨내실 때마다
무능한 나의 살갗도 아팠지만
나는 그 집이 뭐 여관인가
빈방에도 TV가 있게 하고 한마디 해주었다
책장에 세계문학전집이나 한국문학대계라든가
니체와 왕비열전이 함께 금박에 눌려 숨도 쉬지 못할 그 집을 생각하며,
나는 비좁은 집의 방문을 닫으며 돌아섰다
<u>家具란 그런 것이 아니지</u>
<u>서랍을 열 때마다 몹쓸 기억이건 좋았던 시절들이</u>
<u>하얀 벌레가 기어나오는 오래된 책처럼 펼칠 때마다</u>
<u>항상 떠올라야 하거든</u>

나는 여러 번 이사를 갔었지만
그때마다 장롱에 생채기가 새로 하나씩은 앉아 있는 것을 보았다
그 집의 기억을 그 생채기가 끌고 왔던 것이다
새로 산 家具는
사랑하는 사람의 눈빛이 달라졌다는 것만 봐도
금방 초라해지는 여자처럼 사람의 손길에 민감하게 반응하지만,
<u>먼지 가득 뒤짚어 쓴 다리 부러진 家具가</u>
<u>고물이 된 금성 라디오를 잘못 틀었다가</u>
<u>우연히 맑은 소리를 만났을 때만큼이나</u>
<u>상심한 가슴을 덥힐 때가 있는 法이다</u>
<u>家具란 추억의 힘이기 때문이다</u>
<u>세월에 닦여 그 집에 길들기 때문이다</u>
<u>전통이란 것도 그런 맥락에서 이해할 것—</u>
하고 졸부의 집에서 출발한 생각이 여기에서 막혔을 때
어머니의 밥 먹고 자야지 하는 음성이 좀 누그러져 들려왔다
너무 조용해서 상심한 나머지 내가 잠든 걸로 오해하셨나

> 나는 갑자기 억지로라도 생각을 막바지로 몰고 싶어져서
> 어머니의 오해를 따뜻한 이해로 받아들이며
> 깨우러 올 때까지 서글픈 家具論을 펼쳤다.

나는 시인의 '가구론'이 곧 '장소론'이 될 수 있지 않을까 생각한다. 시인의 외삼촌은 졸부가 된 사람이다. 방방마다 TV가 있고 새로 들여놓은 가구들이 번쩍거리고 있을 그의 집은 상상만으로도 그려진다. 그러한 집에서 우리의 내면을 따뜻하게 밝혀줄 그 무언가를 발견할 수 있을까. 오래되고 낡았지만 삶의 기억들을 간직하고 있는 가구들, 세월에 닦여 길들여진 집, 우리는 거기서 우리의 상심한 가슴을 덮힐 수 있을 것이다.

어떤 사물이나 어떤 장소가 특별하게 느껴지는 것은 그것이 지닌 '추억의 힘' 때문이다. 따스한 기억이든 고통스러운 기억이든 서로에게 길들며 관계 맺었던 순간이 가슴 속 어딘가 살아있어서이다. 어린 왕자는 말한다. 집이나 별, 그리고 사막이 아름답게 보이는 것은 눈에 보이지 않는 것 때문이라고. (밑줄-필자)

주명珠冥 책읽기와 멍때리기를 좋아한다. 하찮고 유일하며 아름다운 것들의 목록을 만드는 데 애틋한 마음을 모으고 있으며 아주 작은 공동체를 꿈꾼다.

돌아갈 곳

구설희

1. 신문지가 손에서 너풀너풀 날렸다. 시끌벅적한 추석, 차례를 지내기 위해 제기를 꺼내어 매끈히 닦는 중이었다. 제기를 감싼 신문지가 어찌된 일인지 잘게 잘려 상자에 그득하다. 이게 뭐지 하고 의뭉스럽게 쳐다보는데, 엄마가 말했다.

"쥐새끼가 집을 졌구만"

그냥 들어갔다 나간 것이 아니라 집을 지어 살았다는 이야기에 나는 뜨악했다. 잘게 잘린 신문지가 둥지처럼 뭉쳐져 있다. 손을 털고 제기를 꺼냈다. 이미 쥐는 추석의 소란스러움에 거처를 옮긴 터. 상자는 비워져 마당 구석으로 치워졌다. 쥐는 자신과 새끼들이 살 곳을 마련하기 위해 애를 썼을 것이다. 그리고 그 상자가 따뜻하게 그들의 밤을 나게 해주었을 것이다. 신문지의 누리끼리한 오줌의 흔적만이 한때 저곳이 보금자리를 틀고 있던 장소였음을 알게 해준다.

언뜻 쥐 오줌의 흔적인가 했다. 이사를 위해 보러 간 집, 창의 하얀 창호지에 빗물이 노랗게 스며 그것처럼 보였다. 이제는 짐을 빼고 없는, 그녀가 살던 집은 3층 옥탑방이었다. 청승맞은 그 창호지를 보다가 이전에 살았을 그녀의 가족을 떠올렸다. 그녀는 이곳의 어떤 부분을 사랑했을까. 스티로폼에 삐죽이 솟은 풀을 사랑했을까. 더럽지만 그래도 넓은 시멘트 마당을 사랑했을까.

  4.5평 원룸. 내가 살았던 곳. 집 앞 절에서 풍경소리가 들려오고, 이십분 거리에 낙조가 이쁜 낙동강변이 있던 곳이었다. 하지만 한편, 옆집의 소리와 냄새와 빛들이 내 공간에 가끔 삐죽삐죽 들어오곤 했다. 원룸이 다 그렇겠지만 말이다. 옆집 대학생이 듣는 음악을 같이 듣곤 했고(불가피하게), 그 집에서 맛있는 냄새가 흘러나오면 코를 쿵쿵댔다. 밤에 그 집의 불이 꺼지면 '아, 드디어 자는구나' 하고 빛 때문에 선잠이 들었던 나는 다시 잠을 청하곤 했다.

  2. 비록 남루한 떠돌이의 삶이긴 하지만, 그 거처에서 쥐와 우리는 보금자리를 튼다. 새끼를 기른다. 4.5평 원룸과 옥탑방, 신문지 둥지에서 삶을 만든다. 베이징에는 과밀한 인구로 '췬쭈팡'이라는 주거형태가 있다고 한다. 생쥐족이라고도 불리는 그들은 아파트 지하에 칸막이를 치고 수십 세대가 산다. 그곳에선 햇빛을 보기 힘들고, 환기가 되지 않는다. 그 덕에 곰팡이가 꽃처럼 핀다. 거주인 청년은 아주 단호한 표정으로 월세가 싸서 그곳을 택했지만, 언젠가 베이징의 좋은 아파트에 살 것을 꿈꾼다고 했다. 우리들도 모두 그처럼 다른 집을 꿈꾼다. 새끼들이 뛰어놀 집, 햇볕이 따뜻하게 들어오는 집, 공간이 분리된 집. 누구나 집을 가지고 있지만 우리는 항상 다른 집을 꿈꾼다.

  왜냐면 지금의 집은 계속 머물 공간이 아니기 때문이다. 항상 다른 곳 더 나은 집을 꿈꾼다. 어깨 너머 아파트로 쑥쑥 자라나는 도시는 고개를 들어 바라보기엔 목이 너무 아프다. 배경은 너무 빨리 변해버리고, 낮고 허름한 집들은 재개발 지역으로 묶인다. 욕망에 자리를 내준 우리는 집을 잃어버리고 떠돌아다닌다. 집을 잃었다는 것은 마음조차 잃어버리고 산다는 이야기이다. 집은 곧 '마음 둘 곳'[1] 이기 때문이다. 집의 기억과 추억과 정취가 순식간에 사라지는 도시에서 우리가 마음 둘 곳은 어디 일까.

---

1) 『인간과 주거문화』, 홍원화.

마음이 있던 곳 4.5평 원룸. 이곳은 이제 가고 싶어도 가지 못한다. 그곳은 이미 다른 세입자가 둥지를 틀었을 것이므로. 그 마음은 어디로 가야 할까. 지난 2년 동안의 나만의 공간은 이제 없다. 집이라는 공간에 내가 의미를 두자 그곳은 나만의 장소가 되었고, 내가 이사트럭에 짐을 싣고 떠나려던 찰나, 그 장소는 상실되었다. 2년간 집을 향해 가졌던 애정과, 기억은 어디로 가야할지 망설였다. 갈 곳을 찾지 못한 도시인의 마음은 그래서 항상 어딘가에서 부유하고 있다.

3. 집은 돌아갈 곳이라 여겨진다. 집은 외부의 불안정적인 세계에서 집 내부의 안정적인 세계로 내 마음을 놔둘 곳, 나만의 작은 세계가 있는 곳[2], 민낯을 보여도 되는 곳이다. 사회와 낯선 사람 속에서 다시 발길이 닿는 곳은 집인 것이다. 어떤 이는 집은 돌아가고 싶지 않은 곳일지도 모르지만, 그도 돌아가고 싶은 집을 소망할 것이다. 나도 한때는 돌아가고 싶지 않은 곳이었고 오히려 집은 내게 무거운 짐이었다. 하지만 그때도 나는 소망했다. 돌아갈 집을.

내가 돌아갈 집은 느리게 변하고, 시간의 이야기를 들려주는 곳이다. 내 고향 경남 사천시 능화 마을은 30년 넘게 같은 모습을 하고 있다. 아니 사실은 내가 태어나기 전과 별반 다르지 않다. 품에 마을을 안고 거북이 산이 둘러싸고, 누런 들판 앞으로 실뱀 같은 작은 강이 흐른다. 거의 변하지 않거나 느리게 변하는 곳인 마을은 오래된 이야기를 들려주고 있다. 집은 그런 곳이어야 하지 않을까 생각한다.

> "나를 나로 만들어주고, 타인과 구별되는 독자성을 만들어주는 힘, 타인에게 의미가 없는 익명성이 아니라 고유한 나로 호명해주면서도 다른 이들과 연결해주는 그 힘 때문에 낯선 곳에 갔던 우리는 언제나 집으로, 고향으로 돌아옵니다" [3]

---

2) 같은 책.
3) 김선희, 『8개의 철학지도』.

덧붙여 말하자면 공간과 타인, 친구와 나는 무수한 대화를 통해 연결되고, 그 연결된 힘으로 장소를 만들고 우리는 그것에 고향과 집이라는 의미를 부여한다. 또한 그 연결과 대화 속에서 고유한 나를 만나기 위해 고향에 간다. 나를 형성한 셀 수 없는 기억의 조각들이, 동생과 같이 따먹던 탐스런 앵두가, 할머니가 구워주던 구수한 호박전이 그리울 때면, 지금은 없는 그들을 만나기 위해 나는 그곳에 간다. 그들은 없지만, 함께 앉아 있었던 마루와 앵두나무가 나에게 알은 체를 하고 그때의 이야기를 들려주기 때문이다.

프랑스나 유럽은 한번 집을 지으면 몇 십 년 몇 백 년이 지나도 집의 모습이 그대로 유지된다. 손때 묻은 오래된 대문을 자랑스럽게 말하는 프랑스인을 보면서 조금 얄밉고 질투가 났다. "이 아파트는 100년 후에도 같을 겁니다. 변하지 않고 이 자리에 있을 거예요." 이렇게 말하는 집주인의 말에 나는 마음이 아득해졌다. 변하지 않는다는 말과 시간이 이야기해주는 것을 중요하게 생각하는 그들이 부러웠다.

4. "너는 돌아갈 곳이 있어 자유로웠구나" 왕가위 감독의 영화 〈해피투게더〉의 주인공 '아휘'가 시장을 지나가다 친구 '장'의 가족사진을 보고 하는 말이다. 가족은 느리게 변한다. 그리고 나와 함께 했던 시간의 이야기를 같이 하는 사람들이다. 자유로운 영혼이었던 '장'. 돌아갈 곳이 불안정한 아휘에게 그의 모습은 어떻게 다가왔을까. 아휘는 돌아갈 곳이 없어 방황했고, 불안했다. 아휘가 아버지에게 돌아간다는 전화를 했을 때 그는 조금은 자유로워졌을까. 엔딩장면의 그의 웃는 얼굴은 진정 그러한 듯 보였다.

이렇듯 부유와 자유의 차이는 돌아갈 곳에 있다. 4.5평에 있을 때 나는 이따금 낙동강변을 찾곤 했다. 시간이 느리게 흐르는 그곳이 내 휴식처이자 집이었다. 내가 낙동강을 찾았던 것처럼 우리가 마음에 품을 장소를 하나 발견하고, 그들이 들려주는 느리고 긴 이야기에 귀 기울일 때 비로소 우리는 돌아갈 곳을 발견하게 되지 않을까. 아마도 그 곳은 마음에서 시작하는 지도 모르겠다. 집을 재화와 값으로만 환산하는 욕망들에서 자유로워진, 우리의 마음에서 말이다.

구설희 도서관에서 근무하며, 마주침과 책과 글을 좋아하는 직장인.

내일 죽을 수도 있겠네

장민혁

　내일 죽을 수도 있겠네, 하는 생각을 하며 살고 있다. 이상하리만치 어렸을 때부터 머릿속에 죽음이란 단어를 넣고 살았고, 죽음은 항상 요동치며 자신이 내 머릿속에 있다는 걸 알렸다. 하지만 그 파동이 항상 괴로운 건 아니었다. 304명이 가라앉았을 때, 나는 분명히 가슴 아파했지만 그건 그저 304라는 단어로만 인식될 뿐이었다. 그러던 어느 날, 죽음이 내 머릿속의 모든 생각을 잡아먹기 시작할 때, 죽음이란 단어가 나의 죽음이란 단어로 세분화될 때 그건 304명의 죽음이 되었다. 내일 죽을 수도 있겠다, 전쟁이 날 수도 있겠다, 교통사고가 날 수도 있겠다, 이 모든 것이 꿈일 수도 있겠다, 그렇다면 어떡하지? 그런 생각이 들 때면 달맞이고개를 가야 한다.

　내 감정을 속이고 싶어질 때면 달맞이고개에 갔다. 그러니까 앞으로 할 얘기들은 그 누구도 진실을 알지 못하는 거짓말일 수도 있겠다. 나 역시 진실을 알지 못한다. 그렇지만 그 얘기들은 그 무엇보다 나다운 얘기다. 나다운 얘기를 할 수 있는 곳이 달맞이고개이다.

처음 달맞이고개에 갔을 땐 우연히 방문한 것이었지만 그 이후론 가끔씩 찾고 있다. 내게 부산에서 가장 좋은 장소가 어디냐고 묻는다면 세 손가락 안에 든다고 말할 수 있을 것이고, 울 수 있는 장소가 어디냐고 한다면 단연 달맞이고개라고 할 것이다.

일단 달맞이고개에서 있었던 일을 이야기해야겠다. 친구와 혼자서도 가본 적이 있지만 중요한 건 좋아하는 사람과 갔던 장소라는 것이다. 서로를 알아가기 시작하던 때, 애인과 해운대시장에서부터 걸어 올라갔다. 오를수록 우리 둘의 몸은 달아올랐다. 그렇게 걷다 보니 건물들이 숨기고 있던 바다의 풍경이 흘러나왔다. 작은 건물들 사이에 비친 바다는 건물 사이의 여백만큼만 보였다. 그 모습이 컵에 담긴 물 같다고 생각했다. 몸을 식히며 바다를 바라봤다. 우리는 그 다음날 연애를 시작했다. 그 연애는 오래 전 끝이 났다. 그렇지만 달맞이고개는 여전히 그곳에 있었다. 그 바다의 풍경도.

좋아하는 여자애와 달맞이고개를 간 적이 있다. 이번에는 마을버스를 타고 고개를 올랐다. 고개를 오르던 중 손끝으로 지저분한 유리창 너머의 바다를 가리켰다. 여자애의 단정한 정수리가 단단히 고정되었다. 바다에서 바람이 불었고 미묘한 향기가 났다.

카페의 커피향 사이에서도 그 미묘한 향기가 났다. 바다를 보며 커피를 마셨고, 그 여자애의 손을 잡고 싶다고 생각했다. 나보다 어리고, 항상 약간 불그스름한 얼굴을 한 그 여자애에게 매일매일 커피를 사주고 싶었다. 우리는 서로에게 존댓말을 했다. 난 아주 작게 고백했다.

"전 커피를 정말 좋아해요."

당연히 여자애는 알아듣지 못했을 것이다. 그때의 나도 생각 없이 내뱉은 말이니까. 하지만 나는 달맞이고개였기 때문에 그 말을 할 수 있었던 거라고, 애인과 연애를 시작할 수 있었던 거라고, 카페의 창으로 보이는 아슬아슬한 절벽과 바다가 자꾸 마음을 흔들었기 때문이라고 믿고 있다.

그런 바다를 보며 친구와 얘기했다. 막막한 기분이 든다고. 그것도 일종의 고백이라고 할 수 있겠다. 그 친구는 내게 유일한 친구이자 일주일에 두 번은 꼭 만나는 친구였다. 가족보다도 더 자주 만나는 사이지만 나는 그 친구와 달맞이고개를 자주 가지 않는다. 더 솔직하게 말하자면 자꾸만 아끼게 된다. 맛있는 반찬을 남겨두고, 좋은 영화를 외워지기 직전까지만 반복해서 보듯이 (가장 좋은 비유는 '연애 직전이 가장 가슴이 터질 것 같다'이다.) 너무 자주 가지 않으려고 노력한다. 항상 달맞이고개는 좋은 사람과 가고 싶고 그 기분과 풍경을 나누고 싶다. 사실 나는 어디든 혼자 다니는 걸 좋아한다. 하지만 추리문학관에서 혼자 앉아 있다가 사십 분 거리에 사는 그 친구를 불렀을 때, 과에서 제일 친한 사람에게 추리문학관에서 열리는 김영하의 강연을 보러 가자고 말했을 때, 혼자가 되기 싫었던 건 막막했기 때문이다. 그 막막함을 견딘다면 다른 게 보일 거라고 믿었다. 친구가 나의 막막함을 나눠줬으니 나는 그 친구에게 그 후로 보일 또 다른 풍경을 나눠주고 싶었다.

모순적이지만 나는 그 특유의 막막함 때문에 달맞이고개를 좋아한다. 제일 처음 달맞이고개를 갔을 때를 기억한다. 혼자 카페에 앉아있다 버스를 타려고 거리로 나왔는데 빛과 공기 말고는 아무 것도 없었다. 빛은 공기 속에서 굴절되어 무어라 말할 수 없는 애매한 빛깔이었고 바다냄새도 나지 않고 그저 가을의 냄새가 났다.(가을의 냄새는 가을의 냄새라고 말할 수밖에 없다.) 그런 것들을 가르쳐준 곳이 달맞이고개이다. 그야말로 막막했다. 뭔가 다른 세계에 온 듯한 다시는 돌아갈 수 없는 듯한 기분이었다. 집으로 가지 않아도 될 것 같았고 영원히 사라져버리고 싶었다. 계절의 틈에 갇혀 어느 곳으로도 걷지 못하던 나는 주저앉았다. 기다리던 버스조차 다른 세계로 증발해버린 것만 같았다. 그런 생각이 농담이 아니라 진지하게 생각됐다. 여기라면 그럴 수도 있겠다, 싶었다.

어쩌면 달맞이고개는 나 자신을 속일 수 있는 장소인지도 모르겠다. 그 어떤 막막함 때문에, 두려움 때문에 내가 아닌 것 같고 원래의 세계와는 다르다고 생각하고 있다. 그러니까 스스로에게 거짓말 할 수 있다. 그런 확신이 들었던 이유는 조금 사소했다. 친구들과 달맞이고개의 찜질방에 간 적이 있었는데 겨울이었고, 창밖으로는 단지 나무가 보였다. 그런데 새벽이 되자 눈이 내리기 시작한 것이다. 까만 하늘에 흩날리는 눈이 믿기지가 않았다. 나는 홀린 듯 발코니로 나가 가만히 눈을 바라봤다. 검은 종이 위에 흰모래가 떨어지는 것처럼 보였다. 광활한 하늘 저 끝에서 눈은 빠르게 지상에 닿았고 빠르게 녹아버렸다. 하지만 지상에 닿아 녹기 직전의 하얀 눈송이들이 주변을 뒤덮었고 눈 속의 세계가 나타났다. 녹을 때마다 다음 눈송이가, 그 다음 눈송이가 자리를 메꿨다. 눈송이가 다른 눈송이에게 달려가는 것 같았다. 달려가서 녹지 말라고 냉기를 불어주는 건 아닐까. 하지만 눈은 밤새 금방 그쳐버렸다.

참 많은 일이 있었다, 라고 생각했지만 그것보단 엄청난 일이라는 말이 더 좋을 것 같다. 어쨌거나 달맞이고개는 내가 올 수 있는 장소니까. 그 이유는 잘 모르겠다. 몇 번 가봤으니 이젠 낯섦은 없지만 그럼에도 여전히 막막하고, 설렌다. 아닌 척 바다를 숨기고 있어서인지, 예쁜 건물들이 많아서인지, 좋아하는 카페가 많아서인지, 바람이 많이 불어서인지, 정확히 알 수가 없다. 하지만 확신할 수 있는 건 죽어도 좋다는 생각을 했단 것이다.

어쩌면 그 막막한 기분을 같이 나누고 싶었고, 그래서 좋아하는 사람들을 자꾸만 데려갔던 것도 같다. 좋아하는 사람들과 그 막막함을 나누고 싶은 것. 내일 죽어버린다면 그들의 손을 잡고 싶다. 같이 커피를 마시고, 바다를 보고, 서로의 죽음을 마주보고 싶다. 내일 죽을 수도 있겠네, 라는 생각을 하며 그 순간의 공기와 빛을 만끽하고 싶다. 죽는다면 그런 죽음을 맞이하고 싶다. 두렵지 않은 죽음은 없다. 하지만 머릿속에서 항상 요동치는 죽음을 부정하지 않기로 했다. 존재감을 어필하는 죽음을 끌어안기로 했다. 너무 가까이 있는 것들은 볼 수 없듯이 두렵다면 끌어안기로 했다.

솔직히 말하자면 나는 내일 죽지 않을 것 같다. 죽고 싶지도 않다. 그렇지만 누군가는 죽는다. 그걸 알고 살아가야 한다. 어느 날, 달맞이고개를 내려오며 아주 작은 죽음의 슬픔이 내게도 전염될지 모르겠다고 생각했다. 기억되고 있다면 허망한 삶은 없다. 하지만 기억되는 죽음이라고 슬프지 않은 것은 아니다. 슬픔은 언제나 강렬하게 전염된다. 그 슬픔을 달맞이고개의 파도에서 배웠다. 그리고 슬픔을 넘어가는 법도 그곳에서 배웠다.

많은 이들과 달맞이고개에서 손잡고 싶었다. 애인, 좋아하던 여자애, 친구, 존경하는 동기누나. 그들과 달맞이고개에 갔던 이유를 이제는 알 수 있다. 그들에게 내 슬픔을 나눠주고 싶었다. 언젠가의 내 부고를 듣고서 그 무게를 나눠줄 사람이라는 생각이 들었던 것이다. 거창해보이지만 그렇지 않다. 내 슬픔(내 죽음의 슬픔)을 무시하고 지나칠 사람이 아니라 슬퍼해줄 사람이라는 것. 나는 그 사실이 가슴 벅차도록 좋았다. 그거면 충분하다고 생각했다.

나는 앞으로도 달맞이고개에 가면 내일 죽을 수도 있겠네, 라고 생각하고 그걸 두려워할 지도 모른다. 그걸 나눌 수 있는 사람이 없을지도 모른다. 그럼에도 달맞이고개를 걸을 것이다. 내일 죽을 수도 있으니까. 그 이유면 충분하다. 그 생각 하나가 꽤 많은 걸 바꿔놓을 수 있을 것이다. 가장 큰 변화는 안부였다. 나는 누군가에게 안부를 묻기 시작했다. 어느 순간, 갑자기 눈앞에서 사라진다면 마지막 모습이 전혀 생각나지 않을 것 같았다. 그러니까, 그러므로 안부를 묻는다. 우리는 어쨌든 외롭고, 괴롭고, 힘드니까. 그럼에 더 소중하니까 오늘의 인사와 내일의 안부를 건넨다.

잘 지내나요? 나와 달맞이고개를 걷지 않을래요?

장민혁 2년 동안의 긴 여행을 하는 중. 안부가 누군가의 슬픔을 덜 수 있다고 믿는다.

내가 다닌 장소

양송이

1.

처음 보는 사람들은 나를 보곤 말한다. 착실하고 바른 사람일 것 같다고. 고등학교 2학년, 쳇바퀴처럼 도는 삶에 찌든 나를 발견했다. 스스로 타협점을 찾기 시작했다. 학원을 그만둘 것, 그리고 가까운 도서관을 가지 않을 것. 여러 사람들의 말에, 그리고 모습에 쉽게 흔들리는 나를, 나 자신으로 두고 싶은 심정에서 그렇게 하였다. 고등학생 신분은 당연히 찌든 모습이라고 치부해 버리는 대한민국 현실에 삐딱선을 타고 싶었다. 그때는 사실 그것마저도 잘못한 일인 줄 알고 속으로 몇 번이고 혼자 찔려 했다.

16살 때 친한 오빠와 우연히 갔었던 동구도서관이 떠올랐다. 17살, 나는 동구도서관에서 공부를 하기로 마음을 먹었다. 지하철을 타고 가야역에서 내려 186번을 갈아타고 성북고개에서 하차. 무려 한 시간 반의 여정이다. 그러면 책가방을 몰래 성인 열람실에 던져두고 도서관에 가서 열심히 시집을 읽었다. 사진집도 봤다. 신간 도서가 꽤 다양하게 들어오길래 신간 도서도 열심히 봤다. 그러고는 책을 한 더미 빌렸다. 공부하다가 갑갑하면 엠피쓰리를 들고 도서관 밖으로 나간다. 바로 앞에 공원이 있다. 공원에서 바라보는 동구의 모습은 어느 유명한 벽화마을의 풍경보다 훨씬 아름답다. 음악을 들으며, 풍경을 바라보며, 하염없이 걷는다. 걷다가 공원이 끝나면, 그냥 나간다. 골목 골목을 누비며 산책을 하는 것이다. 그렇게 열심히 일 년 동안, 공부 반 걷기 반으로 보냈다.

2.

18살, 작은 도망을 쳤다.

학원 가는 척하고 307번 버스를 탔다. 밴드부 동아리 음악 선생님께서 말씀해주신 대로 동래한전에서 내려 철길 반대편으로 걸어갔다. 조금만 걸으면 선생님 이름을 딴 작은 음악학원이 나온다. 나는 그때도 여전히 답답함을 느꼈다. 그래서 그곳으로 도피했다. 그곳에서 피아노 치며 노래도 부르고 기타도 쳤다. 그러던 어느 날 문제가 생겼고, 선생님은 나를 오해했다. 굳이 알리고 싶지 않아 친한 학교 선생님 한 분에게만 알렸지만, 지금도 내갠 상처다. 분노와 실망과, 그 와중에 이곳을 다시 올 수 없다는 어떤 절망감 같은, 여러 감정을 안고 그곳을 나왔다.

맞은편에 작은, 불빛이 반짝이는 동네 커피숍이 있다는 걸 버스를 자주 타서 알고 있었다. 그곳을 용기 내어 가봐야겠다고 생각했다. 어쩌면 내가 생각을 실천으로 옮기는 걸 주저하지 않게 된 결정적인 계기가 되기도 했다. 커피숍에는 키가 작고 다리가 좀 불편해 보이는 남자 사장님이 있었다. 진정되지 않는 마음으로 손을 떨어가며 커피를 주문했다. 커피를 가지고 나와 다시 버스를 타러 가는 길이 괜히 마음이 편안했다. 그게 상균 삼촌과의 첫 만남이었다. 이후로 삼 년이 흘렀고, 여전히 그곳의 단골 손님이다. 삼촌과 나는 정말 친조카, 친삼촌처럼 지내는 가까운 사이가 되었다.

3.

　생각다방 산책극장을 알게 되었다.
　지금 돌이켜보면, 국도 예술관에 대한 정보를 위해 검색을 하다가 알게 된 것 같다. 아무튼 정확한 계기는 잘 생각이 나지 않지만, 일단 알게 되었다. 그리고 곧 이사를 한다는 소식을 접했다. '밴드 그릇'의 공연과 더불어 집들이를 한다고 했다. 실천에 옮겨라, 나는 그 집에 가야 했다. 가고 싶었기 때문이다.
　이사한 생각다방 산책극장은 가정집에 네 명의 여성이 함께 거주했다. 그곳의 친구들은 삶에 대한 나름대로의 철학을 가지며, 풍족하게 쉬고 적당히 일하는 것을 몸소 실천하는 사람들이다. 재미있는 일을 스스로 만들어 내었고, 찾아오는 사람들도 함께 즐겼다. 아쉬운 사람이 잡는다고, 나는 그 장소와 그 안을 꾸려나간 사람들과의 인연을 놓치고 싶지 않았다. 그리고 그 인연 역시 지금까지 이어져오고 있다.

4.

　그렇게 하다 보니 부산의 문화와 예술에 대한 관심이 늘어났다. 중앙동을 알게 된 이유였다. 이전의 중앙동은 친구 몇 명의 일터, 아는 선생님이 식당 하시는 곳 정도로만 알고 있었다. 회사가 모여 있고, 남포동과 가깝다는 것 정도.
　고등학생 때 진로 교육 차 방문했던 김희진 감독님 덕에 알게 된 또따또가의 존재를 뒤늦게 되새겼다. 그리고 고등학교 3학년 여름방학, '백년어 서원'의 문학캠프에 참가했다. 내가 이 글을 쓸 수 있는 것도 다 그 덕분이었다. 내가 글을, 전문적인 것이 아니어도, 노트에 틈틈히 뭐라도 적을 수 있었던 것도 다 백년어 서원의 영향이었다. 덕분에 아무래도 평생 노트와 펜을 끼고 살 것 같다. 그래서 기쁘다. 말로 표현하는 게 서툰 나에게 글이어서 더 괜찮아, 하고 다독여주는 것 같아서. 백년어 서원에서 만난 인연들도 참 아름답다. 평생 알고 지내고 싶은 친구들이 생겼고, 든든한 선생님도 만났다. 그것만으로도 많은 걸 얻었다.

이후, 백년어 서원 근처, 영화 관객의 주체를 도모하는 '모퉁이 극장'을 알게 되면서 영화에 관심이 커졌다. 뭔가 있을 것 같지 않은 좁다랗고 가파른 계단을 올라가면, 정말 놀랍게도 따뜻한 불빛이 켜져 있는 그런 곳이다. 관객이라면 누구나 환영 받을 수 있는 예쁜 곳. 그리고 사람 냄새가 잔뜩 나는 곳이다. 사람 손이 많이 탔다는 걸 바로 알 수 있다. 정이 들어버린 장소다.

또따또가 거리 근처에는 인쇄하는 곳이 참 많다. 기계 돌아가는 소리, 분주하게 짐을 옮기는 모습. 중앙동의 흔한 풍경이다. 뭐랄까, 유쾌한 바쁨. 한때는 볼일이 없거나 특별히 갈 곳이 없어도 이 일대를 자주 산책했다. 바쁜 누군가의 일상을 몰래 염탐하고, 자극 받았다. 식사 시간에 몰려든 직장인들도 관찰했었다. 나의 미래도 잠시 상상했다.

5.

나는 금방 지쳐버리는 사람이다. 의지 박약? 어떻게 보면 맞는 말일 수도 있고, 아닐 수도 있다. 그래서 늘 나간다. 집에서 버스로 10분 거리에 있는 언아더컵 카페는 해야 하지만 하지 않고 있는 일을 하게 한다. 적당한 긴장감과 편안함이 공존해서, 나의 선천적 게으름을 커버할 수 있다. 처음에는 눈 앞에 닥친 과제를 했지만, 나중에는 쉬러 갔다. 그런데 그냥 쉬니까 너무 무료해서 밀린 책도 읽고 밀린 글쓰기도 했다. 그것도 지루하면 드로잉도 하고, 영화도 봤다. 중요한 건 그 모든 것을 하기 위한 분위기와, 음악과, 무엇보다 커피가 좋다.

언아더컵에서, 일개 카페일 뿐인 곳에서, 나는 나의 밑바닥을 체험했다. 사장님과 많은 이야기를 나누었고, 그 대화가 유쾌했다. 동시에 시험에 빠졌고, 나는 나의 생각을 의심해 보아야 하는 순간까지 왔다. 하지만 의심하지 않아도 된다는 사실을 뒤늦게 깨달았고, 사람은 개개인이 다 다르다는 걸 한번 더 인지하게 되는 계기가 되었다. 처음에는 억울하고 슬펐다. 그럼에도 나는 나 나름대로 감정을 숨기고 여전히 커피를 즐긴다. 하지만 아직은 슬프고, 카페를 나오고 나서 몸에 밴 커피 향기는 아직도 좋다.

6.

영화를 능동적으로 찾아보게 된 후부터 자연스럽게 센텀시티를 찾게 되었다. 다른 예술 영화 상영관들은 스크린이 작은 편이어서 영화의 전당을 선호하기 때문이다. 무엇보다 티켓 값도 착하다.

센텀시티 영화과에 다니는 친구들이 있다. 그 중 한 경이 나를 학교 옥상에 데리고 갔다. 아파트나 학교 옥상은 안전상의 이유로 열려있지 않은 것이 보통인데, 이곳은 훤히 열려 있었다. 나 같았으면 매일 밤마다 왔을 텐데 아무도 없었다. 수업이 끝난 시각이라 어둑어둑하고 조용했으며 간혹 뮤지컬학과 사람들의 연습 소리만 들렸다. 도시적인 야경이 한눈에 들어오는 옥상은 소음 하나 없었다. 아니, 인공 화단에서 귀뚜라미 소리와 풀벌레 소리가 났다. 인공 화단이라니, 아이러니하게도 학교 건물이라고 하기에는 부자연스럽고 오히려 회사 느낌이 났다. 옥상에는 금연 표시가 있었지만, 재떨이가 군데군데 비치되어 있었다. 이상하고 묘한 기분에 사로잡혔다. 그 곳의 풍경이 이상하고도 아름다워서 집으로 돌아오는 길에 편지를 썼다.

－야경이 좋은 학교를 다녀서 너는 좋겠다. 옥상에 올라가는 일이 꿈만 같은 내게는 옥상에 올라가서, 그것도 매우 도시적인 야경에 소음 하나 없는

조용한, 풀벌레 소리만이 들리는 고요한 곳에 간 것이 꿈만 같다. 도시에서 고요함을 찾을 수 있는 곳은 어쩌면, 그곳 하나일 지도 모르겠다. 여러모로 참 이상한 곳이다. 빛이 많은 조용한 도시, 위에서 아래로 보이는 것들이 너무 재미있어서, 그런데 위에서 또 다른 위, 한없는 위를 보는 자체가 너무 아름다워서 집에 가야 하는데도 불구하고 차마 집으로 가야겠다는 말을 꺼내기가 어려웠다. 조용한 곳에서는 조용해야 할 것 같은데, 큰 소리를 내는 니가 이상하고 웃겼다. 세상이, 모든 것이 너무 빠르게 바뀐다. 그렇게도 짜증났던 여름도 바뀌어 가을이 되었다. 낮에 현관문을 열고 가을 냄새를 맡았을 때 나는, 이번 가을도 힘들겠다는 잠정적 결론을 내렸다. 세상은 빠르고, 그리고 얕게 변한다. 그러니 우리는 그 사이에서 천천히, 그리고 깊게 변하자.

7.

나는 집을 싫어한다. 아무것도 안 하기, 안 되기 때문이다. 그렇지만 믿고 편한 장소에서 가장 편하고 익숙했던 때를 떠올리기로 했다.

토요일. 아침잠이 없는 유년기의 양송이는 늦잠을 자는 엄마 옆에 누워 티비 소리를 줄여 만화를 보았다. 열 시, 열한 시 쯤 엄마가 일어나면, 목욕물을 받아 둘이 목욕을 한다. 개운한 상태로 잠 많은 오빠를 깨워 점심을 먹는다. 남향에 9층, 스물 한 평 아파트에 살았던 우리는, 엄청나게 예쁘고 따뜻한 햇살을 쬐며 점심을 먹었다.

8.

어디에나 어느 '곳'이 있다. 그리고 그곳에 가면 그 장소와 꼭 닮아있는 사람과, 그 사람들이 만들어내는 이야깃거리가 있다. 귀를 기울이는 건 그 '곳'을 가꾸어 나가는 사람들, 그리고 그 주변 사람들의 몫.

9.

나를 만든 공간.

양송이 초중고 무사히 졸업하고 현재 착실하게 형식상 대학을 다니고 있음. 예민병자, 오지랖병자, b급문화를 사랑함.

공간共間이라는 장소

김행운

"행운쌤도 글 하나 써 봐요"
"예?…아…예…"
얼떨결에 대답했지만, 맙소사… 내게 글이라니?
글 쓰는 것이 너무 어려워 카페에 댓글 다는 것조차 잘하지 못해 1년 내내 쓴 소리 듣는 것이 나인데, 글이라니… 저로서는 말도 안 되는 이야기였습니다. 몇 번을 갈아 치우고, 뜯어내고, 뭉개서 휴지통에 버렸던가? 무슨 이야기를 해야 할지 도저히 감이 잡히지 않았습니다. 고심 고심하다가 그저 이야기이니 제 기억에서 떠오르는 몇 가지 경험들을 풀어볼까 합니다. 주제는 장소인데 저는 '사람마음人心'에 대해 이야기 해 볼까 합니다. '공간(비어있는 틈)'이라 하니 제일 먼저 떠오른 것이 사람마음이었습니다.

무언가 둘러쳐지면 그게 공간이고 장소 아닌가? 했었는데, 생각해보니 뭔가 둘러쳐지지 않아도 장소더군요. 그 중에서도 '비어있음에도 틈이 있는 것' 하고 떠올리니 사람마음이야말로 그렇게 생기지 않았나? 싶었습니다.

저는 청소년 시기에 집안사정으로 인해 잠시 방치되다시피 한 적 있었습니다. 당시 한참 공부해야 할 고등학교 2학년이었던 때에 저는 제 방이 없었고,

쪽방이더라도 자기 방을 가지고 있는 친구들이 항상 부러웠습니다. 아버지가 돌아오신 후 처음 제 '방'이란 걸 갖게 되었을 때의 기쁨은 정말 말로 표현할 수 없었습니다. 더군다나 형광등 달린 독서실 책상이라니…

전 너무 기쁜 나머지 매일 닦고 청소하고 정리 정돈을 했습니다. 이곳 저곳을 옮겨 다니며 힘들게 나와 함께 고생한 내 소중한 물건들을 잃어버리지 않아도 되어서 너무 기뻤습니다. 애착이 많았지만 그만큼 소중하게 다뤄주지 못했기에 닦고 수납하면서 닦고 매만지고 쳐다보며 귀하게 여겼습니다.

낡아 뜯겨나가려는 일기장은 스카치테이프로 딱 맞게 잘라서 한 장 한 장 떨어져나가지 않게 붙이고, 동경하던 교회선배가 보내준 편지는 일부러 인쇄소에 가서 코팅을 입혀 바래지지 않게 했습니다. 친한 친구들에게 조차 보일 수 없었던 힘들었던 순간들을 품고 있는, 기억이자 동반자였던 물건들이었기에, 아껴주지 못한 만큼 더 소중하게 간직하고 싶었습니다.

어느 날, 친구들이 제 방 구경을 하겠다고 찾아왔었습니다. 너무 오랫동안 바랐던 탓일까요? 아니면 제가 이기적이었던 것일까요? 친구들이 만지고 어질러 놓은 방을 치우면서 기분이 불쾌했습니다. 낡았지만 소중하기만 했던 제 물건들이 존중받지 못한 기분이 들었던 것이죠. 그 이후 친구들이 찾아오는 게 싫어져 제 방에 들이지 않았던 기억이 납니다.

온전히 나만을 위한 장소. 누군가에게 간섭받지 않고, 고스란히 집중할 수 있는 제 공간이 필요했던 것입니다.

인류학자 에드워드 홀이라는 사람이 '사람은 누구나 자기 주변의 일정한 공간을 자기 것이라고 생각하며 무의식적인 경계선을 가지고 있다'고 말했답니다. 심리학자들은 그것을 '퍼스널 스페이스personal space : 남에게 침범 받고 싶지 않은 일정한 물리적 공간'라고 부르고요. 타인이 일정거리 이상 접근하면 '긴장감, 거부감'과 더불어 심하면 '생존위협감'마저 느낀다고 하더군요. 단순히 물리적인 공간만이 아니라 '마음의 거리'라고 표현하기도 합니다.

하지만 저는 이 경험과 다른 경험을 예를 들어서 또 다른 관점의 이야기를 하고자 합니다. 지금 제가 지내고 있는 장소는 오픈된 곳입니다. 수시로 사람들이 들락거리고, 청소년, 대학생, 성인 어른들이 그때 그때마다 필요한 공동작업들을 하기도 합니다. 물론 저는 그런 공간에서 생활하고 있습니다. 그러다 보니 청소도 하고 밥도 지으며 제 개인작업을 하기도 합니다.

제 주거공간이자 작업실이고 다른 사람들이 같이 쓰기도 하는 공간共삐이지요. 또 간혹 멀리서 누군가 찾아오면 방 한컨 비워놓고 며칠씩 묵고 가기도 합니다. 일반 가정주택의 반지하층을 개조한 다락방, 거실, 방 두 개, 두 평 남짓의 화장실, 또 두 평 남짓의 주방이 다인 좁은 공간입니다. 퍼스널 스페이스personal space를 생각하면 살인이 나도 벌써 여러 번 났어야 할 환경입니다. 하지만 이곳은 여러 사람들에게 '불편한 공간'이 아닙니다. 오히려 이 좁은 공간은 많은 사람들에게 '편한 장소'입니다. 실은 동거하는 군식구가 둘이나 더 있습니다. '대구'라는 러시안블루 고양이와 '단비'라는 길냥이 두 분이 저와 함께 살고 있습니다.

이곳이 여러 사람들에게 '편한 장소'인 이유를 저는 이렇게 생각합니다. 바로 애정을 쏟고 학생들과 함께 닦아내고 청소하고 직접 만들어가며 일군 곳이기 때문입니다. 저 한 사람만의 공간이 아니라 모두의 장소이기 때문에 편하게 느껴지는 것입니다. 비록 보기에 초라하고 누추하지만… 창틀, 벽페인트, 바닥, 하다못해 다락방을 올라가는 사다리마저도 한 명, 한 명의 마음을 조금씩 내어 직접 손으로 일군 장소이기 때문입니다.

멋드러진 탁자 하나 없이 행사할 때 써 왔던 집기들, 공부하는 책들… 넓고 편하게 정리하기에는 한없이 부족한 공간이지만, 부족하다 생각하지 않고 서로 조금씩 양보하며 몇 번을 책상으로 쓰는 상을 접었다 폈다 해도 다들 짜증 한 번 내지 않기 때문입니다.

좁은 장소를 여러 명이 쓰다보면 사실 불편합니다. 그럴 때 '내 공간이자 다른 사람들을 위한 공간이기도 합니다.' 이렇게 생각을 해보는 것은 어떨까요? 불편한 것은 '마음의 문제'이지 '장소의 문제'라고 생각하지 않습니다.

너무 좁아 서로의 경계가 무너지고 오픈할 수밖에 없는 환경이라는 것은 '단지 불편할 뿐'. 마음을 조금 더 넓혀 불편함을 받아들일 수 있다면 오히려 낯선 이에게 더 관심을 쏟고, 먼저 다가갈 수 있는 기회가 되기도 합니다. 서로 배울 수 있는 공간이 되기도 합니다.

　참 희한한 일입니다. 제 것이라고 주장할 만한 것이 거의 없음에도 불구하고 마음이 편합니다. 외롭지가 않습니다.

　저희는 '물리적인 공간' 만으로 모든 걸 채울 수 없습니다. 보이는 것이 좁다면 보이지 않는 '마음의 공간'을 조금… 아주 조금만 더 늘리면 됩니다. 퍼스널 스페이스personal space는 아주 중요한 최소한의 생활공간이겠습니다만…. 그것이 모든 것의 척도는 아니라고 생각합니다.

　개인의 영역을 중요시하는 것도 필요하지만 그에 못지않게 절실한 것이 개인과 개인이 함께 살 수밖에 없는 '사회' 라고 생각합니다. 우리는 과연 어디까지 선을 긋고 살 수 있을까요?

　저는 어릴 적 '제 것'이라고 인식한 물건들이 너무 소중했던 나머지, '저만을 위한 공간'을 편하게 바라던 만큼 '제 마음의 공간'을 넓히지를 못했었습니다. 그렇기에 제 방에 '다른 이를 위한 틈'을 만들 생각조차 못한 것입니다.

　저 하나만 담기에도 너무 작았던 그 방은 그 당시 '제 마음의 크기'였는지도 모릅니다. 아마도 더 큰 방이었더라도 저는 '그 누군가가 문을 두드리는 것'이 불편했을 겁니다. 여러분은 어떻게 생각하십니까? '물리적인 공간을 늘리는 것'보다 '마음이라는 공간(고무공 같이 생겨먹은)'을 늘리는 것이 더 쉽지 않겠습니까?

　'무소의 뿔처럼 혼자서 가라'라는 공지영 작가의 책이 있습니다. 언제부터인가 사람들은 마치 그 문장이 진리인 것처럼 여기저기 붙여가며 해석합니다. 혼자서 사는 것이 진리인 것 마냥 관념적으로 굳어진 듯합니다. 그 글을 쓴 사람의 생각을 자신의 생각인 첫 마냥 사용하시는 분들도 계신 듯합니다.

　사람은 태어날 때부터 혼자가 아닙니다. 혼자서 태어나는 사람은 있지도 않을 뿐더러 태어나는 순간부터 죽는 순간까지 자신이 아닌 다른 존재의 도움 없이는 썩지도 못합니다. 사람은 방부제가 아닙니다. 20여 년 전 좁았던 제 방이 어찌 보면 제 세상 그 자체인지도 모릅니다. 제게는 그곳이 제가 보는 '저만의 세상' 전부였겠지요.

20여 년 후 지금 제가 살고 있는 세상은 참 좁습니다. 참 불편한 세상입니다. 부딪히지 않고 살 수 없고, 혼자서 무언가를 해 나간다 하여 큰 가치가 될 수 없는 세상입니다. 앞으로 세상은 점점 더 좁아질 것입니다. 저는 共間에 머물러 있는 듯합니다. 空間을 共間으로 사는 것, 그것이 바로 장소를 확보하는 것이겠지요.

약 5년 전, 생기발랄한 학생이었던 여고생이 지금은 대학생이 되어 종종 찾아오곤 합니다. 올 초 겨울이던가. 고등학생 시절, 졸업하고 어른이 되면 꼭 술 한 잔하며 당시 힘든 시절 추억해 보자 했었는데, 정말로 양손 무겁게 공간으로 오는 것입니다. 제가 저희 공간에서 해야 할 제 역할에 대해 무기력감을 심하게 느끼고 있을 때였습니다.

제 자신이 역부족이라는 생각과 자괴감 때문에 상당히 힘들어하고 있었습니다. '잠시 떠나야 하는가?' 고민하고 있던 터라 솔직하게 '요즘 쌤은 이렇다…'하고 말을 하였는데 생각지도 못한 말을 듣게 되었지요.

"쌤… 쌤은 그대로 있었으면 좋겠어요."

"왜?"

"쌤들이 있어서 되돌아갈 곳이 있어요."

"……"

그 말 한 마디가 심하게 마음에 걸리더군요. 여러분은 어떻게 생각하십니까? 여러분도 그 누군가에게 되돌아갈 곳은 아닐까요?

김행운 배움과 실천의 공동체 〈고치〉에서 서식 중. 차이와 다름을 넘어 공생할 방법을 모색합니다.

우리 동네, 진해

지봉준

鎭海, 그리고 250원

경상남도 진해시, 지금은 창원시 진해구라 불리지만 나와 친구들은 언제나 진해를 먼저 부른다. 창원시로 통합된 지 몇 년이 흘렀고 도시 외적인 모습도 조금 달라졌지만, 처음의 어색함은 잠시뿐이었다. 철들지 않은 20대 중반의 아저씨들도 코흘리개 '얼라'로 만들어 버리는 곳, 진해는 그런 동네였다. 그리고 나와 내 친구들에게는 여전히 익숙한 장소, 우리 동네였다. 나 또한 어느 순간부터 우리 동네의 범주 안에 진해를 넣어버렸다. 그게 초등학교 때부터인지, 스무 살 넘어서인지는 알 수 없다. 다만, 진해라는 곳에서 학창시절을 보냈고, 나를 이루는 수많은 것들이 진해와 연결 고리를 이루고 있기 때문이라 짐작한다. 친구들 역시 마찬가지일 것이다. 앞으로 더 많은 시간을 함께 보낼 진해. 확실한 것은 우리에게 진해는 여전히, 그리고 앞으로도 우리 동네로 불릴 거란 사실이다.

내가 생각하는 나의 진해는 초등학교 2학년 때 시작되었다. 진해로 처음 전학 왔던 날, 모든 게 조금씩 차가웠다는 느낌을 지울 수 없었다. 우리 집 매트가 차가웠고, 세게 찬 축구공이 튕겨 나온 빌라 벽도 더욱 차가워 보였다. 그래서 그렇게 공으로 실컷 두들겼는 지도 모른다. 내가 처음 입학했던 초등학교와 다른 모습의 새 학교도 마냥 따뜻하게만 느껴지진 않았다. 거부감이 들 정도의 차가움은 아니었지만, 선뜻 마음을 주기가 어려웠다. 거기다 열 살도 안 된 초등학생이 진해 길도 모르면서 버스로 통학했으니, 지금 생각해도 안쓰럽다.

그 당시 진해에서 초등학생의 버스 요금은 250원이었다. 노란색 승차권이 다 떨어지면 어머니는 아침마다 차비를 주셨는데, 동전이 들어 있는 종이 포장지를 뜯어서 딱 차비만큼 주셨다. 그렇게 받은 100원짜리 네 개와 50원짜리 두 개는 오른쪽 주머니와 왼쪽 주머니에 한 치의 오차도 없이 나누고, 책가방을 메고 집을 나섰다. 여기서 중요한 사실은, 이 돈으로는 절대 군것질을 하지 않았다는 것이다. 만약 썼다면 너무나도 긴 거리를 헤맬 것이 분명하기 때문이다. 그때부터인 것 같다. 값싸고 비싸고를 결정짓는 적정 값의 기준, 잘 알지도 못하는 진해에서 배운 첫 가격 책정의 기준, 나에게 싸고 비싸고의 기준은 차가운 250원 동전들이었다.

진해, 그리고 신발주머니

반년 만에 다시 전학을 가게 되었다. 진해에서 또 다른 진해를 맞이하게 되었고, 친구가 거의 없다는 사실만으로 모든 게 낯설었다. 처음 마주친 넓은 운동장과 새로 익숙해져야 할 등굣길, 그리고 문방구는 언제 친해질 수 있을지 알 수 없었다. 진해는 어린 나에게 알 수 없는 것들과 고민거리로 가득한 곳이었다. 그나마 둘리문방구의 백 원짜리 쭈쭈바와 라면땅이 쉽게 정 줄 수 있는 존재 아닌 존재들이었다. 오물오물 씹으면서 걸어갔던 그 길은 정말로 달달했다. 집에 가는 동안 라면땅을 다 먹고 나면 손에 설탕 가루가 남았고, 그것마저 털어내면 내 손은 빈 손이었다. 그 허무함에 문방구를 다시 돌아볼 때쯤, 반대편 손이 무언가 들고 있다는 것을 느끼게 된다. 신발주머니였다. 라면땅은 아주 잠깐 손을 잡아주었지만, 신발주머니가 교실에서부터 계속해서 내 손을 잡아주고 있었다.

신발주머니와 나는 초등학교 입학과 동시에 한시도 떨어지지 않았다. 반면, 연달아 이루어진 두 번의 전학은 친구들과의 만남보다 이별을 더 익숙하게 만들었다. 진해를 잘 몰랐던 나, 그런 나를 항상 손잡아주던 신발주머니는 단짝 친구가 될 수밖에 없었던 운명이었다. 앉을 자리가 없을 때는 의자가 되어 주었고, 심심할 땐 박자에 맞추어 흔들고 놀았다. 온순한 성격이었기에 싸움과 거리가 멀었지만, 싸움이 일어나면 가장 먼저 휘둘렀던 게 또한 신발주머니였다. 혹시라도 신발주머니를 놔두고 학교에 가면 온종일 신발주머니 하나만 생각했다. 교실 나무 바닥 위, 새까만 양말 속에서 발가락만 꼼지락거리며.

남색과 노란색이 대부분이고, 귀여운 캐릭터가 작게 들어간 약간 둥그런 모양의 신발주머니. 그 신발주머니 덕분에 어색했던 진해가 조금씩 익숙해졌다. 혼자 있을 때의 진해는 생소하고 서먹했지만, 신발주머니가 그러한 감정을 지워주고 이곳에 정을 붙일 수 있게 도와주었기 때문이다. 하루는 음악학원을 마치고 집에 가려는데 짓궂은 여학생들이 내 신발주머니를 여자화장실에 두고 도망쳤다. 어린 마음에 여자화장실을 들어가지도 못하고 밖에서 울고불고했던 기억이 난다. 피아노 소리는 하나도 들리지 않았다. 소리 내어 울지만 않았지, 너무 분하고 억울했다. 내 물건, 내 친구를 보살피지 못한 자책에 가슴아팠다. 그때 흘린 닭똥 같은 눈물은 가방 대신 애꿎은 땅바닥에만 떨어졌다. 집으로 돌아가는 길과 그날의 하늘, 되찾은 가방. 눈물 콧물이 범벅된 사건들은 하나하나 알게 모르게 기록되었고, 그렇게 나의 추억과 흔적들은 진해 곳곳에 스며들었다.

우리 진해, 그리고 친구들

내 추억이 벚꽃나무처럼 단단히 심어질 수 있었던 이유는 친구들 덕분이다. 서울도, 강원도도, 다른 곳도 아닌 오직 진해에서만 만날 수 있었던 나의 친구들은 쑥스럽지만 정말 함께라서 행복했다. 그래서 진해를 친구라 대신 말하고 싶다.

특히 진해의 면면은 벚꽃만큼이나 화려하고, 설명하기가 재미있다. 감자만큼 튼실한 진해의 허벅지를 엿볼 수 있는가 하면, 의외로 세심한 핏줄 같은 진해도 볼 수 있다. 필승! 하면 진해고, 서툰 넥타이가 매어진 진해도 보인다. 입에 모터라도 달린 듯 수다스럽지만 귀여운 촉새 같은 모습과 맨날 잠이라도 자는 듯 나태하지만 잘생긴 모습의 상반된 진해도 있다. 밤바람보다 더 까맣게 반들반들한 진해, 500쪽이 넘는 두꺼운 대학 교재 같은 진해, 코트 위를 구르며 땀범벅이 된 진해, 서울 물(?) 먹은 진해까지. 물론 춤과 흥겨움에 취한 진해의 모습까지, 내가 아끼는 진해의 모습은 다양하다. 하루 이틀 만에 볼 수 있는 부분들이 아니다. 반드시 진해에서, 학창시절을 보내며 친구들과 함께 부딪치고 뒹굴고 깔깔거려야만 볼 수 있는, 그런 점들이다.

친구들을 생각하면 진해가 풍부해진다. 이야기 보따리가 두둑해지고 없던 힘까지 절로 솟아난다. 있는 힘껏 논다는 게 그만, 밤새워 놀다 쓰러져 자는 거지만 말이다. 친구들끼리 종종 꺼내 놓는 학창시절 이야기가 있다.

친구가 기념일을 맞이하여 야간자율학습이 끝나고 첫사랑의 집 앞에 찾아간 적이 있었다. 옆에 있었던 나는 죽이 되든 밥이 되든 무조건 고백하라고 거들었다. 후회하지 말라고 말한 건데, 결국 친구는 첫사랑에게 고백을 했고 정말로 후회만 남기며 쓸쓸히 퇴장하고 말았다. 그때만 생각하면 눈물이 앞을 가린다는 말을 이럴 때 쓰는구나 싶다.

역시 이번에도 야간자율학습을 마치고 나섰다. 친구 두 명과 함께 과외를 갔는데, 평소보다 배가 고팠다. 우리는 학교 매점에서 즐겨 먹던 빵을 동네

슈퍼에서 찾았지만, 딱 그 빵이 없어 쓸쓸히 뒤돌아섰다. 문제는, 슈퍼 할머니가 우리를 빵을 훔치려는 학생들로 오해해 버렸다는 것이다. 이후 우리는 화가 나서 방충망을 쳤고, 그대로 도망갔다. 열심히 도망쳤고 또 도망갔지만, 할머니는 그보다 빨랐다. 할머니에게 잡혔고 다시 슈퍼 할아버지에게 혼나고, 주민들까지 쳐다볼 정도로 시끌벅적했던 그날은 '런닝맨'보다 더 한 긴장감과 속도감이 공존했던 사건이었다.

어떤 한 가지에 꽂히면 시간 가는 줄 모른다는 말이 이럴 때 쓰는구나 싶다. 고등학생의 강철 체력으로 낮부터 밤까지 농구를 한 적이 있다. '안빈낙도'라는 팀을 만들어 친구들과 농구를 하곤 했는데, 그날의 에너지는 상상 이상이었다. 발에 물집이 잡히고 뜯어지는 것도 모른 채 농구를 했다. 농구에 미쳤을 때다. 농구 골대만 바라보고 농구공을 튕겼던 지난날의 땀은 지금도 그립고 설렌다.

친구의 첫사랑이 살았던 아파트를 지나치면, 바로 옆 동네에 살았던, 내가 좋아했던 친구가 생각난다. 물론 한 번씩이지만 말이다. 함안슈퍼의 간판과 방충망은 이제 사라지고 없다. 대신 슈퍼 할아버지가 조끼 호주머니에서 꺼냈던 반장갑은 아직도 생생하게 기억난다. 그땐 죄송했습니다. 골대만 있으면 흙바닥, 시멘트 바닥, 타일 바닥, 코트는 상관없이 농구를 했다. 팀원들의 발자국은 그대로 남아있을 것 같다. 다시 그때처럼 미친 듯이 농구하고 싶다.

우리 이야기가 진해에 쌓이는 동안 각자의 코 밑은 솜털 대신 진한 수염이 나기 시작했다. 진해 역시 한 살 한 살 나이를 먹었고, 우리 이야기는 더욱 풍부해졌다. 나의 진해가 우리의 진해로 되는 순간이기도 하다.

진해를 떠난 우리, 그리고 사랑방

친구들은 대학 진학을 위해 진해를 떠났다. 가깝게는 마산과 창원, 부산으로 갔고, 멀리는 서울이나 구미, 익산까지 갔다. 나 역시 부산에서 대학 생활을 하게 되었고 진해에 머무는 시간은 별로 없어졌다. 다들 진해라는 울타리를 처음 벗어남과 동시에 새내기로서 스무 살이 시작되었다. 캠퍼스의 낭만과 설렘은 최고조에 달했을 거다. 공강(빈 강의)은 신세계였다. 동기들과 잘 마시지도 못하는 술을 마시고 취하기도 여러 번. 여자 친구를 만나며 세상에서 가장 행복한 미소도 지어 보고, 헤어지고 나서는 가장 슬픈 표정으로 혼자가 되어 보기도 하고. 그렇게 진해가 아닌 타지에서 각자의 삶이 이어졌다. 혼자만의 시간이 주어질 땐 진해가 그리웠지만, 향수에 젖어있기에는 그리 넉넉한 시간이 아니었다. 스무 살은 정말 금방 지나가는 시간이었다.

  모두가 각자의 스무 살을 살기 위해 진해를 벗어났을 때, 친구 한 명은 그 자리 그대로 남았다. 재수생이었다. 이후 삼수를 하며 좋은 대학교로 진학했지만, 그 친구는 우리의 스무 살과 다른 스무 살을 살았다. 진해에 머물렀다는 게 가장 큰 차이점이다. 좋은 점은 진해에 왔을 때 언제든지 볼 수 있었다는 거다. 안 좋은 점은 재수의 고독함을 한숨으로 표현했던 친구가 느껴질 때다. 원하는 대학을 갔기에 다행이지만 지금은 자주 볼 수 없어 슬프다. 진해에서 술 한 잔 하며 웃고 떠들었을 때가 역시나 좋았다.

  그 친구와는 아직도 기억나는 작은 사건이 있다. 다들 스무 살 때, 재수생 친구와 진해에서 술을 마셨다. 그날 친구는 자기 주량을 넘겼는지 노래방 입구에서 그날 먹은 라면과 술을 모조리 게워 냈다. 우리 중에 술 마시고 토악질을 한 건 그 친구가 처음이었다. 첫인상이 중요한 것처럼, 그날의 재수생 친구는 다들 낄낄거리며 회상할 수 있는 인물이 되었다. 그 모습 그대로 머무를 줄 알았던 재수생 친구, 진해에 계속해서 있을 것만 같았던 친구도 지금은 없다. 잘 지내고 있을까. 진해는 그 친구를 보고 싶어 하지 않을까. 반면 다른 친구들은 대학 졸업을 하고 진해로 되돌아왔다. 가는 사람이 있으면 오는 사람이 있듯이 말이다. 여전히 친구들은 진해에 있었고 나는 내 친구들을 보기 위해 진해에 간다.

다들 군대도 갔다 오고, 이제는 이십 대 중반을 넘어서고 있다. 각자의 삶을 살기도 바쁜 요즘, 나와 친구들에게는 여유와 휴식을 안겨주는 공간이 있다. 진해에서 모이면 항상 가는 곳, 닭갈비 가게를 운영하는 친구네 집이다. 내가 생각하는 진해에서 가장 맛있는 닭갈비집이며 우리의 사랑방이기도 하다. 나처럼 오랜만에 가는 경우에는 자주 들른 친구들보다 닭갈비를 더 먹고 싶어서 말없이 흡입만 한다. 이제는 닭갈비를 먹어야만 진해에 왔다는 느낌이 들 정도로 정이 들었다. 그렇게 친구들과 소주 한 잔에 닭갈비를 먹고 나면 시간 가는 줄도 모르게 된다. 이런 느낌이 좋고, 우리가 진해에서 모일 수 있는 장소가 있다는 게 또한 좋다. 장소가 곧 사람을 말하니까, 사람이 모이면 사회를 형성하니까. 내가 생각하는 진해가 바로 그렇다. 닭갈비집, 진해가 있기에 우리 친구들은 모여서 떠들 수 있다. 우리가 있으므로 진해와 닭갈비집은 새로운 의미를 만들어낸다. 더불어 내가 진해에서 겪은 경험들은 친구들과 함께했기에 더욱 소중하다.

진해, 우리 동네

우리가 진해라는 글자에 덧칠한 추억은 아주아주 오래되었고, 그만큼 진득했다. 지금도 계속해서 그 흔적은 진해 곳곳에 오늘을 덧바르고 있다. 내가 어렸을 때부터 칠해 놓은 250원부터 실내화 가방, 그리고 여러 추억은 진해와 어우러져 지금의 나를 존재하게 만들었다. 또한 친구들과는 이렇게 칠하고, 저렇게도 칠하면서 웃고 떠들고 놀았다. 짜증도 내고 삐지기도 했지만, 우리의 흔적을 계속해서 진해라는 장소에 새겨 넣었다. 쉼 없이 이어지는 과정이다. 나와 친구들이 진해를 떼어놓고 설명될 수 없는 이유이기도 하다. 우리는 진해에서 자라고 성장했으며, 우리 동네를 기억하며 더 커 나갈 것이다. 아직도 노래방 입구에 뱉어낸 토악질과 굴다리 밑에서 싸지른 오줌, 공 하나로 같이 흘린 땀은 기억에 생생하다. 다 같이 웃을 수 있는 장소와 이야기가 있어 좋다.

나와 친구들이 만들어나갈 각자의 진해, 우리의 진해는 현재진행형이다.

지봉준 시와 영화, 그리고 턱걸이를 좋아하는 이십대 청년이다.

새벽 산길

김성관

　장소라니, 내게 그런 곳이 있기는 한 걸까? 가볍게 생각하면 어느 곳이든 나의 장소가 될 수 있었다. 집에서 10분 정도를 걸으면 강변도로가 있다. 나는 그곳을 자주 찾는다. 하지만 그곳이 나의 장소라고는 생각되지 않는다. 걸음을 멈추지 않고 계속 이동한다는 것은 장소가 나를 채워주지 못하고 있다는 것이 아니겠는가.
　고등학교를 졸업한 뒤부터 새벽에 걷는 시간이 많아졌다. 처음 새벽길을 걷게 된 것은 버스 막차를 놓쳤기 때문이었다. 집에 전화를 해서 택시비를 부탁할 수도 있었지만 미안한 마음에 그렇게 하지 않았다. 이후에 막차를 놓치는 경우가 가끔 생겼다. 이런 일이 계속 반복된 후에는 기분이 좀 허전한 날엔 의도적으로 막차를 떠나보냈다. 이렇게 나는 새벽의 매력에 빠졌다. 위험해 보이기도 하겠지만 낮보다 더 안전한 것 같기도 하다. 새벽에는 사람이 없기 때문이다. 있어 봤자 취객이나 대리운전 기사들이다. 이처럼 새벽의 가장 큰 매력은 사람이 없다는 것이다. 사람이 없는 길을 걸으면 그 길이 모두 내 것이 된 것만 같다. 마음 놓고 노래를 부르며 몸을 흔들어도 부끄러울 것이 없다. 생각나는 것들을 아무렇게나 웅얼대기도 한다. 그러나 이런 자유는 계속 지속될 수 없다. 누군가가 지나가기 때문이다. 그럴 땐 일부러 엉뚱한 길로 빠질 때가 많았다. 엉뚱한 길을 걸을 땐 언제나 조금 두려우면서도 흥미로웠다. 일부러 길을 빙 둘러서 가거나, 길이 아닌 길로 들어가서 헤매기도 하고, 너무 엉뚱한 길로 가는 바람에 길을 잃어버리기도 했다. 참 미련한 짓으로 보이기도 하겠지만 내 기억의 장소는 모두 낯설었던 곳에 있었다. 우리가 가보지 않았던 곳을 여행하고 싶은 이유도 미지의 길이기 때문이지 않은가.

   5년 전 여름, 친구들과 배냇골로 여행을 간 적이 있었다. 단체로 가는 여행의 레퍼토리는 거의 같았다. 낮에는 물장구를 치고 밤에는 고기를 구우며 술을 마신 뒤 화투치기. 그런데 신기하게도 나와 친하게 지내던 다른 친구들도 배냇골로 놀러와 있다는 소식이 들려왔다. 그들과의 거리는 8km쯤 되었다. 가까웠으면 합석해서 놀 수도 있었는데 하며 아쉬워했다. 그곳의 친구들은 내게 전화를 걸어 놀러오라며 농담을 던졌다. 나는 농담을 농담으로만 받아들이고 숙소에서 잠이 들었다. 눈을 떴을 때는 새벽 한 시가 조금 못 된 시간이었다. 재밌게 놀긴 했지만 특별히 기억에 남는 일은 없었다. 그대로 계속 잠을 잔다면 단지 배냇골에 왔다는 것만 남을 것 같았다. 그래서 술이 덜 깬 몸을 일으켜 세우고 옷을 입었다. 농담을 진심으로 받아들이기로 한 것이다. 숙소에 같이 있던 친구들에게는 미안한 일이었지만 일종의 모험을 하고 싶었다. 잠들어있는 친구들에게 간다라는 짤막한 말만 남기고 길을 나섰다.

   새벽 산길은 생각보다 훨씬 어두웠다. 가로등이 있었지만 꺼져있는 것이 더 많았고 밝기도 어두웠다. 차라리 달빛이 더 밝은 것 같았다. 그래도 걷는 것 하나는 자신이 있었기에 8km쯤은 금방 도착할 것이라 생각했다. 내가 있었던 숙소가 시야에서 사라지자 눈앞엔 어둠만이 보였다. 그 길은 지금 생각해도 오싹했다. 무엇을 해도 공포는 가시지 않았다. 친구와 통화를 해도 노래를 불러도 두려움은 그대로였다. 오히려 그런 행동들이 더욱 두렵게 만드는 것 같았다. 주위의 모든 것은 유령의 집으로 보였다. 바람이 조금만 세게 불어도 소름이 돋았다. 사람이 너무나 그리웠다. 하지만 그 길에 사람이 나온다는 것 또한 소름끼치는 일이었다. 그래도 혹시나 싶어서 걸음을 멈추어보기도 하고 뒤를 돌아보기도 했다. 고양이가 갑작스레 휙하고 뛰쳐나가고, 부엉이가 울고, 까마귀도 까악 거리면서 나를 작아지게 만들었다. 되돌아가는 것은 더욱 무서운 일이었고 끝까지 가지 못한 스스로에게 실망할 것은 불 보듯 뻔했다. 온 신경이 곤두서있는 길에서 벗어날 수 있는 방법은 목표 지점까지 도달하는 것 밖에 없었다.

글씨가 반쯤 지워진 표지판만을 의지하여 8km의 끝을 보았을 때 심장의 요동침은 줄어들었다. 자다가 깬 친구들은 나를 보고 놀라운 표정을 지었다. 그 표정을 보고 나는 큰 희열을 느끼며 내가 걸었던 길을 정신없이 쏟아냈다. 아침이 되었을 때 나는 친구들에게 이상한 영웅(?)이 되어있었다. 하지만 다시 돌아가야 했다. 아침밥만 대충 먹고 히치하이킹으로 원래 있었던 숙소로 돌아갔다. 그곳의 친구들은 나 때문에 버스시간을 놓칠 뻔 했다며 비난을 쏟아냈다. 그래도 기뻤다. 단지 놀기 위한 여행은 되지 않았기 때문이었다.

이 날 나는 두려움을 배웠다. 새벽 산길을 걸을 때 두려운 것은 고양이도 부엉이도 까마귀도 아니었다. 정말 무서운 것은 나의 발자국 소리와 그림자였다. 한마디로 내 자신이 무서운 것이었다. 저벅저벅 소리를 내는 발자국 소리를 듣고 있으면 왠지 다른 발자국 소리도 섞여 있는 것 같았다. 걸음을 멈추었을 때도 저벅저벅 소리가 멈추지 않을 것 같았다. 그래서 일부러 조금 늦게 걷거나 빠르게 걸으면서 의심스러운 소리가 나지는 않는지 확인해보곤 했다. 또 그림자를 계속 보고 있으면 혹시나 그림자가 달아나지는 않을까, 그림자가 다른 행동을 하지 않을까 하는 어처구니없는 생각에 사로잡혔다. 낮이 아닌 새벽의 그림자였기에 이런 어처구니없는 생각이 실제로 일어날 것만 같았다. 그래도 그림자가 있는 것은 내가 존재한다는 것이라고 위로했다. 그런데 만약 이 그림자가 사라져버린다면? 눈도 코도 입도 없는 어둠의 형체를 가진 그림자는 무섭기만 했다. 홀로 걷는 새벽에 자신의 그림자를 보고 두려움을 느끼는 것은 그리 이상한 일도 아닌 듯하다.

어둠에 대한 두려움만 없다면 어둠은 가장 자유로운 공간인 것 같다. 문제는 어둠이 두렵다는 것이다. 내가 어둠 속에 있었을 때 어둠은 극복되는 것이 아니었다. 그것은 그냥 견디는 것이었다. 마치 사람 마음속에 있는 상처를 그냥 참고 견디는 것처럼 말이다. 빛을 밝히는 것이 어둠을 극복하는 것이라고 생각했지만 그것은 어둠을 회피하는 것이었다. 어둠을 극복한다는 것은 결국 불안감, 두려움, 공포 등을 끌어안고 끝까지 참고 견뎌내는 일일 것이다. 난 여태 이 어둠을 잘 견뎌내고 있다고 생각했다. 새벽에 8km나 되는 산길을 걸었는데 그만하면 잘 견뎌낸 것이라 생각했다. 그러나 진짜 산길을 생각해보면 배냇골은 산길이라고 하기에는 무리가 있었다. 가로등이 세워져 있었고 차들이 달릴 수 있는 길이었다. 진짜 산길에는 불빛이 거의 없었다. 공포스러운 것이 실제로 눈에 보였고 귀에 들렸다.

4년 전 봄, 내게 음악을 가르쳐 주었던 선생님과 야간산행을 간적이 있었다. 실제로 야간산행은 위험했다. 어둠은 둘째 치고 산 짐승들이 문제였다. 실제로 선생님은 들개 무리가 노루를 사냥하는 것을 직접 목격했다고 하시며 야생에서 자란 개들은 멧돼지보다 더 위험하다고 하셨다. 우리는 산의 중턱에서 텐트를 치고 치즈케잌과 와인으로 허기를 달래며 대화를 나누었다. 자기 전에는 산 짐승들이 올 수 있으니 텐트 주변에 소변을 누고 잠을 청했다. 기온이 많이 떨어지는 새벽의 산은 또 하나의 주의할 점이었다. 잠을 자는 동안 텐트 주위에서 나는 부스럭거리는 소리는 등골을 오싹하게 만들었다. 아침이 되었을 때 자기 전에 내가 먹으면서 흘렸던 치즈케잌이 문제였던 것을 알게 되었다. 해가 어느 정도 떠오르자 우리는 자코 파스토리우스의 음악을 들으며 햇볕에 몸을 녹였다. 하산을 할 때는 정말 마음이 가벼웠다. 거의 뜀걸음으로 내려온 뒤 선생님과 부대찌개를 맛있게 먹었다. 이 날을 생각하면 혼자서 야간산행을 가보고 싶다. 따지자면 해보지 않은 것도 아니었다. 하지만 산행이라고 하기에는 짧은 거리였다. 가끔씩 낮에 등산을 하며 밤에도 가보려고 했다. 그러나

야간산행에 필요한 장비들이 없다는 핑계로 계속 미루고 있는 중이다.

  몇 달 전 새벽까지 술자리를 한 친구에게 집으로 걸어가자는 제안을 했다. 집까지는 3시간 이상 걸어야 했던 거리였다. 친구는 뭘 걸어가냐며 객기부리지 말라고 했다. 이 친구의 말처럼 내가 굳이 새벽에 걸으려고 하는 것도 모두 객기였던 것 같다. 어둠을 견뎌낼 수 있었던 것도 객기가 있었기 때문이었다. 홀로 야간산행을 갈 땐 이보다 더 큰 객기가 필요할 것이다. 이처럼 우리가 살아가는 데에도 어느 정도의 객기가 필요한 것 같다. 힘겨운 현실 속에서 객기를 부리지 않는다면 우리가 무엇으로 견뎌낼 수 있겠는가? 쓸데없는 혈기로 시작된 일들은 처음엔 모두 어설프고 막연하게만 느껴진다. 하지만 이런 일들의 과정과 결과에선 어떤 신비스러운 것을 볼 수 있다고 나는 믿는다.

김성관 작곡을 하고 싶어 작사를 하다 보니 수첩을 놓지 않게 된 남자.

나는 장소입니다

1판 1쇄·2015년 11월 25일

엮은이·백년어서원
펴낸이·서정원
펴낸곳·도서출판 전망
주　소·부산광역시 중구 해관로 55(중앙동 3가) 우편번호·48931
전　화·466-2006
팩　스·441-4445
출판 등록 제카1-166
ⓒ 백년어서원 KOREA
값 14,000원

ISBN 978-89-7973-403-4
w441@chol.com

* 저자와의 협의에 의해 인지를 생략합니다.

　이 도서의 국립중앙도서관 출판예정도서목록(CIP)은 서지정보유통지원시스템 홈페이지(http://seoji.nl.go.kr)와 국가자료공동목록시스템(http://www.nl.go.kr/kolisnet)에서 이용하실 수 있습니다.(CIP제어번호: CIP2015031479)